# Mungo Park et le Niger

Joseph Thomson

Writat

Cette édition parue en 2024

ISBN : 9789359944630

Publié par
Writat
email : info@writat.com

# Contenu

# PRÉFACE ÉDITORIALE.

L'histoire de l'exploration du monde est toujours attrayante. Nous portons naturellement un vif intérêt à la personnalité des hommes qui ont osé se frayer un chemin vers l'inconnu et nous ont ainsi dévoilé le visage de la Terre Mère. L'intérêt pour les travaux d'exploration a été particulièrement fort et répandu ces dernières années, et on estime qu'une série de volumes traitant des grands explorateurs et des explorations du passé sera probablement la bienvenue pour un large cercle de lecteurs. Sans connaissance de ce qui a été accompli, les résultats de l'activité d'exploration sans précédent du présent ne peuvent être compris. On espère donc que la série actuelle comblera un réel besoin. À une ou deux exceptions près, chaque volume traitera principalement d'un explorateur de premier plan, mettant en évidence la personnalité de l'homme, racontant l'histoire de sa vie et montrant en détail ce qu'il a fait pour l'exploration du monde. Lorsqu'il sera nécessaire de s'écarter quelque peu du plan général, on gardera toujours en vue que la série est essentiellement populaire. Une fois terminée, la série formera une histoire biographique de la découverte géographique.

Les rédacteurs se félicitent d'avoir pu s'assurer la coopération d'hommes connus comme les plus hautes autorités de leur propre département ; leurs noms sont trop familiers au public pour nécessiter une présentation. Chaque écrivain est bien entendu entièrement responsable de son propre travail.

LES RÉDACTEURS.

The linked image cannot be displayed. The file may have been moved, renamed, or deleted. Verify that the link points to the correct file and location.

# CHAPITRE I.
## *LA PREMIÈRE ÉCLAT DE LUMIÈRE.*

Pour trouver la première allusion au fleuve Niger, il faut remonter à l'aube même de l'histoire.

Plusieurs siècles avant l'ère chrétienne, l'esprit de recherche géographique était répandu. Il y avait alors, comme plus tard, des esprits ardents dont la curiosité avide ne leur permettait pas de se contenter de la connaissance de leur propre pays. À l'époque, comme au Moyen Âge, les rois et les empereurs avaient soif de gloire politique, les marchands de nouvelles sources de richesse et les esprits entreprenants d'opportunités de réaliser des actes de grande envergure qui transmettraient leur nom à la postérité.

La Phénicie, la Grèce, Carthage, Rome, ont eu chacune ses navigateurs et ses voyageurs audacieux, dont les explorations peuvent être plus ou moins crédibles glanées dans la masse de fables et de fausses représentations que le temps et l'ignorance ont rassemblées autour d'elles.

Même à cette époque lointaine – il y a vingt siècles ou plus – l'Afrique était le principal centre d'attraction de ceux qui désiraient ardemment étendre leurs possessions ou leur connaissance de la surface de la terre. Déjà le mystère du Nil et de l'Afrique intérieure au-delà du Grand Désert avait affirmé sa fascination sur les esprits. Les nations méditerranéennes rivalisaient d'expéditions pour explorer le littoral et, si possible, faire le tour du continent. Parmi eux, certains s'aventurèrent par le détroit de Gibraltar, les Colonnes d'Hercule, comme on les appelait alors, tandis que d'autres essayèrent la mer Rouge et la côte orientale. Ce que ces anciens marins ont réellement accompli a été pendant des siècles un sujet de vives controverses, sans pour autant éclaircir l'horizon obscur. Il ne nous appartient donc pas d'entrer dans le domaine du débat, et heureusement les questions en jeu dépassent notre compétence. Il suffit pour notre propos de savoir que des voyages très étendus ont été entrepris le long des côtes est et ouest de l'Afrique. Parmi les plus remarquables et les plus crédibles d'entre elles, on peut citer l'expédition envoyée par Necho, roi d'Égypte, avec des navigateurs phéniciens, qui aurait accompli la circumnavigation du continent ; et l'expédition carthaginoise de Hannon, qui explora sans doute la côte occidentale sur une distance très considérable vers l'équateur.

Mais l'entreprise des nations méditerranéennes ne se limitait pas au seul littoral. L'esprit commercial de Carthage et le génie guerrier de Rome les conduisirent à la recherche de l'intérieur.

Dans cette direction, cependant, chacun était destiné à être contrôlé aussi efficacement que leurs marins l'avaient été par mer. La chaleur brûlante, les vastes étendues de sable stérile, les déserts sans eau et les nomades sauvages qu'ils devaient affronter étaient aussi terribles à affronter que les vagues énormes et les tempêtes effrayantes de l'Atlantique. Aux terreurs naturelles de cette région désertique, abandonnée des dieux, leur imagination ajoutait toutes les monstruosités imaginables, de sorte qu'il était en effet un homme audacieux qui s'aventurait des confins gais et agréables des terres du nord dans les terribles horreurs du Sahara.

Pourtant, il a dû y avoir des hommes, guerriers, marchands ou simples explorateurs, nous ne le savons pas, qui ont traversé la redoutable zone désertique et atteint les pays plus fertiles des nègres qui s'étendaient au-delà. Dans les pages d'Hérodote et de Strabon, de Pline et de Ptolémée, au milieu de toutes les absurdités mythologiques et des histoires ridicules dont ils abondent, nous trouvons non seulement de nombreuses preuves d'une telle aventure réussie, mais une évaluation merveilleusement juste des conditions physiques qui caractérisaient l'aventure. région située entre la Méditerranée et le Soudan. Ils décrivent d'abord une zone de fertilité et de stérilité très contrastées, d'oasis vertes et de désert répugnant, peu habitée par des tribus sauvages et errantes. Vient ensuite une région plus terrible, située plus au sud – une terre de désolation et de mort, balayée par le sirocco sauvage et la tempête de sable, brûlée par des soleils féroces et implacables, non rafraîchie par des sources étincelantes nées de la terre, non humidifiée par la pluie envoyée par le ciel ou par la douce rosée de la nuit. Au-delà s'étend une troisième région, la terre des nègres, rendue fertile par les sources et les ruisseaux, par les marais et les lacs.

Plus remarquable encore est le fait que chez chacun des auteurs mentionnés nous trouvons des indications claires sur la connaissance d'un grand fleuve qui traverse le pays noir.

Ayant à l'esprit la recherche d'une solution aux problèmes du Nil - son origine, son cours et le mystère de son débordement annuel - et partant de la probabilité que certains de leurs informateurs aient réellement vu ce fleuve alors qu'il coulait vers l'est, les l'opinion généralement adoptée par les anciens était que le fleuve des nègres était le Nil lui-même.

Nous savons peu de choses des diverses sources d'information sur lesquelles s'appuyaient les écrivains classiques pour décrire ces terres sauvages. Il y en a cependant une qui ressort avec une clarté et une importance merveilleuses et un air général de crédibilité : l'expédition des Nasamones racontée par Hérodote.

Les Nasamone, cinq jeunes hommes de distinction, sans doute sans débouchés appropriés pour leurs ambitions et leurs énergies au pays, quittèrent leur pays natal au sud-ouest de l'Égypte, déterminés à explorer le cœur de l'Afrique.

Voyageant en partie vers le sud et en partie vers l'ouest, ils traversèrent la zone semi-habitée et semi-stérile. Arrivés aux confins du grand désert, ils rassemblèrent des provisions et s'approvisionnèrent en eau, et hardis de « chercher, de vaincre ou de mourir », plongés dans le terrible inconnu. Pendant de nombreux jours, ils ont poursuivi leur quête avec un courage et une persévérance sans faille. Enfin, ils sortirent de la région de la désolation et de la mort, et se trouvèrent dans un pays fertile, habité par des pygmées, riche en arbres fruitiers et arrosé par de vastes lacs et marais. De plus, ils trouvèrent une grande rivière coulant d'ouest en est.

Que ces jeunes explorateurs africains entreprenants aient atteint les environs du lac Tchad, comme on pourrait être disposé à le croire, ou le Niger, à proximité du grand méandre du grand cours d'eau, ce serait une perte de temps de se demander. Soyons satisfaits de savoir qu'à cette période très ancienne de l'histoire du monde, plusieurs siècles avant l'ère chrétienne, le Soudan central ou occidental d'aujourd'hui était atteint et qu'il était établi qu'un grand fleuve le traversait.

C'est ainsi qu'était inaugurée l'exploration de l'Afrique centrale, première lueur incertaine jetée sur sa surface sombre ; et le fleuve Niger se sont révélés au monde comme un thème de discussion pour les géographes en fauteuil et un objectif à atteindre par les esprits les plus aventureux qui concrétiseraient leurs pensées en actes plutôt que sur papier.

# CHAPITRE II.
## *PLUS DE LUMIÈRE : LA PÉRIODE ARABE.*

Pendant de nombreux siècles, les connaissances sur l'Afrique acquises par les premiers écrivains classiques n'ont guère été enrichies. Carthage tomba de sa position élevée et, sur ses ruines, Rome, avec une ambition sans limites et un pouvoir de réussite apparemment illimité, se bâtit un nouvel et tout aussi magnifique empire africain. Mais là où l'homme ne pouvait arrêter la marée qui avançait, la nature imposa des limites à la force des armes romaines et, aux confins du désert, dit en silence : « Tu iras jusqu'ici et pas plus loin. »

La puissance romaine atteignit le zénith de sa gloire, et pourtant le désert restait infranchissable ; elle diminua vers sa chute, et alors ses jours de conquête géographique furent révolus. En Afrique du Nord, comme ailleurs, la mythologie a cédé la place à l'ère chrétienne et l'influence de la nouvelle religion s'est apparemment étendue jusqu'aux tribus les plus reculées du désert. Il n'était cependant pas destiné à être permanent. Au septième siècle, un nouveau prophète était apparu dans l'Orient sacré, et les germes d'une puissante révolution germaient dans les déserts d'Arabie. Les frontières de sa patrie se révélèrent bientôt trop étroites pour la vitalité étonnante et l'ardente entreprise missionnaire de la nouvelle foi : la foi de l'Islam. Débordant, il s'avança avec une rapidité incroyable le long du nord de l'Afrique, écrasant le paganisme et le christianisme dans sa course irrésistible, jusqu'à atteindre l'Atlantique et se tournant vers le nord et le sud à la recherche de nouveaux champs à conquérir pour Dieu. Les difficultés naturelles qui avaient arrêté la progression vers le sud des Carthaginois et des Romains ne formaient aucune barrière pour un peuple né dans un désert. Dans les plateaux des tribus berbères, les Arabes étaient chez eux. Ailés avec un enthousiasme ardent auquel rien ne pouvait résister et inspirés par un espoir du ciel que rien ne pouvait ébranler, ils se déplaçaient de district en district, de tribu en tribu, portant partout le flambeau flamboyant de l'Islam, allumant partout le feu des gens errants avec avec qui ils sont entrés en contact, jusqu'à ce que de chaque oasis saharienne, on entende le cri commun : « Il n'y a de Dieu que le Dieu unique ». Dans la nouvelle conflagration, les symboles chrétiens et les idoles païennes ont disparu dans un seul holocauste.

À une race si instruite et nourrie, si imprégnée d'une ardeur ardente et d'une foi inextinguible, et si imprégnée de l'importance primordiale de leur mission - à condition, en outre, pour la partie pratique de leur travail, du chameau résistant à la sécheresse, jusqu'alors inconnu en Afrique, le soi-disant désert infranchissable ne constituait pas un obstacle à l'accomplissement de la tâche divinement assignée. C'est seulement pour celui qui se retournait que l'enfer bâillait. Pour celui qui allait de l'avant, c'était peut-être la mort, mais c'était la mort avec le Paradis gagné.

Dans cet esprit, les terreurs du Sahara ont été affrontées, et affrontées seulement pour être vaincues ; et avant que le neuvième siècle ne cède la place au dixième, le pays des nègres était atteint, et les forces de l'Islam se dressèrent en bataille contre celles du paganisme. Pour la première fois, le bassin du Niger était désormais mis en relation directe avec l'Afrique du Nord. L'époque réelle à laquelle cela a été accompli reste encore sujette à caution, bien que Barth cite la déclaration selon laquelle moins de cent ans après le début de l'ère mahométane, des écoles et des mosquées ont été établies dans le royaume nègre du Ghana ou Ghanata. , à l'ouest de Tombouctou. Plus incontestable est la déclaration de l'écrivain arabe Ebn Khaldun ( 1380 après JC ), selon laquelle des relations commerciales existaient vers 280 AH ou 893 après JC entre le Haut Niger et l'Afrique du Nord. Lorsque ceux-ci ont été établis pour la première fois, nous n'en sommes pas informés.

Les forces vitales qui n'avaient trouvé aucune barrière dans les féroces nomades et les difficultés physiques du Sahara, et qui avaient transporté les disciples de Mahomet jusqu'aux frontières du Soudan, rencontrèrent un échec dans leur rapide progrès là où on l'aurait le moins attendu. La moitié du secret du succès de l'Islam résidait dans ce principe de croyance qui était calculé pour attirer et enflammer les imaginations ardentes et les tempéraments facilement excités des tribus berbères du nord. Dans ce cas, le mahométanisme n'avait besoin que de peu d'aide du feu et de l'épée pour propager ses principes. Il suffisait d'être prêché pour le croire, faisant de chaque auditeur non seulement un converti mais un missionnaire enflammé d'enthousiasme pour la cause de Dieu et de Mahomet. Tel n'a cependant pas été le cas lorsque l'Islam s'est retrouvé face à face avec l'esprit léthargique sous-développé des noirs barbares du Soudan. L'intellect du nègre devait être préparé à la réception des nouvelles doctrines spirituelles.

Pendant un certain temps, une ligne dure existait entre l'Islam et le paganisme, coïncidant plus ou moins étroitement avec celle tracée entre les Berbères et les Noirs, le Sahara et le Soudan.

Mais seulement pour un temps. Même si la nouvelle force religieuse ne pouvait plus se répandre dans une marée irrésistible et englobante, il ne fallait pas l'empêcher de se frayer un chemin progressivement dans la masse détrempée du paganisme. Tout au long de la ligne de forces opposées, depuis la Sénégambie jusqu'au lac Tchad, les missionnaires musulmans ont pénétré, non pas avec le feu et l'épée et toutes les horreurs de la force brute, mais armés des armes spirituelles de la foi, de l'espérance et d'un enthousiasme ardent. Sous leur protection, des écoles et des mosquées surgirent, autour desquelles les convertis se rassemblèrent en nombre toujours croissant, jusqu'à ce qu'enfin chaque région eut ses germes de levain, et n'attendit que le moment opportun et le chef inspiré pour élever le mot d'ordre de l'Islam et balayer une fois de plus. en avant avec toute la force accumulée du torrent endigué.

A peu de temps d'intervalle, deux de ces dirigeants apparurent aux points opposés du bassin du Niger. A l'ouest, près de la grande boucle du Niger, un roi du Songhay embrassa l'Islam vers l'an 1000, tandis que vers la fin du même siècle un roi du Bornu suivit son exemple. [1]

À partir de ces dates, une nouvelle ère plus prometteuse a commencé pour le Soudan central et occidental. Sous l'impulsion et les soins de la nouvelle religion, ces régions arriérées commencèrent un progrès ascendant. Un lien nouveau et puissant rassembla les congrégations dispersées des tribus et les soude en communautés puissantes. Leur bien-être moral et spirituel s'est accru à pas de géant, et leur vie politique et sociale a pris un niveau tout à fait plus élevé. Les arts et les industries du Nord s'établirent rapidement parmi eux, et avec eux vint l'amour de la tenue vestimentaire décente, de la propreté, d'une conduite plus ordonnée. Quoi qu'on puisse dire de l'influence finale du mahométisme, il ne fait aucun doute qu'il contient la quantité de bien nécessaire pour élever un peuple barbare à un niveau supérieur de civilisation. Il y avait là une adaptabilité et une simplicité bien adaptées à la compréhension d'esprits non instruits, et c'était là le secret d'un succès tel qu'aucune autre religion propagandiste en Afrique n'a jamais pu s'en approcher depuis, même de loin.

Pour les dirigeants du Songhay et du Bornu, le mot d'ordre de l'Islam : « Il n'y a de Dieu que le Dieu unique » devint bientôt un cri de guerre destiné à être irrésistible par son influence magique. Armés de la nouvelle force spirituelle, ces royaumes jusqu'alors barbares atteignirent des sommets de puissance extraordinaires. Le Songhay étendit peu à peu son influence sur tout le cours supérieur du Niger jusqu'à absorber les anciens royaumes de Ghanata, au nord du Niger, et de Melli, au sud. Avec les influences politiques du Songhay, les forces religieuses se sont mises à son dos. Sa puissance militaire fut parfois mise en échec, mais seulement lorsque l'enthousiasme religieux et l'ardeur missionnaire de ses dirigeants s'effondrèrent temporairement et furent dépassés par le plus grand zèle des princes voisins. A ces exceptions près, l'histoire du Songhay fut celle du progrès général, politique, social et commercial. Le royaume atteignit l'apogée de sa puissance au début du XVIe siècle sous un puissant roi nègre nommé Hadj Mohammed Askia, dont le règne s'étendait du centre de l'actuel empire de Sokoto jusqu'aux frontières de l'Atlantique, d'est en ouest. de 1 500 milles, et de Mosi au sud jusqu'à l'oasis de Tawat au nord, *soit* un peu plus de 1 000 milles. [2]

Askia n'était pas un simple guerrier soucieux de sa propre gloire. Comme tous les grands dirigeants soudanais de l'époque, il se distinguait par sa foi ardente ainsi que par son amour de la justice et de la clémence, de sorte que, comme l'écrivait à son sujet son historien Ahmed Baba de Tombouctou : « Dieu a utilisé ses services pour sauver les vrais croyants (du pays noir) de leurs souffrances et de leurs calamités. Il a construit des mosquées et des écoles et a fait tout ce qui était en son pouvoir pour encourager l'apprentissage ; et, non inconscient de la prospérité matérielle de son peuple, encouragea les marchands de toutes les régions du Soudan, du Sahara et de l'Afrique du Nord. Ainsi, non seulement il était aimé et vénéré de ses sujets, mais sa renommée s'étendait jusque dans les pays les plus lointains.

Malheureusement, le magnifique empire ainsi fondé n'avait pas les éléments de stabilité. Il y avait trop de pouvoir d'un seul homme, sans aucune base gouvernementale solide en dehors du dirigeant. En conséquence, l'histoire de Songhay fut celle d'une fortune variable. Les anciens royaumes comme Melli retrouvèrent temporairement leur indépendance, les provinces lointaines se déchaînèrent continuellement et il y eut des guerres de succession et des révoltes militaires constantes. Mais bien que souvent écorché, il ne fut jamais tué, jusqu'à ce qu'un tout nouvel ennemi apparaisse en la personne de Mulai Hamed, sultan du Maroc, devant les mousquetaires duquel il était voué à disparaître en tant que royaume indépendant. Cela s'est produit en 1591, sous le règne d'Askia Ishak. Ahmed Baba, l'historien indigène, qui vivait à cette époque et qui était lui-même non seulement une victime matérielle, mais un prisonnier emmené au Maroc, a dit de ce terrible désastre : « Ainsi, cette Mahalla (ou expédition) trouvée à cette époque au Soudan (Songhay) l'un de ces pays de la terre qui sont les plus favorisés par le confort, l'abondance, la paix et la prospérité partout ; tel fut le fonctionnement du gouvernement de l'émir el Mumenin, Askia el Hadj Mohammed ben Abu Bakr, en conséquence de sa justice et de la puissance de son commandement royal, qui produisit plein et péremptoire effet, non seulement dans sa capitale (Gogo), mais dans tous les districts de tout son empire, depuis la province de Dendi jusqu'à la frontière du Maroc, et depuis le territoire de Bennendugu (au sud de Jinni) jusqu'à Zeghaza et Tawat. Mais en un instant tout fut changé, et le repos paisible fut remplacé par un état constant de peur, de confort et de sécurité par les troubles et la souffrance ; la ruine et le malheur ont remplacé la prospérité, et partout les gens ont commencé à se battre les uns contre les autres, et la propriété et la vie ont été exposées à un danger constant ; et cette ruine commença, s'étendit, s'accrut et finit par prévaloir dans toute la région. [3] Si l'on se souvient que ceci a été écrit en arabe par un Nigérien à la fin du XVIe ou au début du XVIIe siècle à propos d'un sultan nègre régnant sur un royaume en partie nègre et en partie berbère, l'émerveillement ne peut que frapper. l'esprit réfléchi.

Mais dans le bassin du Niger, Songhay ne fut pas le seul centre d'un merveilleux développement politique et social sous l'influence du mahométanisme. Bornu était dans tous les sens son rival. Nous avons déjà vu que vers la fin du XIe siècle le roi du Bornou (Dunama ben Humé) avait embrassé l'Islam. Le résultat de l'union de la puissance matérielle et de l'inspiration spirituelle se manifesta bientôt, car avant de mourir, Ben Humé avait fondé un empire vigoureux dont l'influence se faisait sentir jusqu'en Égypte. Ce n'est cependant qu'au milieu du XIIIe siècle que Bornu atteint sa plus grande puissance et l'apogée de sa gloire sous la direction compétente d'un certain Dibalami Dunama Selmami. A cette époque, le Bornu, ou, comme on l'appelait parfois, Kameni (?), qui était alors le siège du gouvernement, s'étendait du Nil au Niger, et de Mabina (Adamawa ?) au sud jusqu'à Wadan au nord, selon l'Imam Ahmed (1571-1603), l'historien indigène du Bornu, comme Ahmed Baba avait été celui de Songhay. Mais Dunama n'a pas seulement augmenté la puissance matérielle du Bornu. Comme Askia de Songhay, il encourageait la religion, de sorte que « la vraie foi de son temps était largement diffusée », selon Ebn Said (1282), écrivain arabe.

Après la mort de Dunama, des temps difficiles s'abattirent sur l'empire, suivi d'une longue période de guerres civiles et d'expéditions désastreuses. Des temps plus brillants revinrent avec l'ascension d'Ali (1472) sur le trône, et une fois de plus Bornu retrouva sa grandeur d'antan. Il est clair que le royaume d'Ali s'étendait loin à l'ouest du Niger et était connu des Portugais, qui dès 1489 indiquent Bernu ou Bornu sur leurs cartes.

Sous les deux règnes successifs d'Edris et de Mohammed, Bornu ajouta encore à son importance et entretenait des relations avec les sultans du nord de Tripoli.

Le plus remarquable, cependant, de tous les dirigeants du Bornu semble avoir été Edris Alawoma (1571-1603), qui eut l'avantage d'avoir un biographe contemporain en la personne de l'Imam Ahmed. Ce prince semble non seulement avoir été un guerrier entreprenant et habile, mais il se distinguait également par sa douceur et sa justice, ainsi que par son sens politique clairvoyant. Sous lui, l'empire prit des proportions énormes et engloba presque tout le Soudan central et une grande partie du Soudan occidental. En même temps, le pays devenait plus prospère, la richesse des villes augmentait et la religion et l'éducation mahométanes se répandaient largement et rapidement.

Heureusement, Bornu s'est établi sur des bases plus stables que Songhay. Elle avait plus de cohésion dans ses différents éléments et dépendait moins du caractère guerrier de ses dirigeants pour l'empêcher de s'effondrer. Ses princes semblent également avoir été d'une souche meilleure et plus libérale.

Nous déduisons même des chroniques indigènes qu'ils étaient « instruits, libéraux envers les Ilama, dispensateurs d'aumônes prodigues, amis de la science et de la religion, aimables et compatissants envers les pauvres ». C'est ainsi que tandis que Songhay et d'autres États montaient et descendaient, Bornu conservait sa position et son indépendance. Au début de ce siècle, elle connut une éclipse temporaire devant les armes conquérantes des Fillani dans leur mission de régénération religieuse, mais seulement pour émerger à nouveau aussi vigoureuse que jamais, bien que son influence politique soit désormais limitée au Bornu proprement dit et au voisinage immédiat de Lac Tchad.

Mais tandis que Songhay et Bornu travaillaient pendant des siècles à leur remarquable développement politique, religieux, social et commercial, ils n'étaient en aucun cas, comme nous l'avons déjà souligné, coupés des relations avec le monde extérieur. La soif des esclaves du Bornu et de l'or de Melli et du Haut Niger était une force presque aussi puissante pour les générations ultérieures d'Arabes que l'était le zèle religieux de leurs ancêtres. Pour l'un comme pour l'autre, toutes les terreurs de la route du désert furent bravées et une communication constante fut maintenue avec le Soudan. Dans un premier temps, l'Égypte semble avoir été le premier point de départ de la caravane soudanaise, une route passant vers l'ouest jusqu'au Songhay et la région du Haut Niger, tandis qu'une autre s'en écartait et passait au sud jusqu'au bassin du Tchad. Plus tard, l'Égypte a cédé la place à Tripoli comme point de départ, bien que pratiquement les mêmes routes aient été utilisées pour atteindre les mêmes objectifs. Autrefois, la partie la plus dangereuse de tout le Sahara, à savoir la région située entre le Haut Niger et le Maroc, était parcourue par d'infatigables commerçants maures pour le bien de ses esclaves et de son or. Le terminus de leur route se trouvait d'abord considérablement à l'ouest de Tombouctou, à un endroit appelé Biru ou Walata, où, en effet, presque tout le trafic transsaharien occidental convergeait aux premiers jours des relations commerciales.

Vers la fin du XIe siècle, Tombouctou fut fondée comme station commerciale par les Touaregs du Sahara, mais ce n'est que lorsqu'elle tomba entre les mains d'un puissant roi de Melli, environ deux siècles plus tard, qu'elle devint une place d'une certaine importance. Il se développe aussitôt en un marché international de premier ordre, où se retrouvent les marchands d'Egypte, de Tripoli, du Maroc, des oasis sahariennes et du Soudan pour échanger leurs divers articles de troc.

A aucun moment Tombouctou ne fut la capitale d'un grand royaume. Sa grandeur dépendait uniquement de son commerce et de sa commodité en tant que centre de collecte et de dispersion. Qu'elle soit devenue si célèbre dans toutes les localités du Soudan, on le comprend facilement si l'on se souvient que c'était le but que visaient tous les marchands de l'Afrique du

Nord. Politiquement, Tombouctou a ainsi été élevée à une position d'importance indue, même si commercialement, en tant que capitale marchande, elle ne pouvait être surestimée.

Avec la montée du pouvoir Songhay, Tombouctou devint soumise à ce royaume. Avec la chute du premier, elle acquit une certaine importance politique en tant que centre du pouvoir maure, jusqu'à ce qu'elle reprenne, lors de sa séparation du Maroc, son ancien statut de centre commercial ni plus ni moins, position qu'elle a conservée jusqu'à ce jour.

Parmi un peuple aussi actif et entreprenant que les Arabes du Maroc, de Tripoli et d'Egypte, il y avait naturellement un nombre suffisant d'étudiants désireux de recueillir et de rassembler des informations sur les pays intérieurs vers lesquels voyageaient leurs marchands. Parmi la multitude d'historiens et de géographes qui nous fournissent des faits intéressants, on peut citer El Bekri, El Edrisi (1153), Ebn Said (1282), Ebn Khaldun (1382) et Makrizi (1400).

Mais les Arabes avaient leurs explorateurs aussi bien que leurs écrivains. Parmi ces deux se distinguent avec une importance marquée, à savoir Ebn Batuta (1353) et Leo Africanus (1528). Ebn Batuta, qui semble avoir été dévoré par une soif de voyages et avoir visité presque tous les pays du monde alors connu, commença ses explorations de l'Afrique centrale à partir du Maroc et traversa le désert jusqu'à Walata, la province frontière de Melli, située non loin du Niger. De Walata, il traversa le Niger jusqu'à la capitale du royaume, et de là, par voie terrestre, se rendit à Tombouctou. De Kabara, le « port » de Tombouctou, il descendit le Niger jusqu'à Gogo, la capitale du Songhay, et de là se dirigea de nouveau vers le nord à travers le désert en passant par l'oasis de Tawat jusqu'au Maroc.

Les voyages de Léon l'Africain furent encore plus étendus, car il parcourut tout le Soudan central et occidental. Considérant qu'il a écrit un récit de ses voyages de mémoire plusieurs années après, les événements enregistrés ainsi que l'exactitude et la quantité d'informations variées qu'il donne sur les pays qu'il a visités sont étonnants. Il décrit non seulement les royaumes de Melli, Songhay et Bornu, mais aussi les pays situés entre Gober, Katsena, Kano et Agades, sur lesquels il a quelque chose d'important à dire. Même lorsqu'il semble faire appel à notre crédulité, il a généralement tout à fait raison, comme par exemple lorsqu'il décrit les habitants d'un quartier allumant du feu la nuit sous leur lit pour se réchauffer. L'auteur de ces lignes peut témoigner de la véracité de cette affirmation par une observation personnelle, la précaution étant toutefois prise non pas pour conjurer le froid extérieur, mais celle de la fièvre, maladie à laquelle de nombreux endroits du Niger sont sujets à certaines époques. de l'année.

Nous n'avons pas l'intention d'aborder la question épineuse de ce que savaient les écrivains et les voyageurs arabes concernant le cours et la destination finale du Niger. Ceux d'entre eux qui voyageaient ne le faisaient pas en tant que géographes, et bien qu'ils notaient avec assez de précision ce qu'ils voyaient, ils ne se préoccupaient que très peu de ce qu'ils ne voyaient pas et se tenaient à l'écart des enquêtes d'un caractère purement spéculatif. M'Queen [4] a cependant précisé que beaucoup d'entre eux étaient conscients que le Nil et le Niger étaient distincts et que la tendance générale de l'opinion arabe était de faire tomber ce dernier fleuve dans l'Atlantique.

Une grande partie de la confusion quant à ce que les Arabes savaient ou croyaient provenait en grande partie de l'ignorance des géographes européens qui confondaient le royaume occidental du Ghana avec celui central de Kano, et la ville de Kugha, près du Haut Niger, avec celle de Kano. Kuka en Bornu. Avec l'éclairage nouveau apporté à l'histoire et à la géographie du bassin du Niger, on constate désormais que les écrivains arabes avaient une conception merveilleusement précise des caractéristiques politiques et physiques de la région en question. C'est à eux que revient non seulement l'honneur d'avoir levé le voile qui enveloppait le Soudan et d'avoir répandu les germes d'une civilisation si remarquablement florissante, mais aussi de diffuser parmi les nations occidentales une connaissance de cette région, une connaissance destinée, comme nous le nous verrons, pour être rattrapés et menés à de grandes fins avec la vigueur européenne et la précision scientifique.

# CHAPITRE III.
### *OUVRIR LA VOIE VERS LE NIGER.*

Avec Léon l'Africain, la période arabe de l'histoire de l'exploration africaine s'est pratiquement terminée. Même à l'époque de ce voyageur, les maladies incurables si caractéristiques des États musulmans de notre époque se développaient rapidement. L'apprentissage et les arts n'étaient plus encouragés. La libéralité de pensée et l'entreprise missionnaire ont été remplacées par le fanatisme, la haine de l'étranger et l'isolement de toutes les influences extérieures géniales. Un fléau s'abattait sur tout ce qui avait fait la grandeur et la gloire du nom arabe dans l'histoire du monde.

Heureusement pour la cause du progrès, tandis que le Croissant déclinait ainsi et perdait son éclat dans les brouillards méphitiques montants, la Croix rassemblait toujours de nouvelles gloires et se révélait le héraut et l'étoile du matin d'une époque plus brillante et plus grande. Sous son influence inspirante, les nations occidentales sortaient de la tristesse et de l'ignorance dans lesquelles elles avaient été plongées et ressentaient les battements de nouveaux élans héroïques.

Parmi les nations chrétiennes qui s'éveillaient ainsi, le Portugal prenait la tête. Face à l'Atlantique, il surveillait toujours les eaux sauvages et désertes, imaginant l'au-delà possible sur l'étendue vierge et élevant une race robuste de navigateurs tous inconscients de la grande mission qui les attendait encore. Vers le sud aussi, leurs pensées se tournaient toujours, suivant leurs soldats alors qu'ils luttaient contre les Maures et plantaient leur drapeau le plus chrétien sur toute la côte du Maroc. Des échos leur parvenaient de la vaste richesse de l'Afrique intérieure, du pouvoir du Prêtre Jean et des richesses de la lointaine Cathay, jusqu'à ce que l'imagination des rois, des soldats, des marchands et des prêtres s'enflamme également du désir de les partager. Avec cela, toutes les idées les plus vagues étaient courantes quant à l'étendue du continent africain. La côte nord était assez bien connue, mais au début du XVe siècle, personne ne s'était aventuré vers le sud au-delà de l'extrémité ouest des montagnes de l'Atlas, et personne ne prétendait savoir jusqu'où s'étendait le pays. Mais cette ignorance ne dura pas tout au long du siècle.

Sous ses rois énergiques et clairvoyants, Jean et Emmanuel, le Portugal s'est efforcé de pénétrer derrière le voile et d'atteindre l'honneur et les récompenses les plus substantielles accordées, comme on le croyait, à ceux qui parviendraient les premiers aux sources de l'approvisionnement en or de l'intérieur. L'Afrique, la capitale du Prêtre Jean, ou les pays d'Extrême-Orient.

Les grands voyages étaient alors impensables. La navigation à voile consistait essentiellement à se repérer le long du rivage. Ce n'est donc pas au cours d'un long voyage, mais au cours de nombreuses expéditions successives, que le littoral de l'Afrique fut progressivement tracé. De cette manière, chaque fois que l'on franchissait avec succès les limites du connu, on gagnait plus de courage, de confiance, d'expérience et de compétence, et on éveillait un esprit d'émulation qui entraînait irrésistiblement les nouveaux chevaliers errants du commerce et de la science de plus en plus au sud, à la recherche de nouvelles découvertes. la terre promise.

En 1433, le cap Bojador fut atteint par Gilianez et l'île d'Arguin par Nuno Tristan dix ans plus tard. Jusqu'ici, ils n'avaient trouvé que des déserts et des soleils brûlants, un littoral repoussant et une maigre population de nomades sauvages – aucune nouvelle du Prêtre Jean, aucune preuve des vastes richesses auxquelles ils s'étaient habitués. Mais rien n'a été permis pour freiner leur enthousiasme ou anéantir leurs attentes optimistes.

En 1446, Fernandez passa le Cap Vert et l'année suivante, Lancelot atteignit la région fertile de la Sénégambie.

Il semblait maintenant que les aventuriers audacieux allaient recevoir leur récompense. Ils étaient enfin arrivés dans une région fertile regorgeant d'or et d'ivoire et, mieux encore, ils commencèrent à entendre parler d'un grand royaume nommé Melli, qui n'était pas alors absorbé par l'empire de Songhay en pleine expansion. Ceci, pensaient-ils, devait être le pays du Prêtre Jean.

Ces découvertes importantes, et tous les espoirs brillants qu'elles développèrent, donnèrent un nouvel élan au cours des découvertes portugaises. Avec une entreprise renouvelée et une persévérance, les navigateurs aventureux ont poursuivi le chemin de l'exploration. En 1471, ils avaient atteint la Gold Coast, et avant la fin du siècle, le Cap avait été contourné et, sous la direction d'Almeida et d'Albuquerque, certains de leurs magnifiques rêves de richesse et de pouvoir se sont réalisés dans la fondation de leur empire indien.

Mais si les Portugais avaient ainsi révélé au monde le Sénégal et la Gambie, et apparemment ouvert une porte sur le royaume du bassin du Niger, il n'en sortit rien. Des écrits de De Barros nous savons que des ambassades du roi de Portugal furent envoyées aux souverains de Melli et de Mosi, et même, dit-on, à celui de Songhay. Mais de ces missions, rien de plus ne nous est parvenu. Ils n'ont apparemment rien ajouté à notre connaissance de l'intérieur. Des usines ont été établies le long de la côte, et même à une certaine distance en amont des fleuves Sénégal et Gambie, mais la soif d'or et d'esclaves a évidemment submergé toutes les autres considérations chez les agents en charge, car nous ne recueillons pas un iota d'informations auprès d'eux - ou du moins du moins. du moins, aucun document n'est actuellement enregistré sur la géographie de l'extrême intérieur.

La magnifique entreprise du Portugal dans les domaines de la découverte maritime était destinée à être des plus éphémères. Les mauvais jours arrivèrent bientôt, et entre Philippe II. de l'Espagne sur terre et des Hollandais sur mer, il sembla pendant un temps qu'elle allait perdre sa place parmi les nations indépendantes d'Europe.

Depuis sa conquête par l'Espagne, son cours a été rétrograde et son histoire est devenue le récit d'un empire en déclin et d'une perte progressive de tout esprit qui tend à la grandeur et au progrès nationaux. Pour nous, l'œuvre des Portugais s'est terminée par l'exploration de la côte sénégambienne, la découverte des fleuves Sénégal et Gambie, alors considérés comme des bras du Niger, et la révélation à l'Europe de la future route vers le Niger. et Tombouctou.

L'œuvre d'exploration si bien commencée, si magnifiquement poursuivie, quoique si désastreusement close, commençait maintenant à tomber entre d'autres mains. Au moment où les Portugais disparaissaient au second plan, les Anglais passaient au front. C'était alors la période élisabéthaine, cette époque de mémoire glorieuse, l'aube de la Grande-Bretagne. Des marins audacieux, comme le monde n'en a jamais vu, surgirent de tous côtés et firent de l'Angleterre la maîtresse des mers. Un esprit d'entreprise commerciale et d'audace aventureuse s'est développé, que rien ne pouvait consterner, ni résister. Avant la fin de cette période mouvementée, Drake avait conduit ses compatriotes vers le riche butin du Main espagnol, Raleigh avait jeté les bases de la domination anglaise en Amérique du Nord, Baffin et Hudson avaient ouvert la voie à l'exploration de l'Arctique, et Davis n'avait pas seulement commencé la série d'expéditions héroïques liées au passage du Nord-Ouest, mais avait conduit les navires anglais vers les mers des Indes.

Mais avec ceux-là, nous n'avons rien à voir. Il est plus important pour nous de noter que Hawkins avait effectué son premier voyage sur la côte ouest-africaine et inauguré cet horrible trafic de chair et de sang humains qui a laissé une tache si indélébile sur le commerce britannique.

Mais ce n'est pas seulement la traite négrière qui attire l'attention des marchands anglais vers l'Afrique. Pour eux comme pour les Portugais, le Niger et Tombouctou étaient des mots évocateurs. Tous deux étaient considérés comme de véritables mines de richesse. Dans l'imagination de l'époque, l'une était représentée comme coulant sur du sable doré, l'autre comme presque pavée de métal précieux. On croyait que le Sénégal et la Gambie constituaient les embouchures du Niger, et que par conséquent remonter l'un ou l'autre fleuve amènerait le voyageur directement à la source de tant de richesses. Réaliser cet objectif était désormais devenu le rêve des nations, de sorte qu'on peut très bien dire que le Niger et ses trésors imaginaires étaient l'aimant qui attirait les hommes vers l'exploration de l'intérieur du continent noir.

Le Portugal avait eu pour mission de tracer une ceinture autour de l'Afrique ; c'était maintenant le *rôle* de la Grande-Bretagne de reprendre le travail et de pénétrer à l'intérieur du pays avec des résultats plus durables que ceux des ambassades et des entreprises missionnaires et commerciales portugaises.

L'année 1618 voit le début de cette noble œuvre. Une compagnie fut constituée pour explorer la Gambie, dans le but d'atteindre la riche région du Niger.

L'honneur d'être le pionnier britannique de l'exploration de l'Afrique revient à un certain Richard Thompson, décrit comme un homme d'esprit et d'entreprise. Il quitte l'Angleterre à bord du *Catherine* , de 120 tonnes, avec une cargaison d'une valeur de près de 2 000 £, et atteint la Gambie vers la fin de l'année. Ici, il trouva les Portugais toujours au pouvoir, dirigeant les nations avec une tyrannie écrasante, bien qu'ils sombraient rapidement dans l'apathie commerciale et nationale qui en a fait une référence au XIXe siècle.

L'entreprise de Thompson, comme tant d'autres qui lui succédèrent, était vouée à un triste désastre. Les Portugais attaquèrent d'abord et massacrèrent une grande partie de l'équipage alors que son capitaine explorait le fleuve. Sans se laisser décourager, il resta fidèle à son poste et demanda des renforts et du ravitaillement. Ses employeurs étaient comme du métal pour lui et envoyèrent promptement un autre navire à son secours. Le climat s'est révélé un ennemi aussi redoutable que celui des Portugais, et la plupart de l'équipage du nouveau navire a succombé aux miasmes mortels.

Un autre navire encore fut armé, ses propriétaires intrépides devant la perte d'hommes et de biens, et toujours optimistes quant au glorieux prix à remporter.

Cette fois, un certain Richard Jobson a pris le commandement. Il arriva en Gambie en 1620, seulement pour entendre parler d'une nouvelle calamité et d'une nouvelle source de danger encore plus paralysante : les hommes de Thompson s'étaient mutinés et assassinés. L'hostilité portugaise, un climat meurtrier et des mutineries dans le camp se sont opposés à l'avancée espérée dans le pays. Mais ces vieux marins étaient faits d'une matière austère et inflexible, que seule la mort elle-même pouvait briser, et Jobson, imperturbable, a défié tous les dangers et s'est lancé dans sa quête. À chaque kilomètre successif, de nouvelles difficultés assaillent la vaillante bande. Aucun pilote n'a pu être amené à montrer la voie. Pendant un certain temps, cela ne représenta aucun obstacle sérieux. Bientôt, cependant, le courant devint plus fort et menaça de les repousser. Ils étaient constamment en danger à cause des rochers cachés, et les chutes et les rapides dressaient une barrière écumante pour poursuivre leur progression. Il y avait aussi des bancs de sable sur lesquels ils s'échouaient, et il fallait braver les crocodiles pour s'en éloigner, tandis que les hippocampes reniflaient de colère et menaçaient d'inonder les bateaux. Privés des moustiquaires des temps modernes, leurs journées de fatigue accablante sous un soleil fondant étaient suivies de nuits de torture exaspérante sous les piqûres d'une myriade de moustiques et de phlébotomes. Mais tout était nouveau et merveilleux pour eux. Ils étaient comme des enfants faisant irruption dans un nouveau monde plein de merveilles insoupçonnées, une véritable terre d'enchantement. Les crocodiles voraces et les hippopotames monstrueux de la rivière, les éléphants en troupes s'écrasant irrésistiblement à travers la forêt dense, les léopards guettant leurs proies comme des chats et les lions troublant le silence de la nuit avec leurs rugissements effrayants, étaient quelques-uns des éléments de ce nouveau pays des merveilles. Là aussi, il y avait des singes parmi les arbres : leurs gambades étaient une source de plaisir constante ; et des babouins parcouraient les sous-bois en troupeaux énormes, remplissant l'air de cris étranges, sauf quand « une grande voix s'exaltait et que les autres se taisaient ».

Non moins étonnante était la vie des insectes de la forêt tropicale : les lucioles en myriades brillaient de couleurs irisées dans l'obscurité de la nuit, les grillons élevant leur chœur assourdissant, les étranges coléoptères et les papillons multicolores.

Comme le feuillage des tropiques a dû paraître merveilleux aussi aux explorateurs, tout frais qu'ils venaient d'Angleterre. Les herbes immenses, les sous-bois presque impénétrables, les beautés de la tribu des palmiers, la majesté du cotonnier à soie. Enfin et surtout, combien étrange est l'apparence des indigènes, leur absence relative de vêtements, leurs habitudes simples et leurs idées rudimentaires sur tout ce qui se passe sous le ciel. Le voyageur moderne, *blasé* du riche héritage de cent prédécesseurs, ne peut qu'envier les sensations d'un homme comme Jobson en voyant pour la première fois toutes les merveilles, les beautés et les nouveautés de l'Afrique.

Mais tandis que nous essayons en vain de comprendre les sentiments inspirés dans l'esprit de ce pionnier, nous n'oublions pas le sérieux et la détermination terribles, le courage indomptable et la persévérance obstinée de cet homme. Le diable lui-même n'a aucune crainte pour Jobson. Entendant certains sons remarquables, et se faisant dire par les indigènes que c'est la voix du diable, l'intrépide marin saisit son fusil et s'élance pour combattre Sa Majesté satanique, qui, à l'apparition de notre héros, change ses terribles rugissements en notes. de terreur, et se montre comme un énorme nègre rampant dans la poussière dans une agonie de peur.

Le 26 janvier 1621, Jobson était arrivé au lieu-dit Tenda, où il entendit parler d'une ville à quatre mois de voyage vers l'intérieur, dont les toits étaient recouverts d'or. Malheureusement, même si son appétit pouvait être aiguisé par des histoires aussi merveilleuses, il devait rester insatisfait. La saison sèche commença bientôt à se répercuter sur le volume d'eau du fleuve, rendant l'avancée quotidienne plus difficile, jusqu'à ce que, quelques jours après une ville appelée Tombaconda, à environ 300 milles de la mer, il fut contraint de renoncer à de nouvelles tentatives, bien que il croyait que Tombaconda était Tombouctou elle-même, distante en réalité d'environ 1 000 milles. Le 10 février, il commença son retour, espérant revenir en arrière et achever son œuvre avec la montée des eaux, projet qu'il ne réalisa cependant jamais.

Des querelles éclatèrent entre les marchands du fleuve et la Compagnie, et l'entreprise s'effondra momentanément.

Ce n'est que près d'un siècle plus tard qu'une nouvelle tentative fut faite pour poursuivre la tâche visant à atteindre le Niger et les richesses de l'Afrique intérieure. En 1720, le duc de Chandos, agissant en tant que président de la Compagnie africaine, lance une nouvelle expédition via la Gambie vers la terre promise.

Cette fois, l'entreprise fut placée sous la direction d'un certain capitaine Bartholomew Stibbs, qui quitta l'Angleterre en 1723 et arriva en Gambie en octobre de la même année. Ses expériences étaient identiques à celles de Jobson, même s'il n'atteignit pas le point culminant de ce dernier. Mais entre eux, il était clair que la Gambie n'avait aucun lien avec le Niger, et encore moins avec le Sénégal.

Avec Stibbs ont mis fin aux tentatives commerciales anglaises d'ouvrir la voie vers l'intérieur de l'Afrique.

L'augmentation de nos connaissances sur sa géographie consistait à explorer la partie navigable de la Gambie et à constater qu'elle n'avait aucun lien avec le Niger.

Pendant ce temps, les Français faisaient pour le Sénégal ce que les Britanniques accomplissaient dans le fleuve jumeau. Six ans après l'entrée de Thompson dans ce dernier, les Français s'étaient établis à l'embouchure du Sénégal et fondaient la ville de Saint-Louis. Leur premier voyage d'exploration eut lieu en 1637, lorsqu'ils pénétrèrent à une certaine distance le long de la partie navigable du fleuve.

Mais plus importante fut l'expédition en 1697 d'un certain sieur Brue, directeur général de la Compagnie française d'Afrique, qui remporta un succès considérable. Cette expédition fut complétée par une seconde remontée du fleuve deux ans plus tard, lorsque le fort Saint-Joseph fut fondé et que le commerce s'ouvrit avec les marchands de Tombouctou.

Les expériences du sieur Brue étaient en tous points semblables à celles de Jobson et Stibbs sur la Gambie, quoique commercialement plus heureuses, dans la mesure où il avait affaire à des races plus avancées et parvenait à atteindre les frontières d'un district riche en or (Bambuk). d'une part, et d'une région de gomme tout aussi rentable d'autre part.


Il entendit également beaucoup parler du Niger et de Tombouctou, et semblait se convaincre que le Sénégal n'avait aucun lien avec le célèbre fleuve de l'intérieur, et que ce dernier coulait vers l'est et non vers l'ouest, comme c'était la tendance de son époque à le croire, car on retrouve les cartes françaises du XVIIIe siècle montrant le Niger coulant vers l'intérieur et une borne incertaine.

# CHAPITRE IV.
## *PRÉPARATION DU PARC : L'ASSOCIATION AFRICAINE.*

La fin du XVIIIe siècle marque le début de la période moderne de l'exploration africaine. Jusqu'à présent, toutes les entreprises africaines avaient été initiées par des gouvernements dans un but d'agrandissement national ou par des commerçants ayant des objectifs commerciaux en vue. Les premières découvertes portugaises en étaient un type ; l'expédition britannique en Gambie est un exemple de l'autre. Mais le moment était désormais venu où, dissociée des deux, l'exploration africaine devait s'engager dans une nouvelle voie de recherche désintéressée et accomplir ce que les gouvernements et les communautés commerciales n'avaient pas réussi à faire.

C'est à l'Association Africaine qu'appartient l'honneur d'inaugurer cette ère nouvelle et plus glorieuse. Lord Rawdon, plus tard marquis de Hastings, Sir Joseph Banks, l'évêque de Landaff, M. Beaufoy et M. Stuart, furent les premiers directeurs de cette association, dont les objets étaient la promotion des découvertes en Afrique et la diffusion de l'information. commercial, politique et scientifique, sur ce continent encore malheureusement méconnu.

Au début, l'Association a consacré son attention à l'Afrique du Nord et, en peu de temps, elle a contribué à rassembler de nombreuses informations fiables et précieuses sur les États musulmans de cette région.

Mais leurs enquêtes ne devaient pas plus se limiter au Sahara que le premier déferlement du torrent mahométan.

Les itinéraires des grandes caravanes vers le Soudan furent étudiés et les écrivains arabes contribuèrent à satisfaire la demande de plus de lumière.

C'est surtout vers le Niger que se tournèrent leurs enquêtes, dans l'espoir de résoudre le mystère de sa véritable position et de son cours. Où a-t-il commencé et où a-t-il fini ? C'est ce double problème qui intriguait les géographes du XVIIIe siècle, plus encore que la question de la source du Nil.

Non contents d'enquêtes qui ne faisaient que les plonger dans des perplexités et des discussions sans fin, ils résolurent d'envoyer des explorateurs. À ceux-là, ils n'offraient aucune incitation monétaire, aucun espoir de récompense tangible. L'honneur et la gloire de la découverte devaient être leur prix : l'Association s'engageait en même temps, de son côté, à prendre en charge les frais du voyageur.

Les incitations proposées étaient tout à fait suffisantes. Des hommes admirablement qualifiés se présentèrent en plus grand nombre qu'il n'était nécessaire, de sorte que la principale difficulté de l'Association fut de choisir plutôt que de chercher.

Le premier du groupe héroïque des pionniers africains fut Ledyard, déjà un voyageur aux expériences les plus variées. Sa mission était de traverser le continent africain du Nil à l'Atlantique. Au seuil de son entreprise, il mourut de fièvre en 1788.

M. Lucas fut le prochain à reprendre le travail. Ses qualifications étaient une connaissance intime de la vie et de la langue maures, acquise d'abord comme esclave au Maroc, puis comme vice-consul britannique auprès de cet empire. Le travail qui lui était assigné était de partir de Tripoli et de traverser le Sahara jusqu'au Soudan. En cela, il a échoué. Une révolte des tribus arabes barra la route, et M. Lucas abandonna l'entreprise, rapportant seulement des renseignements supplémentaires sur l'intérieur, qu'il avait recueillis auprès des marchands indigènes.

Horneman (1789) eut plus de succès dans la première partie d'une expédition ultérieure. Il traversa sans aucun doute le désert, mais il ne le traversa que pour disparaître à jamais.

Il est clair que l'Afrique était un problème difficile à résoudre et dangereux pour quiconque s'y essayait.

Déjouée dans ses tentatives d'atteindre l'objectif de ses désirs depuis le Nord, l'Association Africaine s'est ensuite tournée vers l'Afrique de l'Ouest pour une éventuelle ouverture vers l'intérieur. Une fois de plus, la Gambie a été choisie comme route la plus directe et la plus réalisable.

Ils semblaient avoir trouvé en la personne du major Houghton l'homme idéal pour ce travail. En tant que consul au Maroc, il avait fait la connaissance des Maures et de leur langue, et à Gorée, alors aux mains des Britanniques, il était entré en contact avec les nègres d'Afrique de l'Ouest et avait appris les conditions de vie et de voyage en Gambie.

La nouvelle tentative a eu lieu en 1791. Contrairement à Jobson et Stibbs, l'explorateur aventureux n'a pas procédé par bateau et avec un grand groupe européen, mais par terre, seul et accompagné du plus modeste des cortèges. Au début, tout s'est bien passé ; aucune difficulté ni aucun problème ne retardèrent ses progrès. Suivant généralement le cours de la rivière, il atteignit en toute sécurité Médine, la capitale de Wuli, et fut chaleureusement reçu par le roi du lieu. Les éléments étaient moins cléments. Un incendie qui réduisit la ville en cendres le priva d'une grande partie de ses biens. De Médina, la route de Houghton s'écartait de la Gambie, passant à l'ouest jusqu'au Falemé, un affluent sud du Sénégal et la ligne frontière de la région aurifère de Bambuk. Ici aussi, il fut reçu avec hospitalité et partit dans la joie à travers Bambuk. Il ne faudra cependant pas se réjouir longtemps. La dernière communication reçue de lui contenait ces lignes graphiques : « Les compliments du major Houghton au Dr Laidley ; est en bonne santé, en route pour Tombouctou ; volé tous ses biens par le fils de Fenda Bukar. Aucun désespoir dans ces mots, quelles que soient les calamités qui aient pu arriver à l'écrivain ; pas d'arrêt dans la résolution d'atteindre son objectif — seulement la détermination sans hésitation d' aller de l'avant. Mais c'était aller de l'avant pour mourir. Malgré le fils de Fenda Bukar, il semble avoir encore possédé des moyens suffisants pour éveiller la cupidité sans scrupules de certains Maures. Attiré par ces misérables, il fut emmené dans le désert, où il fut dépouillé de tout et abandonné à une mort horrible.

Il semblerait que la fin désastreuse de ces diverses expéditions ait refroidi l'empressement des volontaires à poursuivre le travail, car nous voyons maintenant l'Association africaine offrir l'incitation d'une généreuse récompense à quiconque accepterait de reprendre la tâche interrompue par Houghton. la mort.

Il n'est pas étonnant que des hommes qualifiés aient hésité à se proposer. Les fièvres africaines avaient alors une terreur qu'elles n'ont plus. Le continent était pratiquement inconnu, et pour l'imagination, sans faits correctifs, tout avait un aspect terrible. Le cannibalisme, la soif de sang et la férocité en général, l'amour du pillage et toutes sortes de pratiques horribles étaient associés au nom de nègre. On pensait que la mort par soif ou par famine était le sort de ceux qui échappaient aux miasmes de la terre ou à la lance meurtrière des indigènes. Il serait vraiment courageux d'affronter une telle accumulation d'horreurs vaguement perçues et puissamment exagérées.

Néanmoins, l'Association africaine n'a pas eu longtemps à attendre. Face à cette crise de leurs affaires, l'homme de la tâche se présentait, destiné à couronner leurs espoirs d'un succès triomphant, à inaugurer un avenir plus brillant pour les voyages en Afrique et à leur donner une impulsion telle qu'ils pourraient les mener à une issue glorieuse. . C'était Mungo Park.

# CHAPITRE V.
## *PARC MUNGO.*

Pour continuer notre récit d'exploration, nous devons maintenant quitter les soleils étouffants et l'atmosphère miasmatique de l'Afrique de l'Ouest pour le climat tempéré et les collines venteuses du sud de l'Écosse – passant du fleuve cher au géographe au ruisseau aimé du poète – du Niger. à l'achillée millefeuille.

L'homme dont la mission était de briser les barrières isolantes élevées par la sauvagerie et un climat mortel entre le pays des nègres et toutes les influences humanisantes extérieures, doit avoir un berceau héroïque et être issu d'une race héroïque. Il doit s'agir de l'éducation du Spartiate, l'équipant physiquement pour lutter contre les difficultés et les privations ; il doit s'agir d'une éducation et d'une éducation qui tendent à toutes les formes de noble mécontentement et aux actes de grande envergure.

Tel berceau et telle race étaient Ettrickdale et sa paysannerie. Leur vie était faite de labeur honnête et de retenue constante, et ils possédaient l'éducation directe et indirecte qui, chez l'homme idéal, développe des instincts romantiques et marie à une imagination perverse des convictions religieuses sévères, un sens pratique intense et une ténacité prosaïque. Leur environnement était indéniablement adapté à façonner le poète ou le héros, celui qui chantait la chevalerie du passé ou celui qui devait chanter la chevalerie du présent, quel que soit le domaine où se trouvent une ambition louable et une aspiration la plus élevée. - une vision clairvoyante et un courage inébranlable, une persévérance acharnée et une persévérance infatigable, un courage face aux revers et des capacités physiques pour supporter les privations.

Tel était donc l'héritage qu'Ettrickdale avait à offrir à ses fils ; et ceci, comme l'un d'eux, l'héritage de Mungo Park, le premier des chevaliers errants d'Afrique.

## LIEU DE NAISSANCE DU PARC MUNGO.

Nous savons peu de choses sur les débuts de la vie de celui qui était destiné à dévoiler partiellement le visage de l'Afrique, même si ce peu est suffisamment significatif et satisfaisant.

Mungo Park est né le 10 septembre 1771 dans la maison de Foulshiels, à environ quatre milles et demi de Selkirk. Foulshiels se dresse au centre même du plus beau paysage du vallon de Yarrow, faisant face, de l'autre côté de la vallée, à la majestueuse tour de Newark. Vers l'est, il offre une vue sur les bois, les bosquets et les « tonnelles de bouleaux » du vallon qui s'élargit jusqu'à son point de fusion dans la vallée de l'Ettrick, près de Selkirk. Vers l'ouest, il fait face à un magnifique panorama de collines et de vallons, à travers lequel se courbe l'achillée millefeuille en tronçons brillants et brisés, depuis le paysage sauvage et romantique de son loch et de ses sources montagneuses. À l'avant et à l'arrière s'élèvent des collines majestueuses, leurs bases séparées et baignées par les ruisseaux impétueux, leurs pentes inférieures recouvertes de chênes et de sapins, leurs pentes supérieures d'herbe et de bruyère, sur lesquelles les vents soufflent sans opposition.

Mais si les environs de la maison natale de Park étaient grandioses, la maison, dont les ruines existent encore, était extrêmement humble. Ce n'était ni meilleur ni pire que ce que pouvaient habiter les bergers d'aujourd'hui dans des endroits isolés, construits en grande partie en pierre blanche et en chaux, et contenant au plus trois appartements. Le bâtiment ne présente aucune trace d'ornement, pas de corniche de soulagement, exprimant ainsi à merveille le caractère de ses occupants, leur extrême praticité, leur honnêteté et leur indifférence à toutes les grâces extérieures. D'un tel cottage est né un Burns, et plus tard un Carlyle.

Mungo était le septième enfant d'une famille de treize personnes, dont huit seulement atteignirent l'âge de la maturité. Grâce à des soins inlassables et à un travail acharné, son père s'était élevé au rang de petit fermier, ce qui montre à quel point sa chaumière est petite. En lui, cependant, nous avons sans aucun doute un de ces pères écossais qui pinceront son propre corps et doubleront l'esclavage de sa vie afin que ses enfants puissent recevoir une meilleure éducation que lui-même et que leur esprit au moins puisse ne soyez pas affamé et rabougri. Comme le dit le premier biographe de Park, écrivant en 1816 : « L'attention des agriculteurs et des paysans écossais à l'instruction précoce de leurs enfants est fortement illustrée dans l'histoire de la famille de Park. La diffusion des connaissances parmi les indigènes de cette partie du royaume et leur intelligence générale doivent être admises par tout observateur impartial ; il n'y a pas non plus de pays dans lequel les effets de l'éducation sont aussi évidents dans la promotion de l'industrie et de la bonne conduite, et dans la production d'hommes utiles et respectables des classes inférieures et moyennes, admirablement aptes à toutes les fonctions importantes de la vie commune.

Il semblerait qu'il n'y ait pas d'école assez proche de Foulshiels pour que les enfants du parc puissent la fréquenter dans les premières années de leur vie, puisque nous trouvons un enseignant résident engagé pour transmettre les rudiments d'éducation nécessaires.

Plus tard, Mungo fut transféré à la Selkirk Grammar School, où il se rendait probablement à pied chaque matin.

À partir de cette époque, nous commençons à avoir un aperçu de sa personnalité et de son caractère particuliers. Il ne semble pas qu'il ait montré de talent particulier à l'école, bien qu'il soit constant dans son assiduité et studieux dans son application. Nous comprenons qu'il était rêveur et réservé, un grand lecteur, un amateur de poésie et un passionné des traditions surannées et des ménestrels simples si nettement associés aux comtés frontaliers de l'Écosse.

De toute évidence, son tempérament n'était pas celui qui recevrait ses impulsions directrices du travail quotidien de l'école ou des préceptes et de l'instruction des maîtres d'école. De telles influences conventionnelles ne l'auraient jamais conduit en Afrique. Ses inspirations provenaient des ballades chantées et des contes racontés au coin du feu de chaque pays. Pour lui, l'achillée millefeuille précipitée, les tours en ruine de Newark, les champs qui s'étendent, les flancs de colline gonflés et le sommet de la montagne étaient des enseignants, chacun ayant une histoire à raconter d'aventure audacieuse ou de conflit mortel.

Le pays tout entier sentait le romantisme d'un passé à moitié oublié, avec cent souvenirs chers à un cœur patriote. Tout autour de lui, il y avait quelque chose pour jeter un glamour sur son jeune esprit avide, quelque chose pour enflammer son imagination et susciter le désir ardent d'être debout et d'accomplir des actions indéfinies, mais toujours grandes et nobles. Du château majestueux, qui le regardait maintenant avec une majesté mélancolique et ruinée, de courageux chevaliers d'antan étaient partis se battre pour le roi et la patrie ou pour l'amour. Leur temps était passé, mais ne pourrait-il pas, sous une autre forme, sortir de sa modeste chaumière et, avec d'autres armes, conquérir ses éperons d'or.

De quelle manière toutes ces vagues ambitions et cette fermentation spirituelle devaient prendre fin, il n'y avait que peu d'indications. Il n'est donné qu'à quelques rares personnes de réaliser dans l'au-delà les rêves romantiques de leur jeunesse.

Au début, il semble que Mungo était destiné par son père au ministère, mais lui-même préférait la médecine, à laquelle aucune objection ne semble avoir été faite.

Pour acquérir les rudiments de sa formation médicale, à l'âge de quinze ans, il fut placé, comme c'était la coutume de l'époque, comme apprenti du Dr Thomas Anderson, chirurgien à Selkirk, un homme dont les descendants pratiquent encore l'art de guérir dans le même ville. Pendant trois ans, il resta avec le docteur, acquérant non seulement des connaissances en médecine, mais se perfectionnant encore davantage dans les classiques et dans d'autres branches de l'enseignement du lycée.

De plus, nous ne savons rien de sa vie dans la famille Anderson, bien que son temps ait été agréablement passé, nous pouvons déduire du fait que, comme nous le verrons plus tard, il épousa quelques années après la fille aînée du Dr Anderson.

En 1789, Park quitta Selkirk pour terminer ses études de médecine à l'Université d'Édimbourg. Trois séances successives semblent avoir suffi pour se qualifier ces jours-ci.

On nous dit qu'il était un étudiant ardent et distingué parmi ses camarades. La botanique était son sujet favori, ce fait étant sans doute dû en grande partie à l'influence inspirante de son beau-frère, M. James Dickson, qui de jardinier s'était élevé par ses propres efforts pour devenir un botaniste ordinaire et l'auteur de quelques œuvres précieuses et importantes.

C'est alors qu'il était encore étudiant en médecine que Park entra en contact plus direct avec Dickson et avec lui il fit une tournée botanique dans les Highlands.

Dickson a fait plus pour son jeune beau-frère que de lui inspirer l'amour de la botanique. Il entretenait une intimité considérable avec Sir Joseph Banks, l'un des principaux directeurs de l'Association africaine, et lorsque Park quitta l'Université, il le présenta à son ami influent et le mit ainsi en contact avec les influences qui allaient faire Mungo Park, le premier des célèbres voyageurs africains.

Mais le moment n'était pas encore venu. Park devait encore se préparer pratiquement à sa grande mission en élargissant son expérience de la vie et des voyages – il devait encore se laisser piquer davantage par la fièvre de l'agitation. Ainsi, en 1792, on le voit naviguer non pas vers l'Afrique, mais vers l'Est, comme chirurgien au service de la Compagnie des Indes orientales.

Il nous livre ici un aperçu admirable et caractéristique de lui-même dans une lettre adressée à son professeur de chirurgie et futur beau-père, le Dr Anderson de Selkirk. La lettre est datée de Londres, le 23 janvier 1793, et voici un extrait intéressant :

> « J'ai maintenant franchi la première marche de l'escalier de l'ambition. En voici une figure. (Un croquis à la plume et à l'encre est ici donné d'un escalier avec un homme au plus bas.) Il ressemble beaucoup à l'un des pièges de Gordon qu'il utilise dans la bibliothèque. Maintenant, si je monte les escaliers en courant, vous voyez les conséquences. Je dois soit être mortifié de constater que je ne peux pas aller plus loin, soit, en faisant un pas aérien, me cogner la cervelle devant le grand in-folio de quelque auteur à succès. Puissé-je utiliser mon petit avantage en hauteur pour me permettre d'exercer la fonction de gardien du reste de l'humanité et leur crier : « Prenez soin, messieurs ! Ne regarde pas trop haut, ou tu vas te casser les jambes sur ce tabouret. Ouvre tes yeux; tu vas droit au feu.
>
> « Passé à la salle des chirurgiens ! Associé de la Société Linnéenne ! J'ai marché trois ou quatre fois d'avant en arrière dans le hall, et j'avais effectivement commencé à compter les carreaux de verre de la grande fenêtre, lorsque la cloche a sonné et le bedeau a hurlé : « M. Parc!' Le sursaut de Macbeth lorsqu'il aperçut le poignard n'était qu'une simple plaisanterie comparée au mien...

« J'ai acheté Stewart's Philosophy pour m'amuser en mer. Comme vous êtes à Édimbourg, vous m'écrirez ce qu'on dit de son caractère religieux. Vous m'avez dit dans la lettre de Sandy (sans doute son frère Alexander, qui suivait à l'époque des cours de médecine qu'il venait lui-même de terminer) que vous m'écririez la semaine prochaine. J'ai trop de choses à dire et je dois donc parler à moitié.

« Les mélancoliques, qui se plaignent de la brièveté de la vie humaine, et les voluptueux, qui pensent que le présent n'est que le leur, s'efforcent de remplir chaque instant de jouissance sensuelle ; mais l'homme dont l'âme a été éclairée par son Créateur et capable, quoique vaguement, de discerner les merveilles du salut, considérera les joies et les afflictions de cette vie comme également des gages de l'amour divin. Il parcourra le monde comme quelqu'un voyageant vers un pays meilleur, attendant avec émerveillement l'auteur et le consommateur de sa foi.

" *PS* : je pars dans environ un mois. »

## EXTRAIT DE LETTRE DE MUNGO PARK AU DR. ANDERSON.

C'est dans l'humeur joyeuse du jeune conquérant en devenir que Park envisagea le champ d'entreprise qui s'ouvrait à lui et, avec la philosophie de Stewart pour l'amuser et ses convictions religieuses profondément enracinées pour le soutenir, il quitta l'Angleterre pour le Indes.

Pour montrer la force de ces convictions, nous pouvons citer une autre lettre, écrite au Dr Anderson alors qu'il était sur le point de partir :

« J'ai maintenant atteint ce point où je peux contempler les tumultes des nations avec indifférence, confiant que les rênes des événements sont entre les mains de notre Père. Puissions-nous, vous et moi (non pas comme le mulet têtu, mais comme l'enfant sevré) obéir à Sa main, afin qu'après tous les troubles de ce monde obscur dans lequel nous sommes vraiment étrangers, nous puissions, grâce aux merveilles de l'expiation, atteindre un niveau bien plus grand. et un poids excessif de gloire. Je souhaite que vous puissiez considérer le jour de votre départ avec la même résignation que moi pour le mien. Mon espoir se rapproche désormais de la certitude. Si je suis trompé, que Dieu seul me redresse, car je préfère mourir dans l'illusion plutôt que de me réveiller avec toutes les joies de la terre. Que le Saint-Esprit habite à jamais dans ton cœur, mon cher ami, et si je ne revois jamais ma terre natale, puissé-je plutôt voir le gazon vert sur ta tombe que de te voir autre chose qu'un chrétien.

Rien de remarquable ne marqua ce voyage à Sumatra, mais son séjour là-bas ne fut en aucun cas une perte de temps, car il lui offrit une excellente occasion de satisfaire ses goûts scientifiques, non seulement en tant que collectionneur, mais aussi et surtout en tant qu'observateur attentif.

Un article paru dans les Linnean Transactions sur huit nouveaux poissons de Sumatra constitue une preuve suffisante à la fois de son industrie et de ses réalisations scientifiques.

Park retourna en Angleterre après un an d'absence et était maintenant mûr pour le travail qui l'attendait. Il ne semble nulle part que jusqu'à présent il ait même pensé à l'Afrique comme un terrain possible pour son ambition et ses énergies. Son tempérament naturel, cependant, avait été un terreau fertile pour les idées romantiques que son environnement précoce avait semées. Son éducation médicale l'avait rendu plus apte au travail d'exploration, en plus de le mettre en contact plus sympathique avec son beau-frère botaniste, qui devait encore une fois le mettre dans la sphère d'influence de Sir Joseph Banks et, par son intermédiaire, de la Association africaine. À la suite de ces diverses influences déterminantes vinrent le premier goût du voyage, une expérience plus large et la connaissance du bien et du mal de la vie du voyageur. Il ne lui restait plus qu'une occasion en or de prouver par l'action sa capacité potentielle à rendre un service héroïque dans les domaines de la recherche géographique.

Le retour de Park de son premier voyage fut le tournant de sa carrière. Il y a actuellement une crise dans les affaires de l'Association africaine. Tout ce qu'ils avaient tenté s'était terminé de manière désastreuse, et la nouvelle venait de leur parvenir de la triste mort du major Houghton. Faut-il abandonner cette tâche maintenant, ou bien la reprendre avec un zèle et une ardeur renouvelés ? Il ne pourrait y avoir qu'une seule réponse. Le travail commencé doit être poursuivi. En fin de compte, il faudra sûrement que cela soit couronné de succès. En attendant, qui devait s'en charger ?

Alors que l'Association cherchait ainsi l'homme à qui confier cette périlleuse entreprise, Park était encore indécis quant au cours de sa vie qu'il allait poursuivre. Avec Sir Joseph Banks comme lien entre eux, il ne pouvait manquer d'y parvenir une entente rapide et un règlement mutuel des questions en litige pour tous deux. Les projets de l'Association parvinrent rapidement aux oreilles de Park. C'était exactement le travail qu'il souhaitait, des opportunités prometteuses de s'adonner à son amour du voyage et de l'histoire naturelle qui transcendait de loin ses rêves les plus fous. Une splendide perspective d'une grande œuvre accomplie et d'une gloire conquise, de difficultés surmontées et d'une renommée acquise, s'ouvrait devant lui. Avant une telle opportunité, il ne pouvait y avoir aucune irrésolution, aucun doute, aucune crainte. Sa ligne de conduite était claire, et il offrit aussitôt ses services, qui furent, de la part de la Compagnie, acceptés aussi promptement et avec autant d'empressement qu'ils avaient été offerts.

Mungo Park avait alors vingt-quatre ans.

---

# CHAPITRE VI.
## *AU SEUIL.*

Le 22 mai 1795, Mungo Park quitte l'Angleterre à bord de l' *Endeavour* , un commerçant africain. Le 21 du mois suivant, il débarquait à l'embouchure du fleuve Gambie.

Bathurst, siège actuel du gouvernement du bassin gambien, n'existait pas à l'époque, avec sa communauté européenne active et sa population indigène prospère, ses édifices publics imposants et ses rues bien aménagées. La ville natale de Jillifri, sur la rive nord et un peu en amont du fleuve, était la première halte au début du commerce des marchands gambiens.

De Jillifri, l' *Endeavour* remonta la rivière jusqu'à Jonkakonda.

La vue qui s'ouvrait devant Park à mesure qu'il avançait n'était ni attrayante ni prometteuse. Le fleuve coulait vers la mer, profond et boueux, ses rives couvertes de forêts impénétrables de mangroves, formant, lorsque la marée était basse, une horrible étendue de marécage. L'air était épais d'une brume nauséabonde, chargée des exhalaisons venimeuses de la boue fétide engendrée par la chaleur et l'humidité. Çà et là seulement, un groupe de noix de coco ou un bombyx isolé (arbre à coton et à soie) soulageait la morne monotonie et donnait un moment de plaisir aux yeux.

Derrière les mangroves, le pays s'étendait en une plaine unie, « très généralement couverte de bois, et présentant à l'œil une uniformité ennuyeuse et sombre ; mais bien que la nature ait refusé aux habitants les beautés des paysages romantiques, elle leur a accordé d'une main libérale les bienfaits les plus importants de la fertilité et de l'abondance.

A Jonkakonda, qui semble avoir été l'une des principales stations commerciales du fleuve, Park quitta l' *Endeavour* et se dirigea vers l'usine de Pisania, quelques kilomètres plus loin.

En la personne du Dr Laidley, l'agent responsable, pour qui il apportait des lettres, Park trouva non seulement un hôte généreux, mais aussi un conseiller tout à fait compétent, et pendant plusieurs mois successifs, la maison du marchand et sa vaste expérience furent à sa disposition.

Les objectifs de son expédition étaient les suivants : atteindre le fleuve Niger par la route la plus pratique ; en connaître l'origine, le déroulement et si possible la fin ; visiter les chefs-lieux de ses environs, mais plus particulièrement Tombouctou et ceux du pays Haoussa.

L'enthousiasme ardent de Park était toujours tempéré par la prudence et le caractère pratique et prudent de sa race. Comme un vieux militant, il s'est mis à apprendre ce qui l'attendait et à se préparer à sa tâche difficile et dangereuse. Il fallait acquérir la langue mandingue pour qu'il puisse entrer en contact plus sympathique avec les indigènes et être plus indépendant des interprètes, toujours source de profonds dangers et souvent le plus grand obstacle à l'avancée de l'explorateur dans des pays inconnus. Il fallut en outre se renseigner sur les itinéraires, les dangers à éviter et les conditions générales de déplacement dans ces régions. Sans ces informations, il était clair pour lui qu'il serait comme un aveugle marchant dans un pays semé de mille embûches.

Mais tout en se préparant ainsi à sa tâche, Park n'était pas inconscient de ce qui se trouvait dans l'immédiat. Nous l'apercevons faire des collections d'histoire naturelle le jour et faire des observations astronomiques la nuit. Il s'occupa notamment de connaître les détails du commerce de la Gambie. Depuis le temps où Stibbs remontait le fleuve dans le vain espoir d'atteindre le Niger, un changement considérable s'était produit dans le commerce de la région. Les richesses imaginaires de Tombouctou n'avaient pas été exploitées, mais les produits des pays situés à proximité du fleuve s'étaient révélés une source de profit non négligeable. En 1730, nous trouvons une seule usine composée d'un gouverneur, d'un sous-gouverneur et de deux autres officiers principaux ; huit facteurs (d'où le mot usine) ou agents commerciaux, treize écrivains, vingt domestiques et commerçants inférieurs, une compagnie de soldats et trente-deux domestiques noirs, sans parler des équipages de divers sloops, chaloupes et bateaux. Mais à partir de cette date, la concurrence s'installa, jusqu'à ce qu'à la fin du siècle la valeur brute des exportations britanniques tombe à 20 000 £.

Il convient de noter que même à l'époque de Park, le principal article d'exportation était les esclaves. Habitués que nous sommes aujourd'hui à dénoncer dans les termes les plus énergiques ce trafic ignoble et à qualifier de plus dégradés et de plus brutaux de leur race ceux qui s'y livrent, il est difficile de comprendre qu'il y a moins d'un siècle nous étions nous-mêmes les principaux trafiquants de chair et de sang humains. Le propre récit de Park montre suffisamment à quel point cet horrible commerce n'a pas touché la conscience de l'individu ou du pays dans son ensemble. Nous y cherchons en vain un mot de condamnation, ou l'indication d'une conscience qu'il y avait là une iniquité. Non pas, notons-le, par méconnaissance des cruautés qui en découlent, ni même par manque de pitié pour les victimes. Au contraire, il décrit « les pauvres misérables, en attendant l'expédition, constamment enchaînés deux à deux et employés aux travaux des champs ; et, je suis désolé de l'ajouter, très peu nourri, ainsi que durement traité.

Plus tard, il accompagna une caravane d'esclaves en route vers la côte. Avec un naturel simple, il raconte toute l'horreur de la route, décrivant les entraves et les chaînes, les marches effroyables, avec de lourdes charges, sous un soleil étouffant et avec des rations de famine ; le fouet s'appliquait sans pitié à ceux qui étaient fatigués pour les stimuler à de nouveaux efforts, et le couteau était placé sur la gorge de ceux qui étaient désespérément épuisés, pour les débarrasser immédiatement de la douleur et de leurs conducteurs d'un fardeau – « une opération que je ne souhaitais pas voir, et j'ai donc continué.

Il est parfaitement conscient que toutes ces horreurs sont perpétrées pour approvisionner le marché européen. Il sait aussi ce qui a précédé le chemin de l'esclavage, et pourtant, aussi incroyable que cela puisse paraître, aucune protestation indignée n'est née de sa part, pas un seul appel à l'Europe chrétienne, pas même un mot d'éloge à l'égard de l'œuvre déjà inaugurée pour sa suppression. Bien au contraire, sur ce point, laissons Park parler pour lui-même. « Dans quelle mesure il (l'esclavage) est maintenu et soutenu par le trafic d'esclaves que les nations d'Europe ont exercé pendant deux cents ans avec les indigènes de la côte, cela n'est ni de mon ressort ni en mon pouvoir de l'expliquer. Si mes sentiments étaient requis concernant l'effet qu'une interruption de ce commerce produirait sur les mœurs des indigènes, je n'hésiterais pas à observer que dans l'état actuel de leur esprit, mon opinion est que l'effet ne serait ni aussi vaste ou bénéfique comme l'attendent affectueusement de nombreuses personnes sages et dignes.

L'émerveillement de la chose s'intensifie, à notre avis, lorsque nous réfléchissons à la profonde nature religieuse de Park, à sa véritable bonté, à ses nobles ambitions et à son appréciation de tout ce qu'il y a de doux dans la nature humaine. L'histoire est pleine de sens quant à l'influence de notre environnement sur l'ouverture ou la fermeture des yeux sur ce qui se passe autour de nous.

Mais alors que la Grande-Bretagne prenait conscience de sa culpabilité et se préparait à se purger de ce trafic impie, nous découvrons dans les notes de

Park qu'un nouveau commerce, destiné à avoir des conséquences presque aussi terribles, était déjà établi. L'Europe, nous dit-il, prenait à la Gambie principalement des esclaves et donnait en retour de l'alcool et des munitions. Pendant plus de deux cents ans, les malheureux indigènes d'Afrique avaient été traités comme des créatures sauvages, proies légitimes et butin des races supérieures. La mère était tentée de vendre son enfant et le chef ses sujets. Village contre village, et tribu contre tribu, pour que les plantations américaines puissent être cultivées. Comme les bêtes sauvages et les choses maudites, les nègres furent abattus par myriades, par myriades ils périrent sur la route, par myriades furent transportés vers une vie de honte et de misère. Et maintenant, alors qu'un nouvel ordre de choses était sur le point d'être institué, cent années supplémentaires de commerce honteux avaient commencé pour achever l'œuvre consistant à brutaliser le nègre de la côte ouest, à détruire toutes les impulsions élevées et à supprimer toutes les habitudes industrielles, le transformant dans ce qu'il est aujourd'hui : l'être le plus crapuleux, le plus traître et le plus vicieux que l'on puisse trouver dans toute l'Afrique.

Grâce à la traite des esclaves au cours des siècles passés et au trafic de gin aujourd'hui, nos colonies de la côte ouest, au lieu d'être de brillants joyaux de la couronne impériale de Grande-Bretagne, ne valent aujourd'hui guère mieux que des monuments debout à sa disgrâce. Heureusement, les dernières années de ce siècle montrent les signes d'une conscience publique éveillée. Les gouvernements, les entreprises et les commerçants privés prennent de plus en plus conscience de leurs responsabilités envers les races barbares, et avant qu'un demi-siècle ne se soit écoulé, nous pouvons espérer voir l'ignoble monstre gravement écorché, voire tué.

Mais tandis que Park nous apprend qu'à son époque, la traite des esclaves était pratiquée par des marchands britanniques sans aucun scrupule de conscience et que la poudre à canon et le gin constituaient déjà les articles de base du troc contre la chair et le sang humains, il n'est guère moins remarquable que l'Islam ne cessait de faire sentir son influence bienfaisante sur tout le pays. Il nous dit que les habitants étaient divisés en deux grandes classes : les *Sonakies* ou buveurs d'alcool, et les *Bushreens* ou mahométans : les premiers, païens s'enfonçant de plus en plus profondément dans l'échelle de l'humanité sous l'influence dégradante des relations et du commerce européens ; ces derniers s'élevant sans cesse, adoptant une tenue vestimentaire et un comportement décents, construisant des mosquées et fondant des écoles, et s'efforçant spécialement d'endiguer le flot d'esprits vils déversés dans le pays par les marchands chrétiens.

Nous avons fait allusion dans un chapitre précédent à la puissante révolution produite par l'Islam au Soudan central. Nous ne sommes ici qu'aux avant-postes missionnaires. Plus à l'intérieur des terres, à mesure que nous suivons les traces de Park, nous verrons de plus en plus le bon travail accompli par le mahométanisme en Afrique centrale.

Pendant ce temps, le jeune explorateur ne se limitait pas à l'étude et à l'observation. Il a dû subir un processus d'assaisonnement de nature désagréable. Après s'être imprudemment exposé une fois à la rosée nocturne, il attrapa de la fièvre et, en se rétablissant, eut une seconde crise qui le retint prisonnier pendant quelques semaines supplémentaires.

Grâce aux soins du Dr Laidley, aucune conséquence néfaste ne s'ensuivit, tandis que « sa compagnie et ses conversations séduisaient les heures ennuyeuses de cette saison sombre (les pluies) : lorsque des chaleurs suffocantes oppressent le jour et lorsque le voyageur terrifié passe la nuit dans écouter le coassement des grenouilles, dont le nombre dépasse l'imagination, le cri aigu du chacal et le profond hurlement de l'hyène - un concert lugubre interrompu seulement par le rugissement d'un tonnerre si formidable que personne ne peut se faire une idée. mais ceux qui l'ont entendu.

# CHAPITRE VII.
## *DE LA GAMBIE AU SÉNÉGAL.*

Le moment était enfin arrivé pour Park de se lancer dans sa grande entreprise.

Au début d'octobre, la Gambie avait atteint sa plus grande hauteur, soit quinze pieds au-dessus de la laisse des hautes eaux de la marée, puis avait commencé à s'abaisser rapidement, de sorte qu'au début de novembre, le fleuve était descendu à son niveau normal. C'était le moment de voyager. Les indigènes avaient récolté leurs récoltes et la nourriture était bon marché et abondante. Les pluies étaient finies, la terre bien drainée et sèche, l'atmosphère moins humide et moins oppressante, toutes circonstances réunies pour rendre les voyages plus agréables et infiniment plus sains.

Au début, Park avait espéré accompagner une caravane indigène se dirigeant vers l'intérieur, mais il abandonna l'idée lorsqu'il réalisa qu'il lui faudrait attendre une période indéterminée pour une telle escorte. Il décida donc de compter sur ses propres ressources plutôt que de perdre une autre bonne saison de voyage.

Le 2 décembre 1795, il était prêt à prendre la route. Habitués que nous sommes à lire sur les immenses caravanes, les quantités de marchandises, de provisions, de munitions et d'instruments nécessaires aux expéditions d'exploration au cœur de l'Afrique en ces jours dégénérés, nous ne pouvons qu'être surpris du modeste cortège et des rares *impedimenta* que Park jugé nécessaire à sa grande tâche. Ses seuls serviteurs étaient un serviteur noir nommé Johnson, qui était allé en Jamaïque comme esclave, mais, une fois libéré, était retourné dans son pays natal ; et Demba, un jeune esclave appartenant au Dr Laidley, qui, outre le mandingue, parlait la langue d'une des tribus de l'intérieur des terres.

Comme bêtes de somme, Park avait pour lui un cheval petit mais robuste et fougueux, et deux ânes pour ses serviteurs. Il avait comme bagage des provisions pour deux jours ; un petit assortiment de perles, d'ambre et de tabac pour l'achat de provisions fraîches selon les besoins ; quelques changements de linge et autres articles vestimentaires nécessaires ; un parapluie, un sextant de poche, un compas magnétique et un thermomètre. Pour ses besoins défensifs, il reçut deux pièces de chasse, deux paires de pistolets et quelques autres armes légères. Ainsi accompagné, ainsi pourvu et ainsi armé, Mungo Park partit pour le cœur de l'Afrique - un voyage incertain qu'on ne peut atteindre qu'au prix de périls mortels et de misères et d'épreuves effroyables. Comme il devait être magnifiquement équipé des véritables nécessités du héros : une détermination sans faille, un enthousiasme ardent, une détermination homérique et une autonomie absolue. Ainsi muni d'armes et de stimulants moraux, il pouvait s'élever au-dessus de toutes les difficultés et de tous les dangers, et sortir de la lutte inégale invaincu, invaincu, emportant avec lui non pas la totalité, mais une grande partie du prix pour lequel il avait risqué sa vie.

Outre Johnson et Demba, Park avait l'avantage de la compagnie d'un mahométan en route pour Bambara, de deux ardoisiers ou marchands d'esclaves se rendant à Bondou et d'un forgeron rentrant chez lui à Kasson.

Pendant les deux premières marches, le Dr Laidley et deux autres Européens l'accompagnèrent dans son chemin, ayant l'impression qu'ils accomplissaient les derniers offices pour les morts, car ils ne s'attendaient plus jamais à le revoir.

Le 3 décembre, il prit congé de ces bons amis et se tourna vers l'intérieur des terres, vers l'est et l'inconnu. Tandis qu'il s'enfonçait lentement dans les bois, après avoir rompu le dernier lien qui le rattachait à l'Europe et à la civilisation, et qu'il prenait la route si naguère parcourue par le major Houghton, il ne pouvait s'empêcher de se rappeler que pour ce dernier c'était un chemin de mort. Devant lui s'élevaient des images de déserts sans eau repoussants, de jungles sans sentiers, de forêts primitives sombres et de marais miasmatiques qu'il fallait traverser avant que ses yeux ne se posent sur le fleuve Niger. Il ne voyait que trop clairement les dangers des hommes et des bêtes auxquels il fallait faire face avant de pouvoir espérer reprendre contact avec la civilisation européenne. "Des pensées comme celles-ci jetaient nécessairement une tristesse sur l'esprit, et j'ai parcouru environ trois milles en réfléchissant, lorsque j'ai été réveillé de ma rêverie par un groupe de gens qui sont venus en courant et m'ont arrêté les fesses." Et ses réflexions ainsi brisées par un des innombrables ennuis des voyages en Afrique, ne furent pas reprises.

Lors des premières marches, il y avait peu de choses à remarquer, ni sur les incidents de voyage, ni sur les aspects de l'homme et de la nature. Le paysage était agréable, quoique légèrement varié : de douces pentes boisées partout, alternant avec des espaces cultivés entourant les villes et les villages. Les habitants étaient des Mandingues, indifférents aux entraves des vêtements, païens pour la plupart, et buveurs d'alcool confirmés ; les autres mahométans, de caractère respectable, décents dans leur tenue vestimentaire et leur comportement, amoureux de l'éducation et de la religion, haineux des boissons fortes.


Par les deux divisions de la communauté, Park fut accueilli avec hospitalité et reçut un tarif et un logement aussi simples qu'eux-mêmes. Avec la pratique quotidienne, les fatigues du voyage devenaient moins pénibles, tandis qu'un appétit vif et la connaissance qu'il n'y avait absolument rien d'autre à manger rendaient une nourriture autrement grossière appétissante. Peu à peu, un nouveau niveau de confort s'est formé sur une échelle proportionnée aux possibilités actuelles, de sorte qu'à la fin, on a pu tirer un plaisir positif de la nourriture et du logement qui auparavant auraient été considérés comme repoussants et misérables.

Du quartier de Walli Park est entré celui de Wuli. A Médine, la capitale de ces derniers, il fut reçu avec bienveillance par le roi, qui le dissuada fortement de se diriger plus à l'est vers des pays où l'homme blanc était inconnu et où le sort de Houghton pourrait être le sien. Mais Park ne devait pas se décourager, voyant que le roi lui fournissait un guide pour l'emmener sur son chemin.

De Médine, la route s'écartait de la Gambie et passait à l'ENE vers le Sénégal. Pendant quelques jours, rien de spécial n'a caractérisé la marche. Partout cependant, l'explorateur a un aperçu intéressant de la vie et des mœurs des indigènes, de leur génie pour raconter des histoires et de leurs compétences médico-légales, ou de leur amour de la lutte, un art dans lequel ils sont si adeptes qu'il « pense que peu d'Européens auraient été capables de faire face au conquérant.

À un endroit, il découvre que les hommes ont une curieuse manière d'administrer des sanctions disciplinaires aux épouses gênantes.

Évidemment, dans les immenses établissements féminins du mari mandingue, la main humaine ordinaire est incapable de maintenir les femmes dans la sujétion et l'ordre qui leur sont dûs. Le malheureux mari, en difficulté dans la maison et craignant de s'attaquer au ou aux délinquants de la manière habituelle, a recours à des moyens sournois. Dans chaque village, une robe masquée est réservée à l'usage de Mumbo Jumbo, un personnage mystérieux dont le rôle est de rechercher et de punir les épouses rebelles. Lorsqu'un mari trouve que les choses deviennent trop chaudes pour lui dans sa maison, il s'empare secrètement de cette robe et disparaît dans les bois. A la tombée de la nuit, des bruits effrayants se font entendre près de la ville, signal que Mumbo Jumbo est à l'étranger. La terreur s'abat sur tous les membres mutins et égarés du sexe fragile mais problématique, car personne ne sait sur qui le bâton tombera. Aucun, cependant, n'ose désobéir à l'appel, car ils doivent désormais affronter le diable lui-même, soutenu par toutes les puissances masculines du village. Pour les hommes, l'occasion est joyeuse, mais pas pour les femmes. Tous se précipitent au lieu de rendez-vous pour prendre part aux débats et s'unir dans l'affirmation active de l'autorité conjugale. Mais la victime n'est pas immédiatement attaquée. Les terreurs et les incertitudes des rétrogrades conscients doivent être endurées pendant des heures, dissimulées sous un air bien simulé d'innocence et de gaieté insouciante. Le temps se passe en chants et en danses, comme pour célébrer la détection prochaine du rebelle et le triomphe de l'ordre et du principe de la domination masculine. Vers minuit, les réjouissances sorcières cessent et un silence gêné s'abat sur la foule féminine. Qui doit être la victime ? L'instant d'après, la question trouve pratiquement une réponse, puisque l'une d'entre elles est arrêtée, déshabillée, attachée à un poteau et sévèrement flagellée, au milieu des applaudissements de la foule, parmi lesquelles les quatre-vingt-dix-neuf autres femmes, dont chacune une L'instant d'avant, elle s'était crue susceptible d'en souffrir.

Un esprit similaire n'est pas inconnu dans notre propre pays et à notre époque.

Le 11 décembre, Mungo Park, sans incident ni découragement, avait atteint Kujar, la ville frontière de Wuli, à l'est.

Entre Wuli et Bondou, le pays suivant, s'étendait un désert sans eau, d'une étendue de deux jours de marche. Le guide du roi de Wuli devait revenir ici et sa place fut prise par trois chasseurs d'éléphants.

À Kujar, Park se retrouva examiné avec une curiosité et un respect accrus, indiquant un degré bien moindre de familiarité avec l'homme blanc.

Le 12, le groupe partit pour la traversée du désert, sans un des guides, qui s'était enfui avec l'argent qu'il avait reçu d'avance. Avant d'aller loin, les deux guides restants insistèrent pour s'arrêter jusqu'à ce qu'ils aient assuré le bon voyage en préparant un charme qui détournerait d'eux tout danger. Le charme était assez simple et consistait à murmurer quelques phrases sur une pierre, sur laquelle on crachait ensuite et qu'on jetait dans le sens du chemin, procédé répété trois fois.

A midi, le petit groupe de voyageurs atteignit un arbre, appelé par les indigènes *Neema Faba* , qui était partout recouvert d'offrandes de chiffons et de morceaux de tissu pour apaiser le mauvais esprit du lieu. Cette pratique prévaut dans toute l'Afrique sauvage, bien que Park semble s'être trompé sur son sens, et pensant que c'était dû au désir des voyageurs d'indiquer que l'eau était proche, il suivit leur exemple en accrochant à l'une des branches un beau morceau de bois. de tissu. A l'étang voisin, où ils s'étaient proposés de camper, les signes d'un incendie récemment éteint les rendirent soupçonneux de la proximité de voleurs, et ils se dirigèrent donc vers le puits suivant, qu'ils n'atteignirent qu'à huit heures du soir.

Pour la première fois, les dangers et les difficultés de son voyage furent clairement rappelés à Park lorsqu'après une dure journée de travail, lui et son groupe durent s'étendre à l'air libre, sur le sol nu, entourés de leurs animaux, et durent se conformer strictement à leurs règles. surveillez et protégez-vous contre une éventuelle attaque. Avec le jour, ils remplirent leurs outres et leurs calebasses et partirent pour Falika, la ville frontière occidentale de Bondou, qu'ils atteignirent avant midi.

A Bondou, Park découvre de nouveaux aspects de la nature et d'autres races d'hommes.

En termes de fertilité, la terre était inégalée. Situé sur la crête séparant la Gambie du Sénégal, il était mieux drainé que le pays laissé derrière lui, comme en témoigne l'apparition du mimosa. Vers l'est, elle s'élevait en chaînes de collines.

Les habitants peuls étaient également très différents. Un teint fauve, des traits petits et bien dessinés et des cheveux doux et soyeux les distinguaient au premier coup d'œil des races nègres qui les entouraient. Parmi eux, le mahométanisme était la religion dominante, bien qu'il ne fût en aucun cas exercé avec intolérance, « car le système de Mahomet est amené à s'étendre par des moyens infiniment plus efficaces. En établissant des écoles dans les différentes villes, où de nombreux enfants païens et mahométans apprennent à lire le Coran et sont instruits des principes du Prophète, les prêtres mahométans fixent un parti pris dans l'esprit et forment le caractère de leurs jeunes. des disciples qu'aucun accident de la vie ne pourra jamais supprimer ou altérer par la suite. Ce dernier fait, que nos missionnaires chrétiens en prennent note et, si possible, en tirent une leçon.

Cette race remarquable n'appartenait pas à l'origine à Bondou. Plus au sud, ils étaient encore plus nombreux, bien que dispersés en communautés plus ou moins indépendantes du lac Tchad à l'Atlantique, fait destiné, après l'époque de Park, à avoir l'influence la plus importante sur l'histoire de l'ensemble du Soudan occidental et central. .

Partout, Park a trouvé les Peuls remarquables par leur industrie et non moins prospères dans l'agriculture que dans les activités pastorales, qui semblent avoir été leur spécialité originelle. Entre leurs mains, Bondou développa un degré de richesse inconnu dans les États voisins. Mais sa prospérité était aussi due en grande partie au fait qu'elle se trouvait sur la principale route de commerce de l'intérieur vers la côte, et que des droits considérables étaient perçus sur toutes les marchandises qui y passaient.

A Falika, Park s'assure les services d'un officier du roi du Bondou comme guide jusqu'à Fatticonda, la capitale.

À la reprise du voyage, une violente querelle éclata entre deux des compagnons de Park, qui se serait probablement terminée par un bain de sang sans l'intervention de l'homme blanc et sa menace déterminée d'abattre le premier qui dégainerait à nouveau l'épée - un ultimatum. ce qui a eu l'effet escompté. Le reste de la marche s'accomplit dans un silence maussade, jusqu'à ce qu'un bon souper mette fin à tous les brûlements de cœur, et que les animosités soient oubliées sous l'influence des histoires divertissantes et des douces harmonies d'un musicien ambulant.

Le 15, le groupe traversa le Nereko, un bras considérable de la Gambie, et passa la nuit à Kurkarany, ville fortifiée dotée d'une mosquée. Quatre jours plus tard, ils traversèrent une hauteur sèche et pierreuse couverte de mimosas, et entrèrent dans le bassin du Sénégal.

Ils se trouvaient désormais davantage dans la sphère d'influence des commerçants français qui, comme Park le constata bientôt, avaient réussi avec un génie caractéristique à satisfaire le goût des dames du pays. Il les trouva vêtus d'une fine gaze française, admirablement adaptée au climat chaud, et rendue chère à ceux qui la portaient par la manière dont elle exposait et rehaussait leurs charmes. Leurs manières se sont révélées aussi irrésistibles que leur tenue vestimentaire, de sorte que Park a trouvé impossible de résister à leurs appels pour l'ambre, les perles et autres bijoux voyants. Après l'avoir dépouillé de tout ce qu'il possédait, ces « robustes mendiants » déchirèrent son manteau, coupèrent les boutons des vêtements de son serviteur, et se livraient à d'autres outrages, quand trouvant cela au-delà de ce que sa vaillance pouvait supporter, il monta à cheval et s'enfuit, laissant ils sont inconsolables, mais avec d'abondants souvenirs.

Le lendemain, on atteignit le Falemé, un affluent turbulent du Sénégal. Les indigènes pêchaient activement et le pays autour était couvert de grands et beaux champs de mil.

Ce n'est pas sans appréhension que Park entre, le 21 décembre, à Fatticonda, la capitale du Bondou. Son prédécesseur Houghton avait été ici pillé et mal utilisé, et il avait toutes les raisons de craindre un sort similaire. Mais la situation ne pouvait pas être éludée, alors il se prépara du mieux qu'il pouvait pour affronter ce qui l'attendait.

En entrant dans la ville, lui et son groupe s'installèrent à Palaver House ou Bentang, comme c'est la mode des étrangers, qui font ainsi connaître leurs besoins et demandent en silence un logement pour la nuit. Ils n'eurent pas longtemps à attendre avant qu'un respectable groupe ne les invite chez lui.

Une heure après, un messager vint conduire le voyageur chez le roi. Se retrouvant conduit hors de la ville, Park commença à craindre un piège, mais fut rassuré lorsqu'on lui montra le roi assis sous un arbre et qu'il apprit que telle était sa façon de donner une audience privée. La déclaration de l'étranger selon laquelle il n'était pas commerçant et qu'il voyageait uniquement par curiosité fut accueillie avec incrédulité.

Dans la soirée, Park a procédé à un appel plus formel. Mais d'abord, il cacha quelques-uns de ses biens dans le toit de la cabane et enfila son plus beau manteau, espérant ainsi les sauver du pillage éventuel dont il pourrait être l'objet.

Les quartiers du roi étaient transformés en une sorte de citadelle par un haut mur de terre battue, comportant un certain nombre de cours intérieures, chaque cour contenant plusieurs huttes. Après avoir parcouru une série de passages complexes gardés par des sentinelles armées, le roi, Almami, fut enfin atteint. Une fois de plus, il ne se montra qu'à moitié satisfait des explications de l'homme blanc sur l'objet de sa visite. L'idée de voyager simplement pour satisfaire sa curiosité était trop nouvelle pour son expérience. Cela semblait être une fantaisie de fou. Les cadeaux offerts le mettent cependant de bonne humeur, notamment le cadeau d'un grand parapluie.

Alors que Park était sur le point de prendre congé, Almami l'arrêta et commença un éloge de la générosité et de l'immense richesse des hommes blancs. Du général, il descendit jusqu'au particulier, et avait beaucoup de choses flatteuses à dire de son hôte pour le moment - un éloge bientôt dirigé de manière ostensible vers le bel habit et les boutons brillants du voyageur, jusqu'à ce qu'enfin il devienne clair pour son propriétaire que il était non seulement admiré mais convoité. Il n'y avait qu'à ôter l'habit et à le déposer aux pieds du rusé monarque, qui s'efforçait de consoler le donateur en déclarant que désormais ce vêtement serait son habit d'apparat pour toutes les grandes occasions.
Pour une fois, la prudence de Park avait dépassé son objectif.
Le lendemain matin, le voyageur rendit visite sur demande aux épouses d'Almami. Il se trouva entouré d'une douzaine de jeunes et belles femmes, décorées d'or et d'ambre, qui réclamaient à grands cris des médicaments et des perles, et qu'on leur prelevât du sang. Ils l'ont critiqué sur la blancheur de sa peau, qui, disaient-ils, était due au fait qu'il avait été trempé dans du lait lorsqu'il était enfant ; et sur la proéminence de son nez, qui, selon eux, avait été pincé dans cette forme par sa mère. Park était à la hauteur de l'occasion. Il avait des compliments pour chacun d'eux. Le jet brillant de leur peau et les contours de leur nez *retroussé* , l'éclat éclatant de leurs yeux et la blancheur éclatante de leurs dents étaient également loués. Cette flatterie délicate, additionnée de quelques saignées et d'une quantité de médicaments drastiques, était irrésistible ; et, bien que Park ne le dise pas, la bonne impression qu'il a laissée parmi les dames a sans aucun doute contribué matériellement à son immunité face au sort de son prédécesseur. Non seulement il n'a pas été pillé, mais ses bagages n'ont même pas été fouillés. Mieux encore, Almami, en se séparant, lui donna cinq drachmes d'or.

Le 23, le voyageur reprit son voyage dans la meilleure humeur après un bon accueil inattendu. A midi, une halte fut demandée pour se reposer et se rafraîchir, en guise de préparation au passage du dangereux district situé entre Bondou et le pays suivant, Kajaaga, qu'il faudrait parcourir à la faveur de la nuit.

Dès que les gens du village se sont endormis, les ânes ont été rechargés et, le plus silencieusement possible, afin de ne pas déranger les villageois, le groupe s'est évanoui dans le désert. La lune brillait brillamment, illuminant leur chemin. L'air était parfaitement calme, ne suscitant ni soupir ni bruissement de feuilles ou de branches. Les profondes solitudes de la forêt n'étaient perturbées que par les hurlements solennels et impressionnants des bêtes sauvages, et par les cris et les hululements des oiseaux de nuit qui se mêlaient de manière discordante au vacarme musical assourdissant d'une myriade d'insectes et au brouhaha d'innombrables grenouilles. Sauf à voix basse, pas un mot n'a été prononcé. Chacun était aux aguets, guidant tantôt les animaux, le plus souvent regardant devant lui, ou à droite et à gauche, à l'affût d'éventuels voleurs. Heureusement, aucun ennemi humain n'apparut, bien que les alarmes fussent nombreuses, car de temps en temps un bruit inhabituel, ou la silhouette vaguement aperçue d'une hyène rôdeuse, obligeait chaque homme à saisir son fusil avec plus de fermeté. Vers le matin, on atteignit un village où le petit groupe put se reposer ainsi que ses animaux avant d'entrer dans l'après-midi dans le pays de Kajaaga.

# CHAPITRE VIII.
### *À TRAVERS LE BASSIN DU SÉNÉGAL.*

Plus le parc s'éloignait vers l'est, plus le climat devenait sec et pur et plus le paysage était intéressant. A Kajaaga, situé entre le Falemé et le Sénégal, il trouva un pays partout entrecoupé d'une agréable variété de collines et de vallées, auxquelles les méandres serpentins du Sénégal descendant des hauteurs rocheuses donnaient à la fois pittoresque et beauté. Les habitants, contrairement aux Peuls, avaient le teint noir de jais, ressemblant à cet égard aux Joloffs plus proches de la côte.

Les habitants de Kajaaga sont connus sous le nom de Serawulies et sont connus pour leurs fortes propensions commerciales, à cette époque principalement orientées vers la fourniture d'esclaves aux usines britanniques de Gambie.

Le 24 décembre, Park entra dans Joag, la ville frontière occidentale, et y fut chaleureusement accueilli par le chef du lieu, officiellement connu sous le nom de Dooty ou Duté. La ville était entourée d'un haut mur de terre battue, comme l'était également chaque établissement privé. Bien que le chef et les principaux habitants fussent mahométans, il apparaissait que la grande masse du peuple était encore païenne, comme le montrait suffisamment la nature de leurs folles réjouissances nocturnes : « les dames dans leurs danses rivalisaient les unes avec les autres pour afficher le plus mouvements voluptueux imaginables.

Les procès de Park étaient sur le point de commencer. Pendant la nuit, un certain nombre de cavaliers arrivèrent et, après avoir parlé avec l'hôte, prirent leurs quartiers dans la maison Palaver, à côté du voyageur lui-même. Pensant que ce dernier dormait, l'un d'eux a tenté de lui voler son arme, mais, constatant qu'il ne pouvait pas atteindre son objectif sans être découvert, il a renoncé à cette tentative. Mais ce n'était là qu'un avant-goût des ennuis à venir. Il était facile de voir que Johnson devenait très inquiet de la situation ; non sans raison non plus, comme cela devint très vite évident. Deux des compagnons de Park, qui avaient assisté à une danse dans un village voisin, arrivèrent avec la nouvelle qu'un groupe de cavaliers du roi avait été entendu demander si l'homme blanc était passé et, ayant été informés qu'il était à Joag, ils avaient immédiatement galopé dans cette direction.

Pendant qu'ils parlaient, les cavaliers arrivèrent, et l'instant d'après Park se trouva entouré d'une vingtaine de soldats, chacun portant un mousquet. La résistance était inutile ; il ne pouvait qu'attendre avec beaucoup d'anxiété de connaître son sort.

Enfin, après un court intervalle, un membre de la société, qui était chargé d'une quantité énorme de charmes pour conjurer toutes les formes de mal, ouvrit les débats par une longue harangue. L'homme blanc, disaient-ils, avait violé les lois du pays en y entrant sans payer les droits coutumiers et avait en conséquence perdu tout ce qu'il possédait. Les soldats avaient ordre de le conduire de force auprès du roi si nécessaire.

Imaginez la situation dans laquelle Park se trouvait actuellement. La ruine totale le regardait en face, ainsi que l'effondrement de tous ses projets les plus chers. Il était hors de question de se battre. Il ne lui restait plus qu'à essayer de gagner un peu de temps pour réfléchir et demander conseil à ses compagnons et à son hôte. Ils furent unanimes à déclarer qu'il lui serait désastreux d'accompagner les cavaliers. Une longue dispute avec le porte-parole s'ensuivit, grâce à laquelle, et grâce au présent des cinq drachmes d'or d'Almami, le messager fut quelque peu apaisé.

Ils demandèrent cependant qu'on leur montrât les bagages, dans lesquels ils se servirent de ce qui leur plaisait ; et ayant ainsi dépouillé leur victime de la moitié de ses biens, ils l'abandonnèrent à ses sombres réflexions et à un souper indifférent après une journée de jeûne.

Ainsi réduit dans ses ressources déjà maigres, et sa capacité de voyager en conséquence limitée, Park ne trouva que les consolateurs de Job chez ses compagnons. Tous l'ont exhorté à se détourner de sa tâche désespérée. Johnson, en particulier, se moquait de l'idée même d'aller plus loin, si misérablement proposées soient-elles. Mais l'esprit du chef s'est élevé au-dessus de ses malheurs, et il n'a jamais admis un seul instant l'idée de la retraite. Tant que la force restait, il ne pouvait broncher devant sa tâche. Pourtant, ses pensées étaient assez sombres cette nuit-là alors qu'il examinait sa situation à travers les heures d'obscurité au bord d'un feu couvant. Le matin n'apporta aucune amélioration à sa situation. Le maigre dîner n'était suivi d'aucun petit-déjeuner.

Le peu d'objets qui restaient n'osait pas être produit, de peur qu'ils ne soient eux aussi pillés. Il fut donc résolu de passer la journée sans nourriture, confiant tôt ou tard à la Providence pour un repas égaré.

À mesure que la journée avançait, la sensation de faim commençait à se faire sentir. Pour apaiser dans une certaine mesure ce problème, les malheureux voyageurs mâchaient des pailles, une simulation apportant aussi peu de confort que de subsistance. Mais la foi de Park en Dieu n'a pas été démentie. Vers le soir, une vieille esclave passa, un panier sur la tête, et, frappée de son air triste et affamé, elle lui demanda s'il avait dîné. Pensant qu'elle parlait pour plaisanter, il ne répondit pas. Ce n'était pas le cas de son garçon Demba, qui, avec volubilité et avec l'éloquence de la souffrance, racontait leurs malheurs et leurs besoins. En un instant, la vieille femme posa son panier par terre, et une abondante réserve d'arachides fut placée entre leurs mains, le donateur s'éloignant ensuite sans attendre un mot de remerciement.

Une nouvelle chance leur était désormais réservée. Il arriva que Demba Sego Jalla, le roi mandingue de Kasson plus à l'est, avait envoyé son neveu chez le roi de Kajaaga pour tenter d'arranger certains différends qui menaçaient de dégénérer en guerre. L'ambassade n'a cependant rencontré aucun succès. De retour chez lui, le neveu du roi avait entendu dire qu'il y avait à Joag un homme blanc qui désirait rendre visite à Kasson, et la curiosité l'amena à voir l'étranger. En entendant l'histoire de Park, le jeune noble lui offrit sa protection jusqu'au bout, une offre qui fut acceptée avec empressement et gratitude.

Ainsi guidé et protégé, Park partit le 27 pour Kasson. En chemin, Johnson, malgré sa vie en Jamaïque et ses sept années de résidence en Angleterre, montra qu'il était encore saturé des idées superstitieuses de sa jeunesse en produisant un poulet blanc et en l'attachant par la cuisse à un plat particulier. arbre en offrande aux esprits des bois. La même croyance dans les esprits de la nature a déjà été évoquée dans un chapitre précédent. Les anthropologues nous disent qu'il a dû être universel à une certaine époque, et des preuves en sont trouvées non seulement dans les charmantes légendes des Grecs, avec leurs nymphes des prés, des bosquets et des sources, et des dryades poussant avec les chênes et les pins, mais aussi dans nos propres mots anglo-saxons.

Dans la soirée, le groupe est arrivé sain et sauf à Sami, sur les rives du Sénégal. Park décrit le fleuve jumeau de la Gambie comme étant à cet endroit un ruisseau magnifique mais peu profond, coulant lentement sur un lit de sable et de gravier. Les rives sont hautes et couvertes de verdure, et sont adossées à une campagne ouverte et cultivée, les collines lointaines de Felow et Bambuk ajoutant une beauté supplémentaire au paysage. A quelques milles en aval de Sami se trouvait l'ancienne station commerciale française de Saint-Joseph, fondée par le sieur Brue, mais abandonnée au temps de Park. Le lendemain matin, le groupe remonta un peu plus la rivière jusqu'à Kayi, où ils traversèrent sans difficulté et sans danger, les animaux étant nagés et les bagages transportés dans un misérable canot.

Pendant que Park traversait par le même moyen, le canot chavira par un mouvement inconsidéré de la part de son protecteur, mais étant près de la berge, il n'en résulta aucun dommage, et une seconde tentative le fit débarquer sain et sauf dans le pays de Kasson.

Le jeune noble, après avoir amené le voyageur blanc dans son propre pays, montra bientôt qu'aucun motif généreux n'avait poussé son aide. Sans hésitation, il exigea un beau cadeau. Park, voyant qu'il était inutile de reprocher ou de se plaindre, fit, le cœur lourd, le choix nécessaire parmi son maigre stock de marchandises et présenta immédiatement l'offrande.

Le 29 au soir, le groupe atteignit Tisi, où Park était hébergé chez le père de son protecteur, Tiggity Sego, le chef du lieu. Le lendemain matin, un esclave s'étant enfui, on demanda à Park d'utiliser le cheval pour la chasse, ce à quoi il « consentit volontiers, et au bout d'une heure environ, ils revinrent tous avec l'esclave, qui fut sévèrement fouetté, puis mis aux fers ».

Park a été détenu pendant plusieurs jours à Tisi, tandis que son cheval était utilisé par son hôte pour une mission plus longue. Au cours de sa détention forcée, notre voyageur a eu l'occasion de constater une méthode de propagation de l'Islam un peu plus drastique que toutes celles dont il avait jusqu'à présent été témoin. Une ambassade de dix personnes arriva du roi du Fouta Larra, pays situé à l'ouest de Bondou, et annonça aux habitants rassemblés qu'à moins que tous les habitants de Kasson n'embrassent la religion mahométane et ne manifestent leur conversion en disant des prières publiques solennelles, il , le roi du Futa Larra, joindrait certainement ses bras à ceux de Kajaaga.

Une telle coalition aurait été désastreuse pour Kasson et, sans une seconde d'hésitation, la conversion fut acceptée. En conséquence, chacun fit ce qu'on voulait, offrant des prières solennelles en signe qu'ils n'étaient plus païens, mais disciples de Mahomet.

Ce n'est que le 8 janvier 1796 que Demba Sego, le jeune noble, revint avec le cheval du voyageur, sur quoi Park, impatient du retard, déclara qu'il ne pouvait plus rester à Tisi et devait se diriger vers la capitale. Il fut informé qu'il ne pourrait le faire tant qu'il n'aurait pas payé les droits de commerce habituels. De l'ambre et du tabac furent offerts, mais ils furent mis de côté car totalement insuffisants pour être offerts en cadeau à un homme de l'importance de Tiggity Sego. Une fois de plus, Park dut se résigner à voir ses bagages saccagés. Il en avait déjà perdu la moitié à Joag, et maintenant la moitié de ce qui restait devait être sacrifiée de la même manière pour satisfaire la rapacité de ses bourreaux.

Ainsi dépouillé, Park fut autorisé à partir le lendemain matin. Son parcours, qui jusqu'alors était ENE, était maintenant ESE. Dans l'après-midi, le groupe arriva au village de Jumbo, lieu de naissance du forgeron qui avait fidèlement accompagné Park depuis Pisania. La population entière était venue accueillir son citadin avec des danses et des chants. La rencontre du pauvre garçon avec sa mère aveugle fut des plus touchantes. Ne pouvant le voir, elle étendit les bras pour l'accueillir, et après s'être assuré avec empressement, par le toucher du visage et des mains, que c'était bien son fils qui était revenu, elle exprima sa joie avec une expression sauvage. D'où Park conclut : « Quelles que soient les différences entre les Noirs et les Européens dans la conformation du nez et la couleur de la peau, il n'y en a pas dans les sympathies authentiques et les sentiments caractéristiques de notre nature commune. »

Cet accueil affectueux terminé, les villageois eurent le temps de tourner leur attention vers l'homme blanc. Au début, ils le regardèrent ou affectèrent de le considérer comme un être tombé des nuages, les femmes et les enfants se reculant devant lui, moitié effrayés, moitié effrayés. Après avoir été assurés par leur compatriote qu'il était une créature de bonne humeur et inoffensive, ils abandonnèrent peu à peu leurs appréhensions, commencèrent à sentir la texture de ses vêtements et à s'assurer qu'il était effectivement moulé dans le même moule qu'eux. Pourtant son moindre mouvement suffisait à exciter leurs tremblements et à les faire détaler comme un troupeau de moutons qui s'est vaillamment avancé à la rencontre d'un chien endormi.

Le lendemain, Park continua son voyage vers un endroit appelé Sulu, où il reçut une commande du Dr Laidley concernant une ardoise d'une valeur de cinq esclaves. A peinc avait-il été accueilli avec hospitalité par le client du Dr Laidley, que des messagers arrivèrent de Kuniakary avec l'ordre de se rendre immédiatement chez le roi. Il s'y rendit donc et arriva tard dans la soirée.

La règle « tel maître, tel homme » ne s'appliquait pas au roi de Kasson et à ses subordonnés avec lesquels Park avait jusqu'à présent été en contact. Son accueil par quelqu'un dont « le succès à la guerre et la douceur de son comportement en temps de paix l'avaient beaucoup rendu apprécié de ses sujets » était une agréable variation du sort dur qui avait récemment suivi ses traces. Le roi n'était pas seulement satisfait du récit de son visiteur et de son pauvre présent, mais il lui promettait toute l'aide en son pouvoir. Il l'avertit cependant que la route de Bambarra était pour le moment rendue extrêmement dangereuse, voire totalement impraticable, par le déclenchement de la guerre entre cet État et celui voisin de Kaarta. Dans l'espoir de nouvelles plus rassurantes, Park attendit quatre jours, restant pendant ce temps avec l'ardoise de Sulu, de qui il reçut de la poussière d'or pour la valeur de trois esclaves. Cette transaction étant parvenue aux oreilles du roi, Park fut obligé d'ajouter considérablement à la valeur de son ancien présent.

Le pays autour de Sulu présentait une perspective enchanteresse d'abondance rurale simple, tandis que le paysage surpassait en richesse et en variété tous les parcs jamais vus. La densité de la population était illustrée par le fait que le roi de Kasson pouvait lever au son de son grand tambour de guerre une armée de quatre mille combattants. Le seul inconvénient de l'agrément de l'endroit était les nombreuses bandes de loups et de hyènes qui attaquaient la nuit le bétail et ne devaient être chassées que par des groupes organisés d'hommes munis de feux et de torches.

De Sulu, Park s'est dirigé vers le sud-est en remontant la vallée rocheuse du Kriko, rencontrant partout des essaims de personnes quittant le siège attendu de la guerre à Kaarta.

Le 8, il quitta la charmante vallée du Kriko et traversa un pays accidenté et pierreux jusqu'à la crête de collines qui forme la frontière entre Kasson et Kaarta. De là, son chemin empruntait un sentier pierreux et escarpé jusqu'au lit asséché d'un ruisseau, dont les arbres dominants offraient au voyageur une ombre reconnaissante. En sortant de ce vallon romantique, le groupe s'est retrouvé dans les plaines sablonneuses de Kaarta, avec les chaînes de collines de Fuludu sur leur droite.

Le troisième jour depuis Sulu, Park fut témoin d'une nouvelle méthode de consultation de l'Oracle quant au sort qui leur était réservé sur la route. À sa grande inquiétude, leur guide, qui était mahométan de nom et païen de cœur, s'arrêta brusquement dans une partie sombre et solitaire d'un bois. Prenant un morceau de bambou creux, il siffla trois fois très fort. Ensuite il descendit de cheval, posa sa lance en travers du chemin et siffla de nouveau trois fois. Pendant un court moment, il écouta comme s'il attendait une réponse, mais n'en reçut aucune et dit à Park que maintenant ils pouvaient continuer, car le chemin était dégagé de tout danger.

Le lendemain, les idées superstitieuses chères aux indigènes furent encore illustrées. Park s'était éloigné de son groupe lorsque, juste au moment où il atteignait le sommet d'une petite éminence, deux cavaliers noirs galopèrent hors des buissons. Immédiatement en se voyant, Park et les nègres s'arrêtèrent brusquement, chacun également rempli d'inquiétude. L'homme blanc fut le premier à retrouver sa présence d'esprit, et concluant que l'avancée était sa voie la plus sûre, il se dirigea vers eux. C'en était trop pour les indigènes terrifiés, qui pensaient voir dans l'étrange silhouette devant eux un esprit terrible. L'un d'eux, avec un regard sauvage d'horreur, se retourna et s'enfuit ; l'autre, paralysé au-delà de toute action, ne pouvait que se couvrir les yeux et marmonner ses prières. Dans cette position, il serait resté immobile, sans l'instinct de son cheval, qui le conduisait à suivre son compagnon.

Dans l'après-midi du 12, Park et son groupe sont entrés dans la capitale de Kaarta. À l'annonce de leur arrivée au roi, un messager fut envoyé pour les conduire jusqu'à une cabane et les protéger de la foule curieuse. En accomplissant la dernière partie de sa mission, le messager échoua manifestement, et pendant le reste de l'après-midi, notre explorateur resta exposé, la cabane étant remplie et vidée treize fois par une foule admirative et curieuse.

Le soir, Sa Majesté donna audience à Park, assis sur un divan d'argile élevé à quelques pieds du sol et recouvert d'une peau de léopard, signe d'autorité. Le chemin vers le trône passait par une longue allée formée par une foule immense de combattants d'un côté, et de femmes et d'enfants de l'autre.

L'accueil de l'étranger fut très encourageant. On lui dit cependant qu'il avait choisi un moment des plus inopportuns pour tenter de passer en Bambarra, et on lui conseilla de retourner à Kasson et d'y attendre la fin de la guerre qui commençait. Cela signifiait cependant la perte de la saison sèche et Park redoutait l'idée de passer la saison des pluies à l'intérieur du pays. « Ces considérations, et l'aversion que j'éprouvais à l'idée de revenir sans avoir fait de plus grands progrès dans la découverte, m'ont déterminé à aller de l'avant. »

En entendant cette détermination, le roi montra ses intentions bienveillantes en soulignant qu'il existait une autre route, bien que plus dangereuse et plus détournée, vers Bambarra, à savoir celle passant par Ludamar, un district arabe au nord-ouest de Kaarta. Il promit en même temps de donner aux Blancs des guides pour cet itinéraire jusqu'à Jarra, sa ville frontière. Avec cette offre, garez-vous trop volontiers.

Avant la fin de l'audience, un cavalier arriva en toute hâte pour annoncer que l'armée Bambarra avait quitté Fuludu pour Kaarta.

Le lendemain matin, après que Park eut envoyé ses pistolets à cheval et ses étuis en cadeau à son hôte royal, une grande escorte fut fournie pour le protéger et le conduire sur son chemin vers Ludamar.

# CHAPITRE IX.
## *À LUDAMAR.*

Ce n'est sans doute pas avec des sensations agréables que Park s'est détourné de sa route directe vers l'ESE vers le Niger et s'est dirigé vers le nord jusqu'à Ludamar. En plus de la distance accrue, il y avait des dangers cent fois plus grands à rencontrer. Houghton l'avait précédé sur le même chemin, avec les conséquences que son successeur ne connaissait que trop bien. Et pourtant, comme les choses se sont avérées, il valait peut-être mieux qu'il choisisse de tenter son sort par la voie la plus détournée. Avant que plusieurs jours ne soient écoulés, Kaarta fut désolée par l'armée Bambarra, qui ne se retira chargée de butin qu'en constatant que le dernier refuge du roi ne pouvait être ni pris d'assaut ni réduit par la famine. Les ennuis des Kaartans ne se sont pas terminés avec la guerre contre les Bambarra, car ils se sont brouillés avec les habitants de Kasson et, avant la fin de l'année, ils ont dû faire face à une coalition de divers ennemis.

Le 13 février, le parc a commencé pour Ludamar. Son escorte de plus de deux cents cavaliers semble avoir été de peu d'utilité, car le soir, la cabane dans laquelle ses bagages étaient déposés fut pénétrée et une partie de ses provisions en diminution rapide fut volée. Le lendemain, il rencontra des nègres cueillant le fruit du *lotus Rhamnus* , qui, transformé en une espèce de pain, ne constitue pas un ajout négligeable à la nourriture des indigènes de Kaarta et de Ludamar. Cet arbuste, Park n'en doute pas, est le lotus mentionné par Pline comme la nourriture des Lotophages libyens.

Les dangers accrus de la nouvelle route furent amplement illustrés à l'approche de Ludamar. Des bandes de Maures en maraude profitaient de l'instabilité du pays pour emporter du bétail en toute impunité. Dans une ville, Park a vu cinq Maures sélectionner calmement seize des meilleurs bœufs d'un troupeau et, en présence de cinq cents nègres, les chasser sans même une démonstration de résistance. Un jeune homme qui avait été dans les champs et qui avait fait preuve de plus de courage, avait été abattu et amené mourant. Sa mère, affolée de chagrin, remplissait l'air de ses cris aigus et de ses lamentations, tout en frappant dans ses mains. « Il n'a jamais menti », tel est l'étonnant éloge qui lui a été adressé, un phénomène phénoménal dans un continent où le mensonge est une vertu et où l'art est élevé à sa plus grande perfection. Après avoir été assurés que tout espoir de sauver la vie du garçon était perdu, de bons mahométans firent de leur mieux pour lui assurer, quoique jusqu'alors païen, une place au paradis, en lui faisant répéter la formule sacrée de l'Islam, dans un pieux effort ils heureusement, nous avons réussi.

Le 17, Park, en compagnie d'un grand nombre de personnes fuyant les terreurs de la guerre, voyagea pendant la nuit pour échapper au danger plus immédiat des voleurs maures. Après s'être reposés tôt le matin, ils reprirent leur route au lever du jour. Deux heures plus tard, ils dépassèrent Simbing, d'où Houghton avait expédié la lettre graphique, déjà citée, racontant son état de dénuement, mais son intention inaltérable de se rendre à Tombouctou. A midi, Jarra, la ville frontière sud de Ludamar, fut atteinte. C'est de cet endroit que le prédécesseur de Park fut attiré dans le désert par les Maures, et après avoir été dépouillé, il fut laissé soit mourir de faim, soit être assassiné par des voyous de passage, un point qui n'a jamais été éclairci de manière satisfaisante, bien qu'on ait montré à Park l'endroit où il rendit son dernier soupir.

À Jarra, Park a été accueilli avec hospitalité par un ardoisier gambien, qui avait emprunté des marchandises au Dr Laidley pour la valeur de six esclaves, pour lesquelles Park a reçu une commande. La dette est reconnue, mais le marchand plaide son incapacité à payer plus de deux esclaves.

Notre voyageur était maintenant entré dans une région plus inhospitalière. Ludamar s'est avéré habité par des nègres, une race arabe largement mêlée de sang nègre formant les dirigeants et possédant les pires caractéristiques des deux côtés de la descendance.

Park et ses serviteurs ne tardèrent pas à ressentir le caractère brutal et inhospitalier de ce peuple hybride dégradé.

Des difficultés les avaient rencontrés à chaque étape de leur voyage, et maintenant rien que de nouvelles terreurs se profilaient devant eux. Ces événements semblaient si grands, et l'attitude des Maures était si autoritaire et menaçante, que les serviteurs de Park déclarèrent qu'ils préféreraient perdre tout ce qu'ils possédaient plutôt que d'aller plus loin. Non seulement ils étaient sujets au vol et aux mauvais traitements, mais ils étaient également susceptibles d'être réduits en esclavage. Ces faits étaient si évidents que, bien que inébranlable dans sa propre détermination à avancer, Park ne put se résoudre à forcer ses hommes à le suivre. En conséquence, il prit des dispositions pour se séparer d'eux. Entre autres choses, il prépara des doubles de ses papiers à remettre entre les mains de Johnson. Entre-temps, un messager avait été envoyé à Ali, chef du pays, pour lui demander la permission de traverser son pays jusqu'à Bambara. La demande était accompagnée d'un cadeau de beaux vêtements en coton que Park acheta à l'ardoise en échange de sa pièce d'oiseau. Quatorze jours se sont écoulés avant qu'une réponse ne lui soit rendue, puis on lui a dit de suivre le messager d'Ali jusqu'à Gumba.

Alors qu'il se préparait à partir, avec toujours l'espoir de vivre assez longtemps pour voir le Niger, il fut en outre réconforté par la fidélité de son garçon Demba, qui, voyant son maître, ne devait pas se laisser dissuader de sa détermination à continuer, résolu à ne pas l'abandonner. , quel que soit le résultat. Il est alors apparu que Johnson, dont le séjour parmi les Européens n'avait fait que le corrompre, avait traîtreusement tenté de séduire Demba pour qu'il revienne avec lui et abandonne l'homme blanc à son sort.

Pour diminuer les incitations au pillage, Park, avant de commencer, a laissé derrière lui autant d'effets personnels qu'il pouvait en épargner. Pendant deux jours, le petit groupe a travaillé dur dans un pays sablonneux. Le troisième jour, ils atteignirent Dina, une grande ville bâtie en pierre et en argile. L'accueil que Park reçut ici de la part des indigènes fut atroce. Toutes les épithètes opprobres que leur vocabulaire pouvait fournir leur étaient lancées. Non contents de leurs paroles, ils se mirent à cracher dessus et à jeter l'ignominie sur l'étranger, finissant par déchirer ses paquets et se servant de ce qu'ils avaient en tête. Pour la victime de ces attentats, il n'y avait que patience et résignation, vertus dont il semble en effet avoir été amplement doté. Il pouvait être privé de ses ressources matérielles, mais ses réserves spirituelles restaient intactes. Avec lui, tant qu'il y avait de la vie, il y avait de l'espoir.

Ce n'est pas le cas de ses serviteurs. Ils n'avaient pas d'aimant sur lequel les attirer, pas d'impulsion plus élevée qu'une récompense monétaire. Plus loin, ils n'iraient pas. Ainsi soit-il! Leur retraite était excusable, mais *En avant* devait être le mot d'ordre de leur maître aussi longtemps qu'un crayon de lumière brillait à travers une meurtrière — *En avant* aussi longtemps que les membres, la force et l'espoir tenaient bon.

N'osant pas affronter un autre jour d'insultes et de pillage, ni encore une nuit de sombre réflexion, Park rassembla tous les objets de valeur qu'il pouvait transporter, quitta le village sous le couvert de l'obscurité et, avec une magnifique résolution, se lança seul vers son espoir désespéré d'atteindre le Niger.

Alors que les huttes disparaissaient derrière lui, la lune brillait clairement et clairement dans le ciel, remplissant la nuit de sa douce beauté, éclairant au sens propre comme au sens figuré le chemin sombre devant lui.

De tous côtés arrivait le rugissement des bêtes sauvages, ajoutant aux terreurs de la situation. Cependant, inébranlable et toujours inébranlable, il poursuivit son chemin toute la nuit. Il n'avait pas avancé bien loin lorsqu'un halloo clair arrêta ses pas résolus. Les accents lui semblaient familiers, et quelques instants plus tard, il fut rejoint par son fidèle serviteur Demba. Park découvrit alors que le garçon avait décidé de se tenir à ses côtés, bien que le messager d'Ali soit retourné vers son maître.

Le petit groupe de deux continua alors son voyage, avançant régulièrement à travers un pays sablonneux couvert d'asclépias. A midi, ils atteignirent quelques cabanes, mais furent empêchés de puiser de l'eau au puits du village par l'apparition d'un lion. Ils durent donc endurer patiemment les affres de la soif jusqu'au soir, où ils entrèrent dans une ville occupée par des Peuls. Park semblait désormais avoir touché le fond de son malheur. Pendant plusieurs jours, il parcourut Ludamar sans encombre, chaque jour nouveau, chaque kilomètre plus proche de son objectif, remplissant son esprit sanguin d'espoirs plus brillants et plus frais.

Le 5 mars, il atteint Dalli. Les villageois, apprenant qu'un homme blanc était arrivé, abandonnèrent les réjouissances qui accompagnaient un festin et se hâtèrent de voir l'étranger phénoménal. Non pas pêle-mêle, cependant, comme la foule grossière de Dina, mais dans une procession convenable, et dirigée par des joueurs de flûte, comme s'ils se sentaient honorés de la visite. Dans la cabane de Round Park, ils continuèrent à danser et à chanter jusqu'à minuit, période pendant laquelle il dut se tenir continuellement en exposition pour satisfaire leur curiosité simple et bienveillante, quoique quelque peu écrasante.

Le lendemain, Park s'est rendu dans un village à l'est de Dalli pour échapper à la foule qui s'y rassemblait habituellement le soir. Encore une fois, son accueil fut des plus hospitaliers. Le chef se considérait très distingué par la présence d'un tel invité dans sa maison et le montrait pratiquement en tuant deux beaux moutons pour le régaler ainsi que ses propres amis.

Park n'était plus qu'à deux jours de Gumba, la première ville des Bambarra. Il n'avait qu'à atteindre cet endroit pour se mettre à l'abri des Maures métis voleurs et brutaux, dont la domination des malheureux nègres n'était qu'un autre nom pour le rapine et le pillage. Ses espoirs étaient grands et le succès de sa mission était désormais presque assuré. En imagination, il se voyait déjà sur la rive du Niger, qu'il était venu si loin et qu'il avait tant souffert de voir. Son imagination se délectait de mille scènes délicieuses dans ses progrès futurs.

Ainsi animé de pensées lumineuses, il s'abandonnait avec une gaieté effrénée aux festivités inoffensives organisées par son hôte nègre, dont les manières contrastaient de façon frappante avec son expérience des Maures de Ludamar.

Mais juste au moment où son rêve doré atteignait son apogée, il fut brisé par un réveil brutal. Des messagers arrivèrent d'Ali avec l'ordre de transporter l'homme blanc soit pacifiquement, soit par la force jusqu'à son camp de Benaun. Park fut frappé d'émotions douloureuses, mais légèrement soulagé d'apprendre que la seule raison pour laquelle il avait été repris était la curiosité de Fatima, l'épouse préférée d'Ali. Le désir de cette dame de voir un homme blanc étant satisfait, le chef promit qu'il serait transporté sain et sauf en route vers Bambarra.

Il n'y avait aucun moyen de contredire les ordres d'Ali, et la discussion ne servait à rien. Une fois de plus, Park doit faire appel à sa patience et à son espoir. Désormais pratiquement prisonniers, lui et son fidèle garçon Demba furent ramenés à Dina, où son accueil avait déjà été si brutal. Ici, il fut amené devant l'un des fils d'Ali, qui lui donna bientôt un avant-goût des dangers et des indignités qui l'attendaient. A peine était-il assis qu'on lui tendit un fusil et qu'on lui dit de réparer la serrure et de teindre la crosse en bleu. Ne connaissant rien de ces questions, Park ne pouvait que déclarer son ignorance. On lui ordonna alors de sortir ses couteaux et ses ciseaux et de les remettre au jeune tyran. Alors que Demba tentait d'expliquer qu'ils n'avaient pas de tels articles, leur bourreau se leva avec fureur, s'empara d'un mousquet et était sur le point de faire exploser la cervelle du pauvre garçon, lorsque les passants intervinrent et lui sauvèrent la vie.

Après cet incident désagréable, le maître et l'homme se retirèrent précipitamment de la cabane, et il n'est pas étonnant que ce dernier ait tenté de s'échapper complètement.

Le lendemain, les prisonniers furent transportés à Benaun, le quartier général du chef suprême de Ludamar, sous un soleil terrible et sur des sables brûlants. Ils ont voyagé toute la journée avec presque pas d'eau, la sensation de soif étant légèrement atténuée par l'utilisation de gomme, qui maintient la bouche humide et apaise les douleurs de la gorge. Le soir, ils arrivèrent à destination, un camp provisoire, composé d'un grand nombre de tentes sales, dispersées sans ordre, parmi lesquelles se trouvaient de grands troupeaux de chameaux, de bœufs et de chèvres. Aux abords du camp, Park, à force de supplications, se procura un peu d'eau.

L'arrivée du voyageur blanc fut le signal d'une grande agitation. Les femmes se hâtèrent d'abandonner leurs occupations domestiques et abandonnèrent leurs cruches au puits. Les hommes montaient à cheval, chacun courait ou galopait pêle-mêle, au milieu de cris et de cris sauvages. En une foule féroce, ils entourèrent la malheureuse cause de leur excitation, se jetant sur lui comme une meute de hyènes, tirant et tirant sur ses vêtements, le menaçant de toutes sortes de sanctions s'il ne reconnaissait pas le Dieu Unique et son Prophète. Dans cette triste situation, à moitié mort par les affres de la soif et les fatigues d'une marche dans le désert, il fut bousculé et entraîné vers la tente du chef. Lorsqu'il se trouva enfin en présence du grand homme, un seul regard sur son visage suffisait pour dissiper le dernier espoir d'un meilleur traitement. Ali était un vieil homme au visage arabe, dont tous les traits étaient marqués de maussade et de cruauté. Pendant qu'il examinait passivement le malheureux devant lui, les femmes de sa maison s'occupaient plus activement d'inspecter la tenue vestimentaire de la victime et de fouiller ses poches. Ils feignaient de douter qu'il fût un homme et comptaient ses doigts et ses orteils pour s'assurer qu'il était bien comme eux. Non contents même de cela, ils devaient nécessairement jeter un coup d'œil à sa peau blanche et écarter ses vêtements afin d'accomplir leur objectif.

Lorsque l'excitation était à son paroxysme, l'appel sacré à la prière résonnait dans le camp, mais avant que le peuple ne tombe à genoux devant le Dieu Unique Tout Compatissant et Miséricordieux, le corps courbé et le visage enfoncé dans la poussière pour reconnaître Sa Toute-Puissance, ils avait une nouvelle indignité à infliger à l'étranger impuissant. Ils lui montrèrent un cochon sauvage et lui ordonnèrent de le tuer et de le manger. Il refusa sagement. Le porc a ensuite été lâché, croyant qu'il attaquerait immédiatement l'homme blanc, mais il s'est plutôt précipité sur ses bourreaux. Le sport manquant ainsi sa cible, les Maures se mirent à leurs dévotions, et Park fut conduit à la porte de la tente du principal esclave d'Ali, où, après de nombreuses supplications, on lui donna un peu de maïs bouilli avec du sel et de l'eau, puis on le laissa à passer la nuit sur une natte, exposé au froid et à la rosée, et, pire encore, aux injures et aux rires grivois de la foule qui grouillait autour de lui.

---

# CHAPITRE X.
## *CAPTIVITÉ À LUDAMAR.*

Le traitement que Park subissait maintenant dans le camp d'Ali était brutal et barbare au-delà de toute description.

Aux yeux des Arabes dégénérés de Ludamar, il était un objet détestable à la fois pour Dieu et pour les hommes : un chrétien et un espion. Par conséquent, tout ce que cette ingéniosité sauvage pouvait inventer pour l'insulter et le torturer lui était accablé avec une joie et un empressement diaboliques.

Le lendemain de son arrivée, il fut enfermé dans une petite cabane carrée au toit plat, construite en tiges de maïs, qui laissait entrer la brise et excluait le soleil. Le porc était attaché à la cabane comme compagnon approprié du chrétien détesté.

Du matin au soir, le malheureux prisonnier devait s'exposer et démontrer sans cesse la blancheur de sa peau, le nombre de ses orteils et la manière d'ajuster sa tenue vestimentaire ; pour tous ces tourments, il était récompensé par des malédictions. Comme le porc, il est devenu le sport des hommes, des femmes et des enfants. Même la nuit, il n'était pas laissé à lui-même, continuellement dérangé par ses gardes soucieux de s'assurer qu'il était en sécurité dans la cabane, ou par des voleurs cherchant ce qu'ils pourraient emporter. À ces tortures de l'esprit et du corps s'ajoutait l'incertitude de ce qui pourrait l'attendre. Un conseil d'anciens avait examiné son cas, et on lui dit tour à tour que la mort, la perte de la main droite ou la perte des yeux étaient le sort qui lui était réservé.

Pour ajouter aux misères de sa condition, il dut subir les épreuves liées à l'observance du Rhamadan, le mois de jeûne, pendant lequel les fidèles ne sont pas autorisés à manger ni à boire entre le lever et le coucher du soleil. Ce jeûne de viande et de boisson, déjà assez pénible dans un climat brûlant, était rendu doublement pénible pour le malheureux voyageur par l'extrême rareté des provisions qui lui étaient distribuées une fois toutes les vingt-quatre heures à minuit. De plus, c'était la période la plus chaude de l'année, et les vents du désert étaient parfois si brûlants qu'il était impossible de tenir la main dans un courant d'air sans douleur. Des tempêtes de sable aussi remplissaient de temps en temps l'air jusqu'à l'étouffement, tandis que le ciel au-dessus était comme de l'airain et le sable sous les pieds comme la sole d'un four.

*rôle* de Park était de se conformer à tous les ordres et d'endurer patiemment toutes les insultes, compatibles avec paraître aussi inutile que possible aux tyrans, afin qu'ils ne soient pas tentés de le détenir pour la valeur de ses services.

Jour après jour s'écoulait ainsi, chacun plus misérable que le précédent, mais la charpente de fer et l'esprit indomptable de Park résistaient à tout. Cependant, là où ses geôliers sauvages échouaient, les craintes et les doutes quant à ses progrès futurs et au succès final de sa mission menaçaient de réussir. La chaleur excessive et la rareté de l'eau dans la nature rendaient impossible la fuite pendant la saison chaude, tandis que les difficultés et les dangers du voyage à affronter pendant la saison des pluies ne semblaient guère moins épouvantables.


La noirceur des perspectives commença à obscurcir même son tempérament sanguin, et le mal de cœur dû à l'espoir différé se manifestait fréquemment par des accès de mélancolie et de découragement. Avec la baisse de son tonus mental vint également une réaction corporelle, et une forte fièvre en fut le résultat.

Même alors, il n'obtint aucun soulagement à ses souffrances. Sa détresse était une question de sport pour les Arabes, jusqu'à ce que la vie devienne un fardeau pour lui. Il tremblait parfois de peur que la mauvaise humeur, l'irritabilité et l'affaiblissement de la maîtrise de soi qui accompagnent la maladie ne l'amènent à dépasser les limites de la prudence et, au plus fort d'un accès de passion, à commettre un acte de ressentiment qui le conduirait à la mort. — la mort, et avec son œuvre inachevée.

À une de ces occasions, il quitta sa hutte et se dirigea vers des arbres ombragés à une courte distance du camp, où il se coucha dans l'espoir d'obtenir un peu de solitude. Il fut découvert par le fils d'Ali et une bande de cavaliers, qui lui ordonnèrent de se lever et de les suivre jusqu'au camp. Park a supplié de pouvoir rester quelques heures. Pour répondre, l'un des cavaliers sortit son pistolet et, le présentant à la tête de Park, appuya sur la gâchette. Heureusement, cela n'a pas explosé. Une fois de plus, la brute essaya son arme avec le même résultat. Aucun de ses compagnons ne fit la moindre tentative pour l'arrêter. Impuissant, Park ne pouvait que rester assis à attendre sa fin, ce qui aurait en effet été une heureuse libération de ses misères, seulement que la tâche qu'il s'était fixé n'était pas encore accomplie. Avec des précautions renouvelées, le pistolet fut présenté une troisième fois, lorsque la malheureuse victime, qui jusqu'alors n'avait pas parlé, supplia son assassin potentiel de s'abstenir, promettant en même temps de rentrer avec lui au camp.

Avant Ali, sa position n'était pas meilleure. Avec une malignité diabolique, ce dernier jouait avec son prisonnier comme un chat avec une souris, ouvrant et fermant la crosse de son pistolet et observant pendant ce temps l'effet sur le comportement de l'homme blanc devant lui. Ne s'amusant que peu de son air résolu et indifférent, il le renvoya finalement avec la menace que la prochaine fois qu'il serait trouvé errant hors du camp, il serait fusillé sur-le-champ.

« Un mois entier s'était écoulé depuis que j'avais été emmené en captivité, pendant lequel chaque jour qui revenait m'apportait de nouvelles angoisses. J'observais avec anxiété la lente course du soleil et je bénis ses rayons déclinants alors qu'ils jetaient un éclat jaune sur le sol sablonneux de ma hutte, car c'est alors que mes oppresseurs m'ont quitté et m'ont permis de passer la nuit étouffante dans la solitude. et la réflexion. »

Avec l'habitude et le temps, Park commença à s'habituer à sa situation. La faim et la soif étaient plus faciles à supporter qu'au début, et les gens, s'habituant à sa présence, n'étaient plus aussi gênants. Pour tromper le temps, il s'informa sur la route vers Tombouctou et les pays Haoussa, et demanda même à certains de ses bourreaux de lui apprendre les lettres de l'alphabet arabe.

Vers la mi-avril, Ali se dirigea vers le nord pour ramener sa principale épouse, Fatima. Pendant l'absence du chef, bien que Park ait été moins agressé que d'habitude, il a également été moins régulièrement approvisionné en ses maigres rations. Pendant deux jours consécutifs, il n'en reçut aucune et dut supporter comme il pouvait les affres de la faim. Au début, cela lui paraissait assez douloureux, mais il découvrit bientôt qu'un soulagement temporaire pouvait être obtenu en avalant des gorgées d'eau abondantes et répétées.


Johnson — qui entre-temps avait été amené de Dina avant de pouvoir partir pour la côte — et Demba, n'ayant pas l'esprit de leur maître pour les soutenir au milieu du malheur, sombraient dans le plus profond découragement, restant pour la plupart prosternés sur leurs bras. les sables dans une sorte de sommeil torpeur, dont ils pouvaient à peine être tirés, même lorsque la nourriture arrivait.

À la langueur et à la débilité provoquées par la semi-inanition, s'ajoutait chez Park l'affliction de l'insomnie ; de profondes respirations convulsives le secouaient de la tête aux pieds ; une semi-cécité le saisit et il combattit avec difficulté une tendance fréquente à s'évanouir.

Mais la coupe de sa misère n'était pas encore pleine. Le roi de Bambara, irrité par le refus d'Ali de se joindre à lui contre Daisy, roi de Kaarta, lui déclara la guerre. Cela a plongé le pays dans la confusion. Le camp de Benaun fut aussitôt dissous et une retraite plus au nord commença. Le premier jour, nous nous arrêtâmes dans une ville noire appelée Farreni.

Une fois de plus, les rations de Park furent oubliées. Le lendemain, prévoyant un traitement similaire, il se rendit lui-même chez le chef de la ville et lui demanda de la nourriture. Cela a non seulement été accordé, mais a promis de se poursuivre aussi longtemps qu'il resterait dans le quartier.

Le 3 mai, le camp d'Ali fut atteint et trouvé campé au milieu d'un bois épais. Ici, Park a été présenté à Fatima. Cette dame était singulièrement belle, selon l'idée arabe de Ludamar, c'est-à-dire qu'elle était remarquablement corpulente. "Une femme aux prétentions même modérées en matière d'apparence doit être celle qui ne peut marcher sans un esclave sous chaque bras pour la soutenir, et une beauté parfaite est un fardeau pour un chameau." Pour atteindre ce summum de perfection, les filles sont gorgées par leur mère de grandes quantités de kuskus et de lait de chamelle, qu'il faut prendre quel que soit l'appétit. « J'ai vu une pauvre fille assise en train de pleurer avec le bol aux lèvres pendant plus d'une heure, et sa mère la regardant tout le temps avec un bâton à la main et l'utilisant sans pitié chaque fois qu'elle remarquait que sa fille n'avalait pas. .»

Au début, Fatima fit semblant d'être choquée par l'apparence de Park, mais elle montra qu'elle avait un cœur de femme en lui offrant un bol de lait. Plus tard, elle s'est avérée être sa meilleure amie.

La chaleur était désormais devenue insupportable. Tout ce qui était végétal était brûlé, et le pays tout entier présentait une morne étendue de sable parsemée de quelques arbres rabougris et d'acacias épineux. L'eau était presque inaccessible et, nuit et jour, les puits étaient remplis de bétail beuglant et se battant pour accéder aux auges. Les affres de la soif rendaient beaucoup d'entre eux furieux et ingérables, tandis que les faibles, incapables de lutter pour une place, s'efforçaient d'étancher leur soif en léchant la boue liquide des gouttières – souvent avec des conséquences fatales.

Les souffrances dues à la pénurie d'eau s'étendaient à la population, et à personne d'autre qu'aux captifs blancs parmi eux. Si son garçon Demba tentait de s'approvisionner en eau, il était généralement sévèrement tabassé pour sa présomption. Ce traitement est finalement devenu si intolérable que Demba aurait préféré mourir plutôt que de s'approcher des puits. Park et ses serviteurs furent ainsi réduits à mendier auprès des esclaves nègres, mais avec un succès médiocre. Fatima, cependant, a plus d'une fois pourvu à leurs besoins. Pourtant, à maintes reprises, Park « a passé la nuit dans la situation de Tantale. A peine avais-je fermé les yeux que l'imagination me transportait vers les ruisseaux et les rivières de ma terre natale ; puis, tandis que j'errais le long du bord verdoyant, j'examinais avec transport le ruisseau clair et je me hâtais d'avaler la délicieuse potion ; mais hélas! la déception m'a réveillé et je me suis retrouvé captif solitaire, mourant de soif au milieu des étendues sauvages de l'Afrique !

Une nuit, rendu à moitié fou par ses tortures, il partit en quête de soulagement. À chaque puits, il rencontra des bergers en difficulté, et de tous il fut chassé par des injures scandaleuses. Enfin, à une heure, il ne trouva qu'un vieillard et deux garçons, dont il était sur le point de recevoir ce qu'il cherchait, lorsque, découvrant à qui ils allaient se ravitailler, ils jetèrent l'eau dans l'auge et lui dirent de boire. avec le bétail. Trop heureux d'avoir de l'eau d'une manière ou d'une autre, « j'ai mis ma tête entre deux vaches et j'ai bu avec grand plaisir, jusqu'à ce que l'eau soit presque épuisée et que les vaches commencent à se battre pour la dernière bouchée. »

Les signes indiquant que la saison des pluies approchait ont commencé à se manifester vers la fin du mois de mai par de fréquents changements de vent, des nuages et des éclairs lointains. Au même moment, le sort de Park approchait d'une crise et il commença à élaborer des projets d'évasion. Ses espoirs grandirent lorsqu'il découvrit qu'Ali était sur le point de rejoindre des Kaartans rebelles pour attaquer Daisy. Grâce à l'intervention de Fatima, il fut autorisé à accompagner l'expédition jusqu'à Jarra. Une fois à Kaarta, il espérait trouver le moyen d'échapper à ses ravisseurs barbares.

Fatima lui accorda ensuite une faveur supplémentaire en lui restituant une partie de ses vêtements, dont il avait été privé depuis qu'il était tombé entre les mains d'Ali. Ensuite vint son cheval, maintenant réduit, à cause d'un travail acharné et de la famine, à la peau et aux os, mais toujours apte au travail.

Le 26 mai, Park partit avec les Maures vers Jarra, accompagné de Johnson et Demba. La nuit, ils campèrent près d'un point d'eau dans les bois, mais les possibilités d'hébergement étant limitées, Park fut obligé de dormir à l'air libre, au centre des huttes, où il pouvait plus facilement être observé.

Le matin, ils durent affronter sans protection toute la violence d'une tempête de sable, qui fit rage avec une grande fureur toute la journée. Parfois, il était impossible de lever les yeux. Le bétail, exaspéré par le sable, courait imprudemment çà et là, menaçant de piétiner les prisonniers à mort.

Le lendemain, les espoirs naissants de notre voyageur furent sérieusement mis à mal. Alors qu'ils se préparaient au départ, arriva un messager qui, saisissant Demba, lui dit que désormais Ali serait son maître et qu'il devait retourner immédiatement au camp qu'ils avaient quitté. Il devait emporter avec lui tous les effets de son maître actuel, même si « le vieux fou » Johnson pourrait se rendre chez Jarra.

Park était complètement bouleversé à l'idée que son fidèle garçon soit renvoyé dans une vie de misère telle que celle qui serait son sort dans la maison d'Ali. Ne pouvant dire un mot au messager, il courut droit au chef lui-même, et son indignation de l'avoir une fois emporté sur lui, lui reprocha dans un langage passionné la nouvelle injustice qu'il allait commettre, comparée à laquelle tout le reste n'était qu'un mauvais souvenir. à ses yeux, rien.

À cet éclat généreux mais imprudent, Ali ne répondit rien, se contentant de lui ordonner, avec un air hautain et un sourire malin, de monter immédiatement à cheval ou d'être renvoyé également. Terrible était la lutte menée au plus profond de l'âme de Park pour s'empêcher de débarrasser le monde d'un tel monstre et de donner libre cours à tous les sentiments refoulés des deux derniers mois dans un accès de passion.

Heureusement, il n'avait pas perdu le contrôle total de lui-même ni la capacité de comprendre sa situation, et il se retira de la tente en proie à cent émotions harcelantes.

« Le pauvre Demba n'a pas été moins touché que moi. Il avait développé un fort attachement envers moi et avait une gaieté de caractère qui trompait souvent les heures fastidieuses de la captivité. Mais ils doivent se séparer. « Ainsi, après avoir serré la main du malheureux garçon et mêlé mes larmes aux siennes, je l'ai vu emmené par trois des esclaves d'Ali vers le camp de Boubaker.

Le 1er juin, Jarra fut de nouveau réintégrée et Park redevint l'invité de la liste. Tout le reste était désormais subordonné pour le moment au seul objectif de procurer la liberté à Demba. Avant ce devoir, même sa propre évasion devenait secondaire. Mais toutes ses tentatives furent vaines. Il n'a pas été possible de convaincre Ali de vendre ou de restituer son nouvel esclave, même s'il n'a jamais cessé d'espérer que Demba pourrait éventuellement être libéré contre rémunération.

Le 8, Ali et ses cavaliers retournèrent au camp pour célébrer une fête, Park, à sa grande joie, étant laissé dans la maison de l'ardoise. Une fois de plus, il commença à penser à sa propre sécurité, voyant qu'il était désormais prouvé sans aucun doute qu'il ne pouvait être d'aucune utilité à Demba.

Pendant ce temps, les troubles commençaient à s'accumuler rapidement autour de Jarra. Ali, après avoir obtenu le prix de sa coopération, abandonna traîtreusement ses alliés à leur sort. Daisy et son armée approchaient rapidement de la ville, dont les habitants ne pouvaient attendre aucune pitié de la part de leur roi enragé. Se trouvant abandonnés à leurs propres ressources, ceux-ci se préparèrent autant qu'ils pouvaient pour se défendre, en renvoyant en même temps leurs femmes et leurs enfants, avec autant de blé et de bétail qu'ils pouvaient emporter avec eux. Park se prépara à partir avec eux. Il voyait clairement que s'il continuait là où il était, il courrait le risque d'être impliqué dans le massacre général si Daisy réussissait, ou, dans le cas contraire, qu'il serait tôt ou tard victime des Maures. Et pourtant, avancer seul semblait déjà assez terrible – car Johnson refusait catégoriquement de continuer – sans moyens de protection, sans biens pour acheter les nécessités de la vie, ni sans interprète pour se faire comprendre dans la langue bambara.

Le seul chemin relativement facile était celui qui menait à la côte, mais « retourner en Angleterre sans avoir accompli le but de ma mission était pire que tout ».

Le vieil esprit, jamais complètement tué, commençait à se réaffirmer, avec la jouissance d'une certaine mesure de libre arbitre et de liberté. Quel que soit son sort, il devait l'affronter, résolut-il, le visage tourné vers le Niger.

Dans la nuit du 26, les femmes travaillaient sans relâche, préparant la nourriture et emballant les articles qui n'étaient pas absolument nécessaires au vol. Tôt le matin, ils prirent la route pour Bambarra.

L'exode était extrêmement touchant : les femmes et les enfants pleuraient, les hommes étaient maussades et abattus ; tous regardaient avec regret l'endroit où ils avaient passé leur vie et frissonnaient face au sort possible qui les attendait. Au milieu de nombreuses scènes déchirantes, Park monta à cheval et, prenant un grand sac de maïs devant lui, partit avec la multitude volante.

De cette façon, il continua son voyage pendant deux jours, accompagné jusqu'à présent de Johnson et de l'ardoise. A Koiro, il fallut faire une halte de deux jours pour recruter son animal à moitié affamé, retard regrettable, car il laissait le temps au principal esclave d'Ali et à quatre Maures d'arriver à la recherche de leur prisonnier blanc. Il fallait réagir rapidement à cette nouvelle calamité si l'on voulait que Park ne fasse pas face à une période indéfinie de misérable captivité. Il résolut aussitôt de s'enfuir par la fuite – une « mesure qui, à mon avis, offrait la seule chance de me sauver la vie et d'atteindre l'objet de ma mission ».

Johnson était prêt à applaudir la résolution de son maître, mais refusa catégoriquement de se joindre à lui.

Les Maures, pensant que l'homme blanc était en sécurité, ne s'inquiétaient pas de lui, et il put ainsi préparer quelques articles à emporter avec lui. Il ne possédait que deux costumes et une paire de bottes. Il n'avait plus une seule perle ou autre article de valeur commerciale pour acheter de la nourriture pour lui-même.

Vers le point du jour, les Maures dormaient tous. Il était maintenant temps de saisir cette opportunité. La liberté et le succès possible étaient en jeu avec une nouvelle captivité et une mort possible. Une sueur froide lui mouilla le front tandis que l'importance du pas qu'il s'apprêtait à faire lui revenait avec une double force. Mais délibérer, c'était perdre la seule chance de s'échapper. Il doit faire une nouvelle tentative audacieuse pour retrouver la liberté et atteindre le Niger. Cette pensée était une inspiration. Il ramassa son paquet, enjamba furtivement les nègres endormis et atteignit son cheval. Johnson reçut ses adieux et le supplia une fois de plus de prendre un soin particulier aux papiers qui lui étaient confiés et d'informer ses amis en Gambie « qu'il m'avait laissé en bonne santé, en route pour Bambara ».

Quelques années auparavant, le major Houghton avait adressé un message quasiment identique aux mêmes amis gambiens.

# CHAPITRE XI.
## *AU NIGER.*

Une fois hors du village, il appartenait à Park d'être sur ses gardes et de s'éloigner le plus rapidement possible du voisinage des Maures. Avec son cheval réduit à la peau et aux os, la vitesse était hors de question, tandis que l'obscurité et la nature du pays ralentissaient les progrès. Et pourtant, combien d'argent était en jeu sur chaque kilomètre parcouru – chaque instant pouvait signifier pour lui la liberté ou l'esclavage, la vie ou la mort. A moitié frénétique à l'idée de la reconquête, il imaginait un ennemi derrière chaque buisson, dans chaque bruit le pas des cavaliers poursuivants.

Il semblait que ses pires appréhensions étaient sur le point de se réaliser lorsqu'il tomba par hasard sur un point d'eau maure. Avant qu'il puisse battre en retraite, il fut découvert par les bergers. Immédiatement, il y eut un hurlement d'exécration, et il fut assailli de pierres et de malédictions, et chassé comme s'il eût été une bête de proie rôdant.

Reconnaissant d'être sorti indemne, Park, une fois débarrassé des fanatiques, commença à avoir plus d'espoir. Il ne devait cependant pas s'en sortir si facilement. Soudain, un cri retentit derrière lui pour lui demander de s'arrêter. Il n'avait guère besoin de chercher pour connaître la nature du danger qui le menaçait. Trois Maures à cheval le poursuivaient, brandissant férocement leurs armes et criant des menaces en s'attaquant à lui. S'échapper était impossible – son cheval blasé était au-delà de toute envie. Avec l'indifférence obstinée du désespoir, il se retourna et repartit, préparé au pire. Impassible, il regarda les mousquets levés de ses poursuivants, presque indifférent, tant ses facultés étaient engourdies, qu'il apprit qu'ils étaient envoyés pour le ramener à Ali. En réalité, cependant, les Maures étaient des voleurs et leur but n'était qu'un pillage.

Arrivés dans un bois, les misérables ordonnèrent à leur prisonnier de dénouer son paquet. Grand était leur dégoût de ne trouver rien qui valait la peine d'être emporté à part un manteau. Mais pour Park, son manteau était la seule protection contre les pluies le jour et les moustiques la nuit, et en vain il suivit les voleurs, essayant d'émouvoir leur compassion et les suppliant instamment de rendre le vêtement. Pour seule réponse, un des membres de la bande, agacé de son insistance, lui présenta un mousquet, tandis qu'un autre frappait son cheval d'un coup brutal au-dessus de la tête. Il n'y avait aucun moyen de résister à ces allusions, et une fois de plus possédé par le vif désir de vie et de liberté, Park ne parla plus, mais se retourna et partit.

Au moment où il fut hors de vue, il se dirigea vers les bois pour éviter des rencontres similaires. Au fur et à mesure de sa disparition, le sentiment de sécurité devenant de plus en plus fort au fil de la nuit, son tempérament sanguin reprit peu à peu son emprise. Il se sentait comme quelqu'un qui se remettait d'une maladie dangereuse : il respirait plus librement, ses membres étaient comme libérés des chaînes crampes, tandis que l'aimant du Niger l'attirait irrésistiblement comme toujours. La vie devint plus désirable, la terre et le ciel plus beaux, et même le désert perdit la moitié de ses terreurs. La mendicité et les misères de la saison des pluies devinrent moins terribles à mesure que grandissait l'espoir que le guerdon du succès n'était pas encore conquis.

Mais l'homme ne peut pas vivre uniquement d'espoir. Aussi juste qu'elle puisse peindre la vision de l'avenir, elle ne saurait étouffer les exigences actuelles de la nature. Ce n'est que trop douloureusement que Park se rendit compte que la faim le regardait en face. Il était démuni et ne pouvait pas acheter ; il n'était pas armé et ne pouvait donc pas prendre; chassé, et n'osait donc pas mendier. Chacun de ses pas était semé d'innombrables dangers. Sa seule chance était d'atteindre un village Bambara, où il serait parmi les nègres et à l'abri au moins des Maures.

Aux affres de la faim s'ajouta bientôt l'agonie encore plus douloureuse de la soif. Le soleil au-dessus de lui tombait sur lui depuis des cieux d'un éclat sinistre. Le sable blanc et brûlant, aveuglant à voir, renvoyait la chaleur comme par la bouche d'un fourneau.

De la cime des arbres, aucune trace d'habitation humaine n'était visible. Seuls des parcelles de broussailles épaisses et des collines de sable stérile rencontraient le regard. En continuant, c'était le seul espoir d'échapper à la mort. Avec son ancien esprit intrépide, Park a choisi d'avancer, de lutter pendant que ses jambes le portaient.

Vers quatre heures de l'après-midi, il aperçut soudain le spectacle redouté mais bienvenu d'un troupeau de chèvres. Ils étaient à la fois l'indication d'un grand danger et d'une possibilité de nourriture et d'eau. Sa joie fut grande lorsqu'après un examen attentif, il découvrit que le troupeau n'était gardé que par deux garçons. Avec difficulté, il s'approcha d'eux.

"Eau! eau!" Il haletait. En guise de réponse, les chevriers lui montrèrent leurs outres vides, lui disant en même temps qu'il n'y avait pas d'eau dans les bois. Malade au cœur et presque épuisé, Park se détourna pour reprendre son vagabondage fatigué et sa quête presque désespérée.

La nuit approchait et déjà ses membres lui faisaient défaut. Sa soif était devenue intolérable et sa bouche était desséchée et enflammée. De brusques accès d'obscurité lui venaient parfois aux yeux, et plus d'une fois il faillit s'évanouir. À chaque instant, il devenait de plus en plus clair que s'il n'atteignait pas l'eau avant l'aube d'un autre jour, il périrait inévitablement.

Pour soulager les douleurs dans sa gorge et dans sa bouche, il mâchait les feuilles de différents arbustes, ce qui ne faisait qu'ajouter à son agonie.

Le soir, il atteignit une crête, grimpa sur un arbre et contempla avec impatience le pays : seul un désert aride, déserté par Dieu et par l'homme, s'étendait devant lui. "La même uniformité lugubre d'arbustes et de sable se présentait partout, et l'horizon était aussi plat et ininterrompu que celui de la mer."

Le soleil se coucha et avec lui disparut le dernier espoir du fugitif. Il était trop faible pour marcher, et son cheval, aussi épuisé que lui, ne pouvait le porter. Même dans son extrémité, il avait encore une pensée bienveillante pour son fidèle muet compagnon, et pour qu'il puisse mieux se débrouiller, il lui ôta la bride. Ce faisant, une horrible sensation de nausée et de vertige le saisit, et il tomba sur le sable, croyant que sa dernière heure était venue.

En un rapide éclair de pensée, il vit la fin de son dur combat, et avec lui tous ses espoirs de faire quelque chose digne de mémoire. Puis l'ombre de la mort s'est rassemblée sur lui et il a retombé inconscient.

Mais tout n'était pas encore fini, car la vie de Park lui réservait encore quelque chose de travail et de bonheur. Avec la baisse de la température et la montée de la brise fraîche de la nuit, il se réveilla de son évanouissement mortel et, se ressaisissant, il résolut de faire une nouvelle tentative pour tenir la mort à distance. Avec sa vieille force de volonté, bien que faible dans ses membres, il s'avança en titubant dans l'obscurité de la nuit, qui ne ressemblait que trop à la perspective qui s'offrait à lui. Quelques minutes encore et un éclair éclaira le paysage environnant. Pour lui, cet éclair était une promesse de pluie et faisait naître un nouvel espoir que ses angoisses dues à la soif prendraient bientôt fin. Bientôt, les éclairs se succédèrent, de plus en plus éblouissants, de plus en plus proches. Avec une impatience douloureuse, le vagabond épuisé observait la tempête imminente. Il n'avait plus l'occasion de lutter. Il n'avait qu'à rester assis et attendre. Mais quels espoirs et quelles craintes en même temps ! Est-ce qu'il pleuvrait ou pas ? La tempête allait-elle s'abattre sur lui, ou la carrière des deux côtés s'arrêterait-elle ? Encore une heure et la réponse arriva. À son oreille résonnait le bruit bienvenu des arbres courbés devant l'explosion. Son visage fiévreux sentit les premiers souffles frais du vent. Une colonne noire, vaguement discernée dans l'obscurité, et chargée d'humidité, à ce qu'il pensait, se dressait devant lui. Il a effacé la terre et le ciel, et s'est déchiré, porté par les ailes du vent. Il se leva pour le rencontrer et l'accueillir. Sa bouche desséchée était ouverte pour goûter la pluie envoyée par le ciel. Quand, oh misère ! il s'est retrouvé enveloppé dans une tempête de sable suffocante. Frappé d'une déception indicible, il s'effondra au sol derrière un buisson abritant.

Pendant plus d'une heure, la tempête le balaya en tourbillons étouffants. Quand cela cessa, Park, avec un esprit intrépide, reprit son chemin dans l'obscurité, bien qu'avec une soif toujours plus intense et une force toujours plus faible – dangereusement proche de son dernier combat.

De nouveau, les éclairs traversèrent le ciel. Il n'osait guère espérer, mais il tourna néanmoins son visage brûlant et tendit ses mains tremblantes vers les nuages d'orage qui avançaient, afin de sentir les premières gouttes rafraîchissantes. Cette fois, il n'y eut pas d'erreur, et arrachant ses vêtements, il les étendit pour recueillir la pluie envoyée par le ciel, tandis que, tout nu face à la tempête, au milieu de l'éclat aveuglant des éclairs des tropiques et du fracas effroyable du tonnerre, il aspirait l'eau. l'humidité par chaque pore de son corps.

Mais il n'était soulagé d'une série de douleurs que lorsqu'on lui rappelait que d'autres le laissaient derrière lui : il lui restait encore à affronter les misères de la famine. Il ne pouvait y avoir ni repos, ni sommeil pour lui, tant que la nourriture et l'eau n'étaient pas obtenues. Il reprit donc sa route, dirigeant ses pas par la boussole, que les fréquents éclairs lui permettaient de consulter. Bientôt ces lueurs bienvenues cessèrent, et il dut alors avancer tant bien que mal. Vers deux heures du matin, une lumière apparut. Pensant que cela pouvait provenir d'une ville noire, il tâtonna dans l'obscurité, essayant sans succès de déterminer si c'était bien le cas ou non, à partir de meules de maïs ou d'autres signes de culture. D'autres lumières devinrent alors visibles, et il commença à craindre d'être tombé sur un campement maure.

Bientôt, ses pires doutes se transformèrent en certitudes et, plutôt que de tomber entre les mains de ses derniers persécuteurs, il choisit d'affronter la mort dans le désert. Cependant, aussi furtivement que possible, il essaya de découvrir l'eau. Ce faisant, une femme l'aperçut et son cri fit venir deux hommes qui passèrent tout près de l'endroit où il s'était accroupi pour se cacher. De toute évidence, ce n'était pas un endroit pour lui, et une fois de plus il s'enfonça dans les bois abrités. Il n'était pas allé bien loin lorsque le coassement bruyant des grenouilles lui indiqua où étancher sa soif.

Cette évasion étroite a incité Park à redoubler d'efforts. À l'aube, il détecta une colonne de fumée à une distance de douze milles et s'y dirigea péniblement. Après cinq heures de labeur extrême, on atteignit le village d'où s'élevait la fumée, et un laboureur lui apprit que c'était un village peul appartenant à Ali. C'était une nouvelle désagréable.

Entrer pourrait peut-être signifier retourner en captivité, mais peut-être aussi être autorisé à rester sans être inquiété. Cependant, la certitude immédiate était qu'il mourait de faim et que sa situation ne pouvait guère être aggravée. Déterminé donc à tenter sa chance, il se rendit au village à cheval. Alors qu'il postulait à la maison du chef, la porte lui fut claquée au nez et ses appels à la nourriture restèrent lettre morte. Déprimé, il tourna la tête de son cheval, ne voyant devant lui que la mort dans les bois. En quittant le village, il remarqua quelques habitations mesquines. Peut-être ne ferait-il pas un autre essai. L'hospitalité dont il se souvenait ne préférait pas toujours les habitations des riches.

Poussé par cette pensée, il s'avança vers une vieille femme qui filait du coton devant sa cabane. Par signes, il indiquait qu'il avait besoin de nourriture, laissant son visage hagard et ses yeux enfoncés raconter le reste. Il n'a pas non plus fait appel en vain. La hutte lui fut ouverte et la nourriture que son propriétaire pouvait donner lui fut remise entre les mains. Les premières sensations de faim apaisées, la pensée suivante de Park fut pour le quadrupède qui partageait ses labeurs et ses agonies, et pour lui aussi un approvisionnement rapide en maïs était à venir.


Pendant ce temps, une foule douteuse se rassemblait dehors et débattait solennellement de ce qu'elle devait faire de l'étranger qui était ainsi apparu parmi eux. Les avis étaient cependant partagés ; et Park, voyant le danger de sa position, pensa qu'il valait mieux partir, aussi fatigué et endoloris qu'il puisse être. En voyant leur invité inopiné se préparer à partir, les villageois en vinrent à la conclusion que le plus sage était de ne rien faire.

Une fois éloigné de la ville et des garçons et des filles qui le suivaient pendant un certain temps, Park, qui n'avait pas dormi depuis plus de deux jours et deux nuits, chercha l'ombre d'un arbre qui l'abritait et s'allongea pour se reposer. En début d'après-midi, il fut réveillé par deux Peuls, mais sans engager la conversation avec eux, il poursuivit sa route vers le Bambarra et le Niger. Ce n'est qu'à minuit qu'il s'arrêta de nouveau, trouvant une mare d'eau de pluie. Mais le sommeil, dont il avait terriblement besoin, était hors de question. Les moustiques l'assaillaient en myriades affolantes, tandis que les hurlements des bêtes sauvages ajoutaient à la terreur de son environnement.

Après une nuit misérable, la journée a été saluée avec soulagement et plaisir. A midi, un autre point d'eau peul fut atteint, et ici Park fut accueilli avec hospitalité par un berger, qui lui donna du maïs bouilli et des dattes pour lui-même, ainsi que du maïs pour son cheval. Reprenant son voyage avec un espoir et une vigueur qui revenaient rapidement, le voyageur résolu continua son chemin, déterminé à voyager toute la nuit.

A huit heures du soir, il entendit des voyageurs approcher, et dut se cacher dans un buisson, et là, il tint le nez de son cheval pour l'empêcher de hennir. A minuit, le bruit joyeux des grenouilles l'avertit du voisinage de l'eau. Après avoir étanché sa soif, il chercha un espace ouvert dans le bois et s'endormit, heureux sans être inquiété jusqu'au petit matin, lorsque des bêtes sauvages l'obligèrent à veiller à sa sécurité et à celle de son animal. Reprenant son vagabondage, Park traversa les frontières de Bambarra et se sentit pour la première fois depuis de nombreuses semaines fatiguées en relative sécurité et libéré de l'horrible cauchemar mauresque qui le hantait si longtemps. A Wawra, il fut reçu hospitalièrement par le chef du village, et finalement épuisé par une fatigue excessive et la famine, mais se réjouissant du doux nouveau sentiment de sécurité, il put s'allonger et jouir du luxe d'un sommeil profond et profond.

Pour Park, tout semblait désormais plein d'espoir et encourageant. Il était démuni et seul – un mendiant au cœur de l'Afrique ; mais maintenant qu'il s'était échappé sain et sauf des déserts du nord et des griffes de leurs habitants maures fanatiques et dégradés, son tempérament sanguin ne tenait guère compte de ses ennuis personnels. Il lui suffisait de se connaître dans un pays d'abondance, avec des villages à chaque kilomètre et parmi un peuple de nature bienveillante.

Ses espoirs n'ont pas été démentis. Partout son accueil fut hospitalier. Les villageois ont donné leur nourriture et leur abri ; aux voyageurs leur compagnie, leur assistance, leurs conseils et leur protection. Dans la plupart des endroits, il n'était pas reconnu comme étant un homme blanc, mais, à en juger par son apparence étrange et dénuée, il était supposé être un pèlerin de La Mecque et traité par les fidèles avec la considération qu'il méritait. Et ainsi les jours passèrent, le rapprochant toujours plus du but de ses espérances, renforçant toujours son assurance que le grand prix pour lequel les hommes et les nations luttaient depuis trois siècles serait le sien.


Dans la nuit du 20 juillet, Park a pris ses quartiers dans un petit village. Ici, on lui dit qu'il verrait le Niger — ou, comme l'appelaient les indigènes, le Joliba ou Grandes Eaux — le lendemain.

Cette pensée était une ivresse, et entre elle et la myriade de moustiques qui s'attaquaient à son corps non protégé, le sommeil était hors de question. Avant le jour, il était debout et il avait sellé son cheval bien avant que les portes du village ne soient ouvertes.

Enfin, il s'enfuit. Avec des yeux avides, il regarda vers le sud – vers ce qui, pendant de terribles mois, avait été sa Kiblah – sa Mecque. Il allait enfin être récompensé de toutes les tortures du corps et de l'esprit qu'il avait si héroïquement endurées et si résolument affrontées.

La route était encombrée d'indigènes se précipitant vers la capitale. Quatre gros villages furent dépassés, puis au loin s'élevait la fumée de Sego — Sego au bord du Niger ! Un peu plus loin et le cri joyeux : « Voyez l'eau ! annonça à Park que le Niger était en vue. Oui, vraiment, il était là, se déversant dans un ruisseau majestueux vers l'est et scintillant sous les rayons brillants du soleil du matin.

Un regard long et ardent, un soupir de soulagement suprême, et le pèlerin de la géographie s'est précipité au bord, et après avoir bu de l'eau, a élevé une fervente prière au Grand Souverain de toutes choses pour avoir ainsi couronné ses efforts de succès.

# CHAPITRE XII.
## *DESCENDRE LE NIGER JUSQU'À SILLA.*

C'est ainsi que le fleuve Niger fut atteint pour la première fois par un Européen et que son cours vers l'est fut déterminé. Park avait quitté l'Angleterre enclin à croire qu'il coulait vers l'ouest ; mais au cours de son voyage, cette opinion s'était peu à peu ébranlée, et maintenant il voyait de ses propres yeux qu'elle se dirigeait bien vers le soleil levant. Il n'était plus question de savoir d'où elle prenait son origine : sa fin était désormais le grand mystère qui restait à éclaircir.

Sego, la capitale des Bambarra, où était arrivé le voyageur blanc, se composait de quatre villes distinctes, deux sur la rive nord du Niger et deux sur la rive sud. Chacune était entourée indépendamment de hauts murs de boue. Contrairement aux villages nègres ordinaires, les maisons étaient carrées, avec des toits plats et construites en terre crue. Certaines d'entre elles avaient deux étages et quelques-unes étaient blanchies à la chaux.

Outre ces traces de l'influence arabe, il y avait des mosquées dans tous les quartiers ; et la ville entière, avec ses trente ou quarante mille habitants, présentait un air de civilisation et de magnificence auquel Park était loin de s'attendre. La rivière grouillait de grandes pirogues qui se croisaient et se retraversaient constamment ; les rues étaient encombrées d'une population active ; et tout le pays environnant était dans le plus haut état de culture.

Park découvrit rapidement que Mansong, roi de Bambara, vivait du côté sud de la rivière, et il se prépara aussitôt à traverser et à se présenter à la cour. L'encombrement du ferry l'a empêché de mettre immédiatement à exécution son intention, car il a dû attendre son tour. Pendant ce temps, les gens se rassemblaient autour de lui, silencieux et émerveillés, pleins de spéculations sur ce qui avait pu éloigner l'homme blanc de la mer. Sans grande appréhension, le voyageur fatigué remarqua parmi la foule une poignée nombreuse de Maures. Dans chacune de ses courses, il voyait un ennemi malin qui ne reculait devant rien pour lui faire du mal, tant l'impression qu'il produisait lors de sa résidence avec Ali à Benaun était indélébile.

Une opportunité de traversée s'offrait enfin. Juste au moment où il était sur le point d'en profiter, un messager arriva du roi pour lui faire savoir qu'il ne pourrait pas voir son futur visiteur tant qu'il ne saurait pas ce qui l'avait amené dans le pays. En attendant, il ne devait en aucun cas prétendre traverser la rivière sans la permission de Mansong, et devait passer la nuit dans un village éloigné que le messager lui indiquait.

Cet accueil fut éminemment décourageant. Mais Park était habitué aux déceptions, et heureux dans la mesure où il avait au moins vu et bu les eaux du Niger, il pouvait supporter avec plus de sérénité les revers qui pourraient lui être réservés. Il fallut cependant toute sa philosophie pour le soutenir lorsqu'en arrivant au village on lui refusa l'entrée à toutes les portes. Tout le monde le considérait avec étonnement et crainte comme un être d'espèce inconnue, dont la puissance de mal physique ou spirituel était incalculable, et qui valait mieux ne pas être éprouvé par un contact plus étroit que de pouvoir l'aider.

Ainsi évité et boycotté en tant que paria humain, et ne sachant pas où aller chercher refuge, Park s'assit sous un arbre, ce qui le protégeait au moins de l'éclat accablant du soleil. Les heures passaient, et toujours personne ne lui proposait de se nourrir ou de se loger. La journée touchait à sa fin. Le vent s'est levé et les nuages se sont rassemblés de manière menaçante dans le ciel. Tout présageait une nuit d'orage.

Le soleil tombait et il restait assis, sans aucune attention. Les ténèbres commencèrent à s'accumuler autour de lui avec une rapidité tropicale, et il perdit tout espoir d'émouvoir la compassion des indigènes par sa condition désespérée et impuissante. Pour échapper à la mort des lions et des hyènes, il se prépara à s'installer parmi les branches de l'arbre. Avant de le faire, il enleva la bride et la selle de son cheval, afin qu'il puisse avoir plus de liberté et de facilité dans le pâturage. Pendant qu'il s'occupait ainsi, une femme revenant de son travail aux champs le croisa. Il n'y avait pas besoin de mots pour lui raconter le sort de l'étranger. Sa tenue vestimentaire et son visage parlaient avec éloquence de lassitude, de dénuement, de faim et de découragement. La négresse s'arrêta pour lui demander son histoire. Quelques mots suffisaient pour émouvoir son cœur de femme, et sans plus de questions, elle ramassa sa selle et sa bride et lui ordonna de la suivre jusqu'à sa hutte. Là, elle alluma une lampe et étendit une natte pour son invité.

En peu de temps, un beau poisson grillait sur les braises du feu, tandis que les différents membres de la famille regardaient l'étranger avec un émerveillement béant. Quelques minutes encore et Park avait satisfait sa faim et s'était disposé à dormir. Les femmes reprirent leur travail de filage de la laine et, tout en travaillant, elles chantaient. À une mélodie douce et plaintive, ils unissaient les paroles les plus aimables, et leur invité était le fardeau de leur chanson :

« Les vents rugissaient et les pluies tombaient,

Le pauvre homme blanc était assis sous notre arbre ;

Il n'a pas de mère pour lui apporter du lait,

Pas de femme pour moudre son maïs.

Et le refrain revenait souvent :

« Plaignons l'homme blanc,

Aucune mère ne l'a. [5]

Telles étaient, littéralement traduites, les paroles de la chanson improvisée, et en les écoutant, le sommeil fut chassé des yeux de Park, alors qu'il se retournait et se lançait en proie aux émotions les plus vives de gratitude. Jusque tard dans la nuit, les femmes travaillaient et filaient toujours en chantant :

« Plaignons l'homme blanc ;

Il n'a pas de mère ; »

tandis qu'à l'extérieur, la tornade dépensait sa violence en éclairs aveuglants et en coups de tonnerre assourdissants, en souffles de vent déchaînés et en averses de pluie torrentielles.

Le matin, en guise de remerciement, Park offrit à sa aimable hôtesse deux des quatre boutons de cuivre restant sur son gilet, les seuls articles qu'il possédait ayant une quelconque valeur aux yeux des autochtones.

Au cours de la journée, de nombreuses rumeurs sur les machinations hostiles des Maures parvinrent aux oreilles de Park, mais rien de précis concernant la décision de Mansong quant à son sort.

Le lendemain matin, le 22, un messager arriva pour demander quel cadeau l'homme blanc avait apporté au roi.

Le 23, un autre messager arriva, portant le refus du roi de donner audience à Park. Il était accompagné d'un présent de cinq mille cauris - la monnaie du bassin soudanais - pour lui permettre d'acheter des provisions, tout en indiquant que sa présence à Sego n'était pas souhaitable, bien qu'il soit libre de descendre plus loin dans le Niger ou de revenir. en Gambie, à sa guise.

Dans le refus de Mansong de le voir, Park ne pouvait voir que « la méchanceté aveugle et invétérée des habitants maures », même s'il ne pouvait s'empêcher d'admettre que la manière dont il apparaissait parmi les habitants de Sego et l'incroyable explication de l'objet pour eux de son voyage, justifiait les soupçons. Pour voir le Joliba ! Absurde! N'y avait-il donc pas de rivières dans le propre pays de l'homme blanc pour qu'il doive affronter tant de difficultés et de dangers pour voir le nôtre ? Il doit y avoir autre chose derrière. Renvoyons-le, mais étant démunis, pourvoyons à ses besoins, afin que les stigmates de sa mort ne soient pas à nos portes. Tel fut, on peut le présumer, le mode de raisonnement de Mansong, et telle est naturellement la conclusion à laquelle il arriva.

Park était maintenant appelé à prendre une décision quant à son avenir. Allait-il continuer ou faire demi-tour ? Il pourrait sûrement revenir avec tout l'honneur maintenant qu'il avait atteint le Niger lui-même. Aussi démuni qu'il soit, que pouvait-il faire ? Et pourtant, il était difficile de devoir revenir sur ses pas avec une œuvre aussi glorieuse devant lui. Non, il doit parcourir au moins une certaine distance, pour voir et en apprendre davantage sur le cours et la terminaison du fleuve, peut-être même pour atteindre Tombouctou.

Park n'arriva pas à cette conclusion sans quelques appréhensions, car il entendit de vagues rapports selon lesquels plus il avançait vers l'est, plus les tribus arabes devenaient nombreuses et que Tombouctou elle-même était aux mains de « ce peuple sauvage et impitoyable ». Quelle que soit son horreur pour les Maures, cependant, il ne pouvait pas laisser ses plans être arrêtés par « des informations aussi vagues et incertaines, et il était déterminé à aller de l'avant ».

**FEMMES BAMBARRA PILONNANT LE MAÏS.**

C'est ainsi que notre héros rassembla intrépidement ses haillons autour de lui et, avec son sac de cauris, partit le 24 à l'exploration du fleuve Niger. Le premier jour, il traversa un pays très cultivé, ressemblant aux parcs de l'Angleterre. Les gens récoltaient partout les fruits de l'arbre à karité, à partir duquel est produit le beurre végétal ainsi nommé. Park trouva le beurre de karité plus blanc et plus ferme, et à son palais d'une saveur plus riche, que le meilleur beurre qu'il ait jamais goûté, fabriqué à partir de lait de vache - une déclaration certainement étrange, car pour les palais des voyageurs et des commerçants dégénérés d'aujourd'hui, son goût est abominable. Même parmi les indigènes, elle n'est utilisée que par les plus pauvres pour la cuisine, étant considérée comme infiniment inférieure à l'huile de palme.

Dans la soirée, Park atteignit Sansanding, une ville d'environ deux mille habitants, largement fréquentée par les Maures de Biru engagés dans l'échange de sel et de marchandises du nord contre des tissus de coton et de la poussière d'or. Pour se glisser le plus tranquillement possible dans la ville, Park longeait la rivière et les indigènes étaient partout pris pour un Maure. Enfin, un véritable Maure découvrit l'erreur et, par ses exclamations, attira une foule de ses compatriotes autour de l'étranger.

Au milieu des cris et des gesticulations de la foule, Park réussit à atteindre la maison du Counti Mamadi, le Duté du lieu. Les Maures, avec leur arrogance habituelle et leur supposition de supériorité, écartèrent les nègres et commencèrent à poser des questions concernant la religion de Park. Constatant qu'il comprenait l'arabe, ils amenèrent deux hommes qu'ils appelaient juifs, qui ressemblaient aux Arabes par leur tenue vestimentaire et leur apparence, et dont on disait qu'ils se conformaient jusqu'à l'Islam au point de réciter le Coran dans les prières publiques. Les Maures insistaient pour que l'étranger fasse la même chose que les Juifs. Il essaya de repousser le sujet en déclarant qu'il ne savait pas parler arabe, lorsqu'un chérif de Tawat se leva et jura par le Prophète que si le chrétien refusait d'aller à la mosquée et d'y reconnaître le Dieu Unique et son Prophète, il le ferait porter là-bas.

Des mains volontaires étaient prêtes à exécuter cette décision, mais heureusement le Duté intervint et déclara que l'étranger blanc ne devait pas être maltraité tant qu'il était sous sa protection. Cela a mis un terme immédiat à la violence, mais n'a pas mis fin à la persécution. La foule ne cessait de grossir et devenait de plus en plus ingérable. La clameur et l'excitation s'intensifiaient à chaque minute. Chaque point d'observation était couvert de multitudes impatientes de voir le nouveau venu. Afin que chacun puisse être heureux, il fut obligé de monter sur un siège élevé près de la porte de la mosquée, où il dut rester jusqu'au coucher du soleil, puis il lui fut permis de descendre et de chercher refuge dans une petite hutte soignée ayant une cour devant elle. . Mais même ici, il ne trouvait ni paix ni tranquillité. Les Maures, bien que présents dans le pays uniquement en tant que commerçants, semblaient pouvoir faire tout ce qu'ils voulaient. Ils escaladèrent les murs de la cour et envahirent l'intimité de Park, désireux, disaient-ils, de le voir à ses dévotions du soir et aussi de manger des œufs. Park n'était pas du tout réticent à accomplir cette dernière opération, même si les intrus furent déçus en découvrant qu'il ne les mangeait que cuits.

Ce n'est qu'après minuit que les Arabes laissèrent le voyageur tranquille. Son hôte lui demanda alors un charme écrit, qui lui fut aussitôt fourni sous la forme du Notre Père.

De Sansanding, Park se rendit à Sibila, puis à Nyara, où il resta le 27 pour laver ses vêtements et reposer son cheval.

A Nyami, ville habitée principalement par des Peuls, le chef refusa de voir Park et envoya son fils pour le guider jusqu'à Madibu.

Entre les deux villages, les voyageurs devaient procéder avec une très grande prudence, car la région était connue pour ses dangers dus aux bêtes sauvages. Une girafe fut aperçue, et peu de temps après, en traversant une vaste plaine avec des buissons épars, le guide qui le précédait aperçut soudain les traces d'un lion sur le chemin et cria haut et fort à Park de partir. Son cheval, cependant, était trop épuisé pour fuir et il continua à avancer lentement. Il commençait à peine à penser qu'il s'agissait d'une fausse alerte, lorsqu'un cri du guide lui fit lever les yeux avec une nouvelle inquiétude. Il y avait le lion couché près d'un buisson, la tête penchée entre ses pattes antérieures. Voler était impossible. Instinctivement, Park retira ses pieds de ses étriers, pour être prêt à glisser et à laisser le cheval supporter le premier assaut si le lion bondissait. Les yeux rivés sur l'ennemi, il avançait lentement, s'attendant à chaque instant à ce que le lion soit sur lui. La brute ne bougeait cependant pas, venant probablement de dîner et étant par conséquent d'humeur paisible. Park était néanmoins tellement fasciné par une sorte de fascination sauvage qu'il lui était impossible de détourner son regard avant d'être à une distance considérable hors du danger.

Pour éviter de tels périls, Park suivit un itinéraire détourné à travers un terrain marécageux et, au coucher du soleil, entra en toute sécurité dans Madibu. Ce village était perché sur les rives du Niger, dont il offrait sur de nombreux kilomètres une vue splendide sur le cours majestueux, vue encore variée par plusieurs petites îles vertes occupées par des troupeaux peuls.

Ici, la vie était rendue presque insupportable par les moustiques, qui montaient en myriades des marécages et des ruisseaux au point de harceler même les indigènes les plus épais et les plus engourdis. Les nuits étaient une torture continue et exaspérante, les haillons de Park ne lui offrant aucune protection contre leurs attaques. Incapable de dormir, il devait sans cesse marcher d'avant en arrière, s'éventant avec son chapeau pour chasser ses bourreaux acharnés. Néanmoins, au matin, ses jambes, ses bras, son cou et son visage étaient couverts d'ampoules. Il n'est pas étonnant, dans de telles circonstances, qu'il soit devenu fiévreux et inquiet, et qu'il ait menacé de tomber gravement malade. S'en apercevant, le Duté de Madibu le fit partir précipitamment, de peur qu'il ne meure de ses mains.

Le cheval de Park était aussi peu capable de le porter que de marcher. Ils n'avaient pas parcouru de nombreux kilomètres avant que le pauvre animal ne glisse et ne tombe, et quoi qu'il puisse faire, Park ne se relèverait pas. En vain il attendit dans l'espoir qu'après un repos le cheval pourrait revenir. En fin de compte, il ne lui restait plus qu'à lui enlever la selle et la bride, à placer une certaine quantité d'herbe devant lui, puis à l'abandonner à son sort. A la vue de la pauvre bête haletant sur le sol, son propriétaire ne put réprimer le pressentiment qu'il allait bientôt se coucher et mourir de faim et de fatigue. Opprimé par la mélancolie, par de nombreuses peurs et par de trop nombreux maux physiques, il tituba jusqu'à midi, lorsqu'il atteignit le petit village de pêcheurs de Kéa.

Le chef était assis à la porte lorsqu'il entra, et il lui raconta son histoire de misère et de maladie. Mais il s'adressa à quelqu'un au visage maussade et au cœur grincheux, et sa seule réponse à l'étranger à moitié mort fut de lui dire de s'éloigner de sa porte.

Le guide a protesté et Park a supplié, mais en vain. Le Duté était inflexible.

À ce moment-là, un canot de pêche arrivait en route vers Silla, sur quoi, pour mettre fin aux pourparlers, le Duté demanda au propriétaire de conduire l'étranger jusqu'à cet endroit. Après quelques hésitations, le pêcheur consentit à le faire. Avant de partir, Park demanda à son guide de s'occuper de son cheval au retour et de prendre soin de lui s'il était encore en vie.

Le soir, il arriva à Silla. Dans l'espoir que quelqu'un aurait pitié de lui, il s'assit sous un arbre, mais bien qu'entouré de centaines de personnes émerveillées, personne ne lui offrit l'hospitalité. La pluie commençant à tomber, le Duté fut finalement convaincu par les supplications de Park de le laisser dormir dans l'une de ses huttes. La cabane était humide et il en résultait une vive crise de fièvre. Laissez le voyageur décrire sa situation à ce stade avec ses propres mots.

« Accablé par la maladie, épuisé par la faim et la fatigue, à moitié nu et sans aucun objet de valeur qui me permettrait de me procurer des provisions, des vêtements ou un logement, je commençai à réfléchir sérieusement sur ma situation.

« J'étais maintenant convaincu par une expérience douloureuse que les obstacles à mes progrès ultérieurs étaient insurmontables. Les pluies tropicales étaient déjà tombées avec toute leur violence, les rizières et les marécages étaient partout inondés, et dans quelques jours tous les déplacements de toute sorte, sauf par voie d'eau, seraient complètement empêchés. Les cauris qui restaient du présent du roi de Bambara n'étaient pas suffisants pour me permettre de louer une pirogue pour une grande distance, et j'avais peu d'espérance de subsister par la charité dans un pays où les Maures ont une telle influence.

« Mais surtout, je sentais que j'avançais de plus en plus sous le pouvoir de ces fanatiques impitoyables, et dès mon accueil tant à Sego qu'à Sansanding, j'avais peur qu'en tentant d'atteindre même Jenné (à moins que sous la protection de quelque homme de conséquence parmi eux, que je n'avais aucun moyen d'obtenir), je sacrifierais ma vie en vain, car mes découvertes périraient avec moi.

« Avec cette conviction en tête, j'espère que mes lecteurs reconnaîtront que j'ai eu raison de ne pas aller plus loin. J'avais déployé tous les efforts possibles pour exécuter ma mission dans toute la mesure que la prudence pouvait justifier. S'il y avait eu la perspective la plus lointaine d'une fin heureuse, ni les difficultés inévitables du voyage, ni le danger d'une seconde captivité, n'auraient dû m'obliger à y renoncer. Mais c'était la nécessité qui m'y obligeait ; et quelle que soit l'opinion de mes lecteurs généraux sur ce point, je suis pour moi une satisfaction inexprimable que mes honorables employeurs aient eu plaisir, depuis mon retour, à exprimer leur pleine approbation de ma conduite.

Et qui ne coïncidera pas cordialement dans son verdict ? Jamais une mission n'avait été accomplie avec plus de détermination, ni une patience et une endurance aussi inépuisables démontrées face à toutes les difficultés, indignités et dangers imaginables - tout cela était considéré par celui qui souffrait comme rien comparé au plaisir inexprimable d'accomplir quelque chose de l'excellence. tâche pour laquelle il avait été chargé d'accomplir.

Lorsqu'il se décida ainsi à regagner la côte, Park avait suivi le Niger sur une distance de plus de quatre-vingts milles depuis Sego, constatant qu'il maintenait toujours son cours vers l'est. De plus, il apprit auprès de divers commerçants que le lac continuait dans la même direction pendant quatre jours de voyage supplémentaires, lorsqu'il s'étendit en un lac de taille considérable, nommé Dibbie, ou « le lac sombre ».

À partir de Dibbie (Debo), le Niger se divisait en deux branches, entourant une vaste étendue de terre appelée Jinbala, et se réunissant à nouveau après un cours nord-est près de Kabra, le « port » de Tombouctou. De Jenné à ce dernier endroit, la distance par terre était de douze jours de voyage.

Depuis Kabra, Park ne semble pas certain - du moins il ne le précise pas - quelle direction a suivi le Niger, bien qu'il déclare à juste titre qu'à la distance de onze jours de voyage, il passe au sud de Haussa (probablement ce qui est aujourd'hui connue sous le nom de Birni-n-Kebbi, une grande ville du Gandu, l'un des États Haoussa). Au-delà de cela, on ne savait rien de plus. Il semble évident, cependant, que Park a confondu le cours du Niger avec celui de son grand affluent oriental, la Bénoué, comme l'avaient fait la plupart des géographes avant lui ; et c'est ainsi qu'elle s'est détournée de la recherche de sa terminaison naturelle dans l'Atlantique.

# CHAPITRE XIII.
## *LE RETOUR PAR BAMBARRA.*

La résolution de Park de retourner sur la côte fut prise le 29 juillet 1796. Son espoir d'accomplir cet objectif en toute sécurité semblait presque aussi désespéré que la tâche d'aller de l'avant. Devant lui s'étendait un voyage à pied de onze cents milles en ligne droite, auquel il fallait ajouter cinq cents milles supplémentaires pour les déviations et les détours de la route. Il avait ainsi devant lui mille neuf cents milles à pied à travers un pays barbare, où l'étranger était considéré comme une belle proie, et où les lois ne le protégeaient pas de la violence. Il n'avait pas les moyens d'acheter de la nourriture et n'avait que des haillons pour se protéger de la violence du temps et des assauts exaspérants des moustiques. De plus, il dut affronter toutes les horreurs de l'hiver tropique, des tornades de vent, de pluie et de tonnerre au-dessus de sa tête, des marécages et de la boue sous ses pieds, et des ruisseaux en crue barrant le passage à chaque tournant. Les difficultés étaient suffisantes pour tuer tout homme moins indomptable et plus faible. Même Park aurait probablement succombé s'il ne pouvait pas mourir tant que ses découvertes restaient inconnues de ses employeurs et du public. Jusque-là, son travail n'était qu'à moitié terminé. Avec sa mort, tout cela serait complètement détruit : tous ses labeurs et souffrances seraient vains. Atteindre la côte était donc désormais un point aussi important que autrefois voir le Niger.

Une fois sa décision prise, Park a agi avec rapidité et résolution.

Il arriva à Silla le 29 juillet. La nuit suffisait pour déterminer sa route, et le matin vit le commencement de son voyage de retour. Il lui fallait en effet ne pas perdre de temps. Quelques jours encore et le pays serait impraticable par voie terrestre à cause des rivières en crue. C'était déjà le cas sur la rive sud du Niger, ce que Park regrettait beaucoup, car il avait espéré revenir par cette voie.

Traversant Murzan par une pirogue, il fut là-bas autorisé à en louer une autre à Kéa. Ici, il fut autorisé à dormir dans la hutte d'un des esclaves du chef, qui, le voyant malade et dépourvu de vêtements, le couvrit avec compassion d'un grand tissu.

Le lendemain, en se rendant à Madibu avec le frère du chef, il eut l'occasion de voir un exemple particulier du respect indigène pour la propriété privée dans certaines circonstances. Un gros tas de jarres en terre cuite gisait au bord de la rivière. On les avait retrouvés là deux ans auparavant, et comme personne ne les avait jamais revendiqués, on croyait qu'ils appartenaient à quelque puissance surnaturelle. Les passants leur jetaient invariablement une poignée d'herbe, ce qui, selon Park, était destiné à les protéger de la pluie, mais il s'agissait plus probablement d'un cadeau propitiatoire à l'esprit - la pratique étant courante dans toute l'Afrique centrale.

Quelque temps après avoir passé les jarres, de nouvelles empreintes de lion furent découvertes. Les voyageurs devaient donc procéder avec une très grande prudence. A proximité d'un bois épais où la dangereuse brute était censée avoir son repaire, le guide insista pour que Park ouvre la voie. Comme il était désarmé, ce dernier s'y opposa naturellement et insista en outre sur le fait qu'il ne connaissait pas la route. S'ensuivirent de hautes paroles qui aboutirent à la désertion du nègre.

Il n'y avait plus qu'à procéder seul, lion ou pas lion. C'est sans grande appréhension que Park passa entre le bois et la rivière, s'attendant à chaque instant à être attaqué. Heureusement, il put poursuivre son chemin sans être inquiété et atteignit Madibu en fin d'après-midi. Ici, il fut rejoint par le déserteur. Alors qu'il était en train de lui faire des remontrances pour sa récente conduite, un cheval se mit à hennir dans une hutte voisine. Avec un sourire, le chef demanda à Park s'il savait qui lui parlait et lui montra le cheval, qui se révéla n'être autre que celui du voyageur, très amélioré par son repos.

Le lendemain, Park rentra à Nyami et y fut pratiquement emprisonné par trois jours de pluie continue dont il avait les plus sérieuses raisons de craindre les conséquences. Ses appréhensions n'ont pas non plus été démenties. Lorsqu'il quitta Nyami, le pays était inondé, les champs étaient inondés jusqu'aux genoux sur des kilomètres et les sentiers étaient impossibles à découvrir. Là où il n'était pas réellement submergé, la terre n'était qu'un grand bourbier, dans lequel le cheval de Park s'est coincé plus d'une fois et a dû être presque abandonné.

Le lendemain, la pluie tomba à torrents, le retenant de nouveau et rendant le voyage presque impossible. Avec difficulté, il plongea et pataugea sur quelques kilomètres à travers un marécage profond en eau, et réussit enfin à atteindre un petit village peul.

Les voies ferrées étant effacées et le pays inondé, il devenait désormais impératif qu'il ne voyage pas seul. Mais aucun guide ne fut trouvé pour lui montrer le chemin et l'assister dans les endroits difficiles.

Sur une certaine distance, il accompagna un Maure et sa femme qui se rendaient à Sego avec du sel. Ils montaient sur des bœufs et se révélaient aussi impuissants que lui. À un endroit, l'un des bœufs tomba soudainement dans un trou dans un marécage et envoya le sel et la femme dans l'eau.

Au coucher du soleil, il atteignit Sibity, où l'attendait un accueil inhospitalier. Une vieille cabane humide était tout ce qu'il pouvait trouver pour passer la nuit. À chaque instant, il s'attendait à voir s'effondrer le toit de terre pourrie, phénomène fréquent au début de la saison des pluies. De toutes parts, il entendit le bruit de catastrophes semblables, et, le matin, il compta quatorze habitations détruites.

Tout au long de la journée suivante, il a continué à pleuvoir violemment, rendant impossible tout déplacement.

Le 11 août, le chef a obligé Park à partir. Un nouveau danger, semblait-il, s'était abattu sur son chemin semé d'ennuis. Le bruit s'était répandu qu'il était un espion et qu'il n'avait pas les faveurs du roi – une rumeur suffisante pour lui fermer la porte de chaque chef et éteindre tout sentiment d'hospitalité dans le cœur naturellement bon du nègre. Il était désormais un objet non seulement à traiter avec une indifférence passive, mais à éviter activement comme un danger possible pour quiconque aurait affaire à lui.

Sans grand pressentiment, il rentra à Sansanding. Le comte Mamadi, qui l'avait autrefois protégé des Maures, ne voulut plus rien avoir à faire avec lui et lui demanda de partir de bon matin. Le fait que le chef, en agissant ainsi, ait fait violence à sa bonté naturelle a été suffisamment démontré par le fait qu'il est venu en privé à Park pendant la nuit et l'a averti de la situation dangereuse dans laquelle il se trouvait. Il lui a surtout conseillé d'éviter de s'approcher de Sego.

Cet état de choses désagréablement modifié fut encore illustré lorsque, arrivé le lendemain à Kabba, il fut accueilli hors de la ville par un groupe de nègres, qui saisirent la bride de son cheval et, malgré ses remontrances, le conduisirent autour des murs et lui ordonnèrent continuer son chemin de peur qu'il ne lui arrive pire. Quelques kilomètres plus loin, il atteignit un petit village, mais ne trouva pas de meilleur accueil. Alors qu'il tentait d'entrer, le chef saisit un bâton et menaça de le renverser s'il faisait un pas supplémentaire. Il n'y avait rien d'autre à faire que de se rendre dans un autre village, où heureusement quelques femmes furent émues par son apparence dénuée et s'arrangeèrent pour lui trouver un logement pour la nuit.

Le 13, il atteignit un petit village près de Sego, où il essaya en vain de se procurer quelques provisions. Il apprit d'ailleurs qu'il y avait des ordres pour l'appréhender, et il était clair qu'il serait très dangereux pour lui de rester une heure là où il était. Il continua donc son chemin à travers des terrains herbeux et marécageux jusqu'à midi, où il s'arrêta pour réfléchir à la route qu'il devait maintenant suivre. Tout semblait également mauvais, mais tout bien considéré, il choisit de se diriger vers l'ouest le long du Niger et de vérifier si possible jusqu'où il était navigable dans cette direction.

Pendant les trois jours suivants, son voyage ne fut pas accompagné de pires privations que de devoir vivre de maïs cru, un logement pour la nuit ayant été obtenu sans trop de difficultés. Il en fut cependant autrement le 15 au soir, lorsque, à son arrivée au petit village de Song, l'entrée lui fut refusée.

Les nombreuses empreintes de pas qu'il avait vues au cours de sa marche avaient clairement montré que le pays était infesté de lions. La perspective de passer la nuit en plein air sans moyens de défense était donc tout sauf agréable ; mais il fallait y faire face. Affamé et fatigué, il pensait encore à son cheval et il se mit à lui ramasser de l'herbe. La nuit tombée, personne ne lui ayant offert de la nourriture ni un abri, il se coucha sous un arbre près de la porte, mais n'osa pas se permettre de dormir. Avec un shoon de plomb, les minutes passèrent. Chaque bruit était une note de danger, et dans un état de vigilance douloureuse, le vagabond exclu scrutait l'obscurité de la nuit, s'attendant toujours à voir une forme rampante ou l'éclat de deux yeux féroces.

Enfin, quelque temps avant minuit, un rugissement sourd retentit soudain à travers le bois, venant apparemment de peu de distance. Dans l'obscurité, il ne pouvait rien voir, malgré ses efforts. Rester assis ainsi sans défense en attendant sa fin, sans savoir quand ni d'où elle viendrait, était intolérable, et finalement rendu frénétique par l'horreur de sa situation, il se précipita vers la porte et la tira follement avec toute l'énergie d'un homme. qui lutte pour la vie. En vain, ses plus grands efforts ne parvinrent pas non plus à l'émouvoir, tout comme ses appels urgents à toucher le cœur des indigènes.

Pendant ce temps, le lion, invisible, rôdait autour du village, réduisant toujours son cercle et se rapprochant de sa proie. Finalement, un bruissement dans l'herbe avertit Park de sa position et de sa proximité dangereuse. Encore un instant et il serait dans ses griffes fatales. Sa seule chance était désormais d'atteindre un arbre voisin. En toute hâte, il la gagna et l'escalada, puis se sentant relativement en sécurité parmi les branches qui l'abritaient, il se prépara à y passer la nuit. Cependant, un peu plus tard, le chef ouvrit la porte et invita l'étranger à entrer dans les murs, car il était désormais convaincu qu'il n'était pas un Maure, dont aucun n'attendait jamais à l'extérieur d'un village sans le maudire et tout. contenu.

À partir de Song, le pays commença à s'élever en collines, et les sommets des hautes montagnes pouvaient être aperçus au loin. Mais même ici, voyager restait une question de labeur et de danger, tous les creux que traversait la route se transformant en de vilains marécages. À un moment donné, Park et son cheval sont tombés tête baissée dans une fosse invisible et ont failli se noyer avant de réussir à ressortir, couverts de boue. L'un des pires aspects de tels événements était le danger qu'il encourait de perdre ses notes ou de les voir rendues inutiles – un malheur qui aurait largement contribué à réduire à néant les résultats de son labeur.

Après l'accident ci-dessus, Park traversa Yamina, une ville à moitié en ruine couvrant autant d'espace que Sansanding. De nombreux Maures étaient assis et tout le monde le regardait passer avec étonnement.

Le lendemain, la route quittait la plaine du Niger et longeait le flanc d'une colline. De cette altitude plus élevée, le pays tout entier avait l'aspect d'un vaste lac.

Son prochain voyage l'a amené à la Frina, un affluent profond et rapide du Niger. Il s'apprêtait à traverser à la nage lorsqu'il fut arrêté par un indigène qui l'avertit que lui et son cheval seraient dévorés par des crocodiles. En se retirant précipitamment de l'eau, l'homme, qui n'avait jamais vu d'Européen auparavant, et qui en voyait maintenant un sans ses vêtements, porta la main à sa bouche, comme c'est la mode chez la plupart des nègres pour exprimer leur étonnement, et poussa un cri étouffé : exclamation stupéfaite. Cependant, il ne s'est pas enfui et, grâce à son aide, le bon ferry a été trouvé et Park a atterri en toute sécurité sur la rive opposée.

Le soir, le voyageur arriva à Taffara, où il reçut un accueil des plus inhospitaliers. Cela était dû en partie au fait qu'un nouveau chef était en cours d'élection. Personne ne voulait l'accueillir, et il fut obligé de s'asseoir sous l'arbre à palabres sans souper et exposé à toute la violence grossière d'une tornade. A minuit, le nègre qui avait indiqué le chemin à Park, lui-même étranger au village, partagea son souper avec lui.

Au cours de la marche suivante, Park était heureux d'apaiser sa faim avec des écorces de maïs. Dans un village plus loin, il trouva le chef du lieu de mauvaise humeur à cause de la mort d'un jeune esclave dont il surveillait l'enterrement. Le processus était suffisamment sommaire. Un trou ayant été creusé dans le champ, le cadavre du garçon fut arraché par une jambe et un bras et jeté avec une indifférence sauvage dans la tombe. Comme il ne semblait y avoir aucune chance de se procurer de la nourriture, Park se rendit à un endroit appelé Kulikorro, où son accueil fut plus aimable. Ici, il découvrit qu'il pouvait satisfaire ses besoins en écrivant des saphias ou des charmes pour les simples indigènes. Le charme étant écrit sur un tableau, l'encre était ensuite lavée et avalée, de manière à assurer toute la vertu de l'écriture. Cette pratique vient des Arabes les plus ignorants, qui pensent qu'en buvant l'encre utilisée pour écrire le nom d'Allah ou les prières du Coran, ils en tireront un bien spirituel ou matériel.

Grâce à la demande de charmes de cette nature, Park fut en mesure de profiter du premier bon repas et de la première nuit de sommeil qu'il connaissait depuis plusieurs jours.


Le deuxième jour, depuis Kulikorro, il fut dirigé sur une mauvaise route, ce qui le conduisit en fin d'après-midi à une crique profonde, dans laquelle il n'y avait rien d'autre à faire que de nager, malgré le danger d'être saisi par des crocodiles. C'est ce qu'il fit, tenant la bride de son cheval entre ses dents, et portant ses précieuses notes au sommet de son chapeau. Un obstacle de ce genre, cependant, n'était qu'une petite affaire pour Park, qui, entre la pluie et la rosée, était désormais rarement sec, tandis que la boue dont il n'était que trop souvent éclaboussé rendait une baignade à la fois agréable et nécessaire.

Ce jour-là, on remarqua que le Niger coulait entre des bancs rocheux avec une grande rapidité et un grand bruit, de sorte qu'un bateau européen aurait eu quelque difficulté à traverser le fleuve.

Bammaku fut atteint dans la soirée du 23 août et se révéla décevant en termes de taille, bien que ses habitants fussent remarquablement aisés en raison du fait qu'il s'agissait d'un lieu de repos pour les marchands de sel arabes. Les Maures d'ici se montrèrent particulièrement courtois envers le voyageur et lui envoyèrent du riz et du lait.

Les informations obtenues par Park à Bammaku quant à son itinéraire ultérieur étaient tout sauf encourageantes. La route a été déclarée impraticable. De plus, le chemin traversait le Joliba à un point situé à une demi-journée de marche à l'ouest de Bammaku, où il n'était pas possible de disposer de pirogues assez grandes pour transporter son cheval. Sans argent pour subvenir à ses besoins, il était inutile de songer à rester quelques mois à Bammaku. Il résolut donc de continuer, et si son cheval ne pouvait pas traverser la rivière, de l'abandonner et de la traverser seul à la nage.

**BAMMAKU.**

Dans la matinée, cependant, son propriétaire lui parla d'une autre route plus au nord, passant par un endroit appelé Sibidulu, où il pourrait être en mesure de continuer son voyage à travers le Manding. Un musicien ambulant, allant dans la même direction, accepta de nous servir de guide.

Au début, Park fut conduit jusqu'à un vallon rocheux, mais il n'avait pas parcouru beaucoup de kilomètres lorsque son compagnon découvrit qu'il avait pris la mauvaise route, la bonne étant de l'autre côté de la colline. Ne considérant pas qu'il était de son devoir de réparer sa bévue autant que possible, le guide jeta son tambour sur son épaule et continua son chemin à travers les rochers, où Park ne put le suivre à cheval, mais dut retourner dans la plaine et trouver son chemin lui-même.

Heureusement, il réussit à trouver une piste équestre, qui se révéla être la bonne route ; et bientôt il eut atteint le sommet de la colline, où un vaste paysage s'étendait devant lui. La plaine à ses pieds était à moitié submergée par les eaux du Niger, qui s'étendaient tantôt comme un lac, tantôt se rassemblaient en une rivière courbe, tandis que loin au sud-est, dans l'éclat brumeux du lointain, les sommets des les montagnes Kong pouvaient être vaguement aperçues.

Vers le coucher du soleil, la route descendait dans une charmante vallée, menant à un village romantique nommé Kuma. Ici, Park a reçu pour une fois un accueil agréable. Du maïs et du lait en abondance étaient préparés pour lui, et de l'herbe en abondance pour son cheval. Un feu s'allumait même dans la cabane qui lui était réservée, tandis qu'au dehors les indigènes se pressaient autour de lui, naïfs et étonnés, lui posant mille questions.

Fain aurait voulu que Park s'attardât dans ce village pour se reposer et recruter, mais il avait le désir ardent de continuer, de peur que la perte d'une journée ne se révèle fatale à ses progrès ultérieurs. Deux bergers avançant dans la même direction que lui acceptèrent de l'accompagner. À certains égards, la route s'est avérée plus difficile et plus dangereuse que tout ce qu'il avait emprunté auparavant. Par endroits, la montée était si abrupte et les pentes si grandes, qu'un seul faux pas eût fait briser son cheval au fond des précipices.

Constatant qu'ils étaient capables de voyager plus vite que leur compagnon blanc, les bergers ont continué après un certain temps par eux-mêmes. Peu de temps après, des cris et des cris de détresse ont informé Park que quelque chose n'allait pas. Se dirigeant lentement vers l'endroit d'où l'alarme semblait provenir, et ne voyant personne, il se mit à appeler à haute voix, mais sans recevoir de réponse. Peu à peu, cependant, il découvrit l'un des bergers étendu parmi les hautes herbes près de la route. Au début, il conclut que l'homme était mort, mais en s'approchant de lui, il constata qu'il était toujours en vie et on lui dit à voix basse que l'autre avait été capturé par un groupe d'hommes armés.

En regardant autour de lui, Park fut alarmé de découvrir qu'il se trouvait lui-même en danger imminent. Un groupe de six ou sept hommes armés de mousquets le surveillait. L'évasion étant impossible, il considérait que sa meilleure solution était de chevaucher vers eux. En s'approchant, il prit un air indifférent et, feignant de les prendre pour des chasseurs d'éléphants, il leur demanda s'ils avaient tiré sur quelque chose. En réponse, un membre du groupe lui ordonna de descendre de cheval ; puis, comme s'il y réfléchissait mieux, il lui fit signe de continuer. Sans aucune réticence, Park s'est avancé, heureux d'être soulagé de la crainte de nouveaux mauvais traitements.

Son soulagement fut cependant de courte durée. Un salut bruyant l'arrêta brusquement. En regardant autour de lui, il vit les voleurs, car c'étaient de tels voleurs, qui couraient vers lui. Park s'arrêta pour attendre leur arrivée. On lui apprit alors qu'ils avaient été envoyés par le roi de Fulahdu pour l'amener ainsi que tout ce qui lui appartenait dans sa capitale. Park, pour éviter les mauvais traitements, accepta sans hésitation de les suivre, et en silence le groupe parcourut le pays pendant un certain temps. Un bois sombre fut enfin atteint. «Cet endroit fera l'affaire», dit l'un des convives, et presque simultanément le malheureux voyageur fut attaqué et son chapeau arraché de sa tête. Perdre son chapeau, c'était comme perdre la vie, car il contenait tout ce qui lui rendait la vie chère pour le moment. Il ne montra cependant aucun signe d'inquiétude, se contentant de déclarer qu'il n'irait pas plus loin si son chapeau ne lui était pas rendu.

Pour répondre, l'un des membres du groupe a sorti un couteau et a coupé le dernier bouton métallique du gilet de Park. Les autres se mirent alors à fouiller ses poches, ce qu'il leur permit de faire sans résistance. Ne trouvant pas grand-chose pour satisfaire leur rapacité, ils le déshabillèrent. Ses bottes mêmes, bien que si délabrées qu'il fallait une partie de sa bride de bride pour maintenir les semelles, furent minutieusement examinées. Pourtant, même à ce niveau d'ignominie le plus bas, sa pensée primordiale était son œuvre. Il pouvait supporter la perte du dernier lambeau de ses vêtements, mais être privé de ses notes et de sa boussole était insupportable. Voyant ce dernier étendu par terre, il demanda qu'on le lui rende. Fou de colère, l'un des voleurs ramassa son mousquet et l'arma, déclarant qu'il l'abattrait sur-le-champ.

L'humanité, cependant, n'était pas tout à fait réprimée dans le cœur de ces scélérats, car après un moment de délibération, ils lui rendirent une chemise et un pantalon. Comme ils allaient partir, celui qui avait pris son chapeau le lui lança d'un air moqueur. Jamais avec plus d'empressement et de joie une mère désespérée n'a rassemblé sur son sein un enfant perdu depuis longtemps, que Park n'a apporté au sien le reste cabossé d'un chapeau qui contenait sa précieuse réserve de notes. Avec eux, il y avait encore quelque chose pour lequel il valait la peine de lutter, aussi désespéré que puisse paraître son cas.

Jamais l'homme n'a sûrement été plus éprouvé. A chaque pas, il avait rencontré de nouvelles calamités, de nouveaux obstacles, de nouvelles misères et de nouveaux dangers. L'homme et la nature conspiraient contre lui. Et maintenant il devait ajouter à sa misère antérieure la demi-nudité et la perte de son cheval. Avec des centaines de kilomètres encore devant lui, comment pourrait-il espérer relever le défi des nouvelles difficultés et des dangers auxquels il serait sans aucun doute confronté ? Pourtant, alors même qu'il évoquait dans son esprit les périls qui l'attendaient des bêtes sauvages et des hommes mal intentionnés, des marécages et des inondations, du vent et de la pluie, il commençait à se réconforter en se rappelant ses nombreuses évasions passées, qui étaient pour lui comme des preuves positives d'une Providence protectrice qui ne l'avait jamais encore fait défaut au moment où il en avait besoin.

Alors que ses pensées prenaient une tournure plus pleine d'espoir, et que son tempérament sanguin et sa foi enracinée en un Dieu qui dominait toutes choses réaffirmaient leur influence, le regard de Park tomba sur une touffe de mousse. Irrésistiblement, son esprit fut détourné des horreurs de sa position vers la beauté de la modeste plante devant lui. Tandis qu'il examinait avec admiration sa délicate conformation, la pensée lui vint à l'esprit : « Cet Être qui a planté, arrosé et perfectionné dans cette partie obscure du monde une chose qui paraît de si peu d'importance, peut-il regarder avec insouciance la situation. et les souffrances des créatures formées à son image ? Sûrement pas!"

L'instant d'après, le vieil esprit lui revint. Il n'allait pas encore succomber. Tant qu'il y aurait de la vie en lui, il lutterait, et tant qu'il pourrait lutter, il y aurait de l'espoir. En se levant, il s'avança une fois de plus, assuré dans son esprit que le soulagement était proche. Il n'a pas non plus été déçu. Près d'un petit village, il trouva les deux bergers, en compagnie desquels il continua sa route, jusqu'au coucher du soleil où ils entrèrent à Sibidulu, sa destination pour le moment.

# CHAPITRE XIV.
## *REPOS À KAMALIA.*

Park était désormais entré dans le pays mandingue. Sibidulu, du fait de sa position dans une petite vallée entourée de hautes collines rocheuses infranchissables aux cavaliers, avait eu la chance singulière d'échapper au pillage lors des nombreuses guerres qui se déroulaient de temps en temps autour d'elle. C'est peut-être à cette heureuse immunité qu'on peut attribuer l'accueil accordé à Park au moment où il en avait besoin. Lorsqu'il entra dans la ville, les gens se rassemblèrent autour de lui et l'accompagnèrent en foule compatissante jusqu'au chef du village pour entendre son histoire.

Pendant qu'il racontait les circonstances de ses mauvais traitements, le fonctionnaire indigène l'écoutait avec une gravité convenable et fumait sa pipe pendant ce temps. Le récit terminé, celui-ci remonta la manche de son manteau d'un air indigné, et posant sa pipe, dit à l'homme blanc de s'asseoir. « Tout vous sera rendu. Je l'ai juré !

Se tournant vers un serviteur, il lui ordonna d'apporter à boire à l'étranger, puis de traverser les collines à l'aube du jour pour informer le chef de Bammaku que l'étranger du roi de Bambarra avait été volé par les gens du roi de Fulahdu. .

Le chef ne s'est pas limité aux paroles ni à l'eau. Une cabane fut donnée à Park et de la nourriture à manger, même si la foule qui se rassemblait pour compatir aux malheurs de l'homme blanc aurait pu, avec un certain confort, être supprimée.

La générosité de son accueil était d'autant plus admirable qu'à l'époque la population souffrait d'une semi-famine. Dans ces circonstances, après avoir attendu deux jours en vain le retour de son cheval et de ses vêtements, Park, craignant de devenir un fardeau pour son aimable hôte, demanda la permission de se rendre au village suivant. Le chef ne montra aucun souci de hâter le départ de son invité, mais lui dit finalement d'aller à Wonda et d'y rester jusqu'à ce qu'on reçoive des nouvelles de ses biens disparus.

En conséquence, le 30, il se rendit à l'endroit indiqué, une petite ville avec une mosquée, où son accueil par le Mansa ou chef fut aussi hospitalier qu'à Sibidulu.

Les accès de fièvre qui avaient finalement contraint Park à rebrousser chemin vers Silla commençaient maintenant à revenir avec plus de violence et de fréquence, et il n'est pas étonnant non plus qu'il en soit ainsi. Sa chemise solitaire, usée jusqu'à la finesse d'une mousseline, ne le protégeait ni du soleil le jour, ni de la rosée et des moustiques la nuit. Comme il était également devenu désagréablement sale, chez Wonda il entreprit de le laver et dut s'asseoir nu à l'ombre jusqu'à ce qu'il sèche. Il en résulta une violente crise de fièvre qui le prosterna pendant neuf jours.

Pendant tout ce temps, il devait faire de son mieux pour cacher sa maladie, de peur que son hôte ne le trouve trop ennuyé et ne lui ordonne de partir. Pour ce faire, il essayait, comme les animaux malades ou blessés, de se cacher à l'abri des regards, passant généralement toute la journée allongé dans le champ de maïs, aggravant ainsi sans aucun doute son mal.

A cette époque, la pénurie de nourriture était si grande que les femmes amenaient leurs enfants au chef pour qu'il vende pendant quarante jours des provisions pour elles et le reste de leur famille.

Enfin, des messagers arrivèrent de Sibidulu, apportant le cheval et les vêtements de Park. À sa grande consternation et déception, la boussole – qui, avec ses notes, était son bien le plus précieux – était cassée et inutile. La perte était irréparable.

Le cheval s'étant révélé n'être qu'un simple squelette, il fut remis en cadeau à son aimable propriétaire.

Bien que toujours malade de la fièvre et à peine capable de chanceler, le voyageur reprit maintenant son chemin fatigué.

Les deux jours suivants, la famine ajouta à sa faiblesse. Le troisième, un commerçant noir lui donna de la nourriture et le conduisit ensuite à sa maison de Kinyeto. Ici, comme s'il n'avait pas encore suffisamment parcouru toute la gamme des souffrances humaines, il dut endurer les angoisses d'une entorse à la cheville, qui enfla et s'enflamma au point qu'il ne pouvait pas poser son pied sur le sol. Le gentil commerçant l'accueillit cependant jusqu'à ce qu'il soit complètement rétabli, mais Park n'empiéta pas sur son hospitalité plus longtemps que ce qui était absolument nécessaire.

En trois jours, il se sentit suffisamment bien pour pouvoir boiter avec l'aide d'un bâton, et il parvint ainsi à boiter jusqu'à Jerijang, dont le chef, — le Mandingue n'ayant pas de roi, — était considéré comme le plus puissant du pays.

Dosita fut le prochain village atteint, et ici la pluie au dehors et le délire à l'intérieur l'obligèrent à rester un jour. Se rétablissant légèrement, il partit pour Mansia. La route traversait une haute colline rocheuse et s'avérait presque trop difficile pour le voyageur épuisé, qui devait s'allonger de temps en temps pour récupérer. Même s'il n'était qu'à quelques kilomètres de là, il était tard dans l'après-midi avant qu'il atteigne la ville. Ici, on lui donna un peu de maïs à manger et une hutte pour dormir. De toute évidence, cependant, le chef pensait Park plus riche qu'il n'en avait l'air et, pendant la nuit, il fit deux tentatives pour entrer dans la hutte, étant à chaque fois frustré par les demandes du voyageur. vigilance. Dans la matinée, ces derniers jugeèrent préférable de prendre congé d'une telle armée, et en conséquence, au point du jour, ils partirent pour Kamalia, petite ville située au pied de quelques collines rocheuses. Il arriva à cet endroit dans le courant de l'après-midi.

A Kamalia, un certain Karfa Taura, frère du commerçant nègre hospitalier de Kinyeto, souhaita la même bienvenue à l'homme blanc épuisé. A cette époque, la peau de ce dernier était si jaune à cause de ses fièvres répétées et son apparence si pauvre, que le commerçant ne fut convaincu de sa nationalité que lorsqu'en lui montrant un livre d'homme blanc en sa possession, il découvrit que le voyageur savait lire. il. Il s'agissait d'un livre de prière commune, dont Park obtint possession sans surprise ni avec grand plaisir.

Peu de temps après, un moyen de consolation spirituelle lui fut offert, car il apprit ici que le pays devant lui – le désert de Jallonka, avec ses huit rivières rapides – était absolument infranchissable pendant de nombreux mois. Même à cette époque, lorsque les caravanes trouvaient cela difficile et dangereux, que serait-ce pour un célibataire sans défense et sans ressources ? En sachant que tout progrès ultérieur était actuellement sans espoir, on se rendit compte du fait qu'à l'épuisement total des ressources extérieures devait maintenant s'ajouter la perte complète de toute force intérieure. L'exposition, la faim, le labeur et la fièvre avaient finalement triomphé de la constitution de fer de Park et l'avaient abattu. Il se peut qu'il ne veuille toujours pas mourir, qu'il espère encore atteindre la côte, qu'il garde toujours son esprit déterminé et optimiste ; mais en attendant, que pouvait-il faire alors que ses capacités physiques lui avaient ainsi fait défaut ?

Mais même à ce moment-là, alors qu'il se trouvait accablé par le désespoir et la mort, et à l'extrême limite de toutes ses ressources terrestres, il allait prouver une fois de plus qu'une « Providence protectrice » veillait sur lui. Dans son besoin suprême, un hôte aimable lui avait été fourni en la personne de Karfa Taura pour le sauver de la mort par la fièvre et la famine, et non seulement pour le loger et le nourrir, mais au moment opportun pour le conduire en Gambie, où il était partir avec une caravane d'esclaves.

«Ainsi j'ai été délivré par les soins amicaux de ce nègre bienveillant d'une situation vraiment déplorable. La détresse et la famine m'accablent. J'avais devant moi les sombres étendues sauvages de Jallonkadu, où le voyageur ne voit aucune habitation pendant cinq jours consécutifs. J'avais presque marqué l'endroit où j'étais voué, comme je le pensais, à périr, lorsque ce nègre amical m'a tendu la main hospitalière pour mon soulagement.

Mais ni la nourriture ni un abri convenable ne pouvaient enrayer la fièvre. Chaque jour suivant, Park s'affaiblissait, chaque nuit plus délirant, jusqu'à ce qu'à la fin il ne puisse même plus ramper hors de la hutte. Il passa six semaines éprouvantes, oscillant entre la vie et la mort, seul soutenu par ses intenses croyances religieuses et son espoir ardent d'atteindre la côte avant de mourir. Il n'est sûrement pas étonnant qu'il passe parfois « les heures prolongées d'une manière très sombre et solitaire », tandis que les pluies s'abattent sans pitié sur la cabane où il repose dans l'atmosphère humide et étouffante et la pénombre.

Enfin, avec le passage de la saison, les pluies devinrent moins fréquentes, et le sol par conséquent plus sec. L'amélioration des conditions de vie s'est accompagnée d'une meilleure santé et d'un plus grand espoir de vie. Parfois, le convalescent parvenait à ramper jusqu'à sa porte pour respirer l'air plus frais et plus sain, se baigner dans la lumière vive et contempler le ciel bleu. C'était comme s'il sortait d'une tombe ouverte.

Bientôt, depuis la porte de sa hutte, il put chanceler avec sa natte jusqu'à l'ombre reconnaissante d'un tamarinier, et là profiter de l'odeur rafraîchissante du maïs en croissance et de la perspective variée des collines et des vallées, des champs et des bosquets autour de lui. À d'autres moments, des conversations naïves avec de simples indigènes et des demi-heures avec son livre de prières rendaient heureux le jour qui passait.

À travers tout cela, Karfa Taura était toujours un hôte généreux et un ami fidèle, même si nombreux étaient ceux qui essayaient en vain de le retourner contre son hôte inconnu.

Parfois, des groupes d'esclaves passaient par Kamalia. Un jour, l'un des malheureux captifs a demandé de la nourriture à Park. Celui-ci se présentait lui-même étranger et indigent. « Je t'ai donné à manger quand tu avais faim », fut la réponse ; « As-tu oublié l'homme qui t'a apporté du lait à Karankalla ? Mais, ajouta-t-il en soupirant, les fers n'étaient pas alors sur mes jambes. Très touché, Park se souvint de l'incident et demanda aussitôt des arachides à Karfa.

Ayant retrouvé la santé physique et mentale, Park s'employa, tout en attendant avec lassitude l'achèvement de la caravane d'esclaves, à diverses enquêtes concernant les articles de commerce, les routes commerciales, etc. Entre autres sujets, il s'intéressait beaucoup à la traite négrière. Il apprit les différentes manières d'obtenir des esclaves - comment les indigènes enlevaient les villages et les petits États voisins, ou se faisaient la guerre pour maintenir le trafic - comment les parents trouvaient une source de soulagement temporaire en période de famine en vendant leurs enfants, et les rois une source de revenus en se débarrassant de leurs sujets ou de ceux reconnus coupables de crimes, tandis que les gens incapables de remplir leurs engagements de la manière ordinaire payaient leurs dettes en devenant les esclaves des créanciers. Il avait lui-même beaucoup vu, et maintenant il en entendait davantage, sur l'effusion de sang et les ruines résultant de ce trafic impie, tout en restant aveugle au rôle de l'Europe dans l'encouragement de cette « grande plaie ouverte » de l'Afrique, afin que ses marchands et ses planteurs puissent s'enrichir. Quant aux malheureuses victimes du commerce européen, elles croyaient profondément qu'elles allaient être dévorées par des cannibales blancs et que le pays d'outre-mer était une terre enchantée bien différente du leur. Leur question habituelle à Park était : « Avez-vous vraiment un terrain comme celui-ci sur lequel poser les pieds ? »

Ces idées amènent naturellement les esclaves à considérer leur sort sur la côte avec terreur et horreur, et à rechercher toutes les occasions de s'échapper.

Chaque jour, Park pouvait voir ses futurs compagnons partir en Gambie, protégés de la fuite en ayant la jambe droite de l'un attachée par des chaînes à la jambe gauche de l'autre, avec la précaution supplémentaire que tous les quatre hommes étaient attachés ensemble par le cou avec un corde solide. Certains qui n'étaient pas réceptifs à cette forme de discipline avaient un cylindre de bois encoché à chaque extrémité, fixé entre les jambes avec des boulons de fer. La nuit, des chaînes supplémentaires étaient mises sur les mains et, parfois, les prisonniers étaient davantage sécurisés en se faisant passer une légère chaîne de fer autour du cou. Ainsi chargés de fers au cou, aux mains et aux pieds, ils étaient placés par lots et laissés dormir du mieux qu'ils pouvaient, gardés par les esclaves domestiques de Karfa Taura.

Il y avait là un spectacle agréable dont Park ne se lassait jamais : le maître d'école mahométan de Kamalia et son école de dix-sept garçons et filles. Pour lui, « ce n'était pas tant une question d'étonnement que de regret de constater que, tandis que la superstition de Mahomet a ainsi dispersé quelques faibles rêves d'érudition parmi ces pauvres gens, la précieuse lumière du christianisme est exclue. Je ne pouvais m'empêcher de déplorer, continue-t-il, que, bien que la côte de l'Afrique soit maintenant connue et fréquentée depuis plus de deux cents ans, les nègres restent encore totalement étrangers aux doctrines de notre sainte religion. une introduction courte et facile au christianisme, telle qu'on en trouve dans certains catéchismes pour enfants, élégamment imprimés en arabe et distribués sur différentes parties de la côte, pourrait avoir un effet merveilleux... Ces réflexions que j'ai ainsi osé soumettre à mes lecteurs sur ce sujet important, d'avoir perçu l'encouragement qui a ainsi été donné au savoir (tel qu'il est) dans de nombreuses régions d'Afrique. J'ai observé que les élèves de Kamalia étaient pour la plupart des enfants de païens ; leurs parents ne pouvaient donc avoir aucune prédilection pour les doctrines de Mahomet. Leur objectif était l'amélioration de leurs enfants. En effet, l'éducation était tellement appréciée que le cours habituel était évalué au prix d'un esclave de premier ordre.

Au début de l'année 1797, tout était prêt pour le départ, mais sous divers prétextes triviaux, le départ fut reporté de jour en jour jusqu'à l'approche de Rhamadan, où il fut décidé d'attendre que ce soit terminé avant de commencer leur voyage. .

Pendant tout le mois de jeûne, « les nègres se comportèrent avec la plus grande douceur et humilité, formant un contraste frappant avec l'intolérance sauvage et la bigoterie brutale qui caractérisent à cette époque les Maures ».

# CHAPITRE XV.
## *LA ROUTE DES ESCLAVES.*

Dans la deuxième semaine d'avril, les mahométans de Kamalia étaient en alerte à l'apparition attendue de la nouvelle lune, qui mettrait fin à leur mois de jeûne. Le soir de ce joyeux événement, il sembla pendant un certain temps qu'ils allaient être déçus et qu'il faudrait encore ajouter un jour de plus à leur Rhamadan. Les nuages voilaient le ciel. Seulement temporairement, cependant. Les brumes obscurcissantes se brisèrent et la délicate beauté courbe de la nouvelle lune brillait sur les visages tournés vers le haut et apportait de la joie à chaque cœur musulman. Les cris aigus des femmes et les cris des hommes, les applaudissements des mains, les battements de tambours et les coups de mousquet exprimaient la joie générale.

L'ordre fut aussitôt donné par Karfa de préparer la marche, et, après consultation, le 19 avril fut choisi pour jour de départ. C'était une bonne nouvelle pour Park, qui, malade d'un espoir longtemps différé et « fatigué d'un état constant d'alarme et d'anxiété, avait développé un désir douloureux pour les multiples bénédictions de la civilisation ». Tous les ardoisiers avaient fait de leur mieux pour opposer Karfa à l'étranger blanc, et ce dernier craignait constamment que leurs machinations maléfiques ne l'emportent et qu'il ne soit jeté sans défense et sans ressources dans les dangereuses étendues sauvages de l'Afrique.

Enfin le jour de départ tant souhaité arriva. Les ardoises se rassemblèrent avec leurs esclaves devant la porte de leur chef Karfa. Les ballots furent finalement encordés et les charges confiées aux hommes et aux femmes qui devaient les porter. Une fois rassemblée, la caravane comptait trente-cinq esclaves et trente-huit personnes libres et esclaves domestiques, un maître d'école avec huit élèves et six chanteurs pour alléger de chants et de plaisanteries les fatigues de la route, tout en faisant le la présence de la caravane est plus bienvenue pour les indigènes, et son accueil est plus hospitalier de leur part.

Au milieu de nombreuses poignées de main et de diverses manifestations de peur, de regret et de chagrin, le signal du départ fut donné et la caravane se mit en route. À une hauteur à quelque distance de la ville, on fit halte. Tous reçurent l'ordre de s'asseoir, la bande de voyageurs au départ, le visage tourné vers l'ouest, les citadins qui les avaient jusqu'ici accompagnés avec le leur vers Kamalia et l'est. Le maître d'école et deux des principaux élèves, se plaçant entre eux, élevèrent une longue et solennelle prière afin que leur voyage soit réussi et en toute sécurité sous la protection d'Allah. Ensuite, la caravane fut encerclée à trois reprises, afin de tisser un charme autour du groupe et d'assurer ainsi leur sécurité. La cérémonie terminée, tous se levèrent d'un bond, et sans plus prendre congé, le départ fut pris vers l'océan.

Au début, les mouvements de nombreux esclaves étaient éloquents des chaînes qu'ils portaient depuis des années. Leurs tentatives de marche étaient marquées par des contractions spasmodiques des jambes, et très vite il fallut détacher deux d'entre eux de la corde pour leur permettre d'avancer plus lentement, tant leurs efforts pour sortir librement et vivement étaient pénibles.

**ARBRE BAOBAB.**

En deux marches, Worumbang, le village frontalier occidental du Manding, fut atteint sans incident. La fête était maintenant aux portes du redoutable désert de Jallonka. Il fallait rassembler des provisions pour le passage de cette région éprouvante, et chacun se reposait pour se préparer aux marches forcées et aux épreuves à venir.

Le 21 au matin, on pénétra dans les limites du désert. En arrivant dans les bois, on fit une halte et une prière fut offerte afin qu'Allah et son prophète puissent les préserver des voleurs, les préserver de la faim et les soutenir dans la fatigue. Cette cérémonie terminée, il appartenait à chacun d'avancer de toutes ses forces et de sa volonté si Kinytakuro, la destination proposée pour la marche de ce jour-là, devait être atteint avant la nuit. Chacun, lié comme libre, connaissait les dangers qui l'attendaient et courait plutôt que marchait.

Bientôt le bassin du Niger fut quitté et le Kokoro, affluent du Sénégal, fut atteint. À cette époque, ce n'était qu'un simple ruisseau, mais il y avait de nombreuses preuves démontrant que pendant la saison des pluies, il avait augmenté de vingt pieds.

Aucune halte n'a été faite tout au long de la journée ; on n'a entendu que l'ordre de continuer. Eh bien, c'était en effet pour ceux qui en avaient la force. Il y en avait qui ne le pouvaient pas. Une femme et une fille ont commencé à être à la traîne. Les menaces et les malédictions les incitaient de temps à autre à des efforts spasmodiques, mais bientôt ceux-ci échouaient et tombaient dans des oreilles indifférentes. Le fouet entra ensuite en jeu et donna pendant un certain temps l'impulsion nécessaire. Ensuite, cela a également échoué. Des mains sauvages saisissaient les malheureuses victimes du commerce européen et les entraînaient en avant, tandis que d'autres, derrière, brandissaient le fouet avec une férocité constante. Les limites de la nature furent enfin atteintes, et tous deux tombèrent à terre, pour ne se laisser ébranler par aucune forme de cruauté diabolique. Furieux et déçu, leur maître dut enfin céder et se résoudre à rentrer provisoirement chez lui.

Vers le coucher du soleil, la ville de Kinytakuro était atteinte et les inquiétudes de la première journée de marche étaient terminées. L'entrée dans la ville se fit avec beaucoup de cérémonie et de circonstances. Les musiciens ont ouvert la marche en chantant les louanges des villageois, de leur hospitalité et de leur amitié envers les Mandingues. Après eux suivirent quelques hommes libres ; puis venaient les esclaves, attachés par quatre par une corde autour du cou, avec un homme armé entre chaque groupe. Derrière les esclaves bruts venaient les esclaves domestiques, tandis que l'arrière était fermé par les femmes libres, les épouses des ardoisiers, les savants, etc. La caravane se dirigea ainsi vers la maison à palabres, où les gens se rassemblaient pour entendre leur histoire ; après quoi le logement et la nourriture furent fournis à tout le groupe.

Le 23, à l'aube, on pénétra dans le désert proprement dit. A dix heures, la rivière Wonda, qui se jette dans le Sénégal, fut traversée, puis des ordres stricts furent donnés pour que l'ordre soit maintenu et que chacun se déplace à sa place.

Les guides et les jeunes hommes ouvraient la marche, les femmes et les esclaves occupaient le centre, tandis que les hommes libres fermaient la marche. Le pays qu'ils traversaient sans être inquiétés, quoique à pas pressés, était charmant à l'extrême, avec sa variété de collines et de vallons, de clairières et de bois, et de ruisseaux sinueux, auxquels les perdrix, les pintades et les cerfs donnaient un air d'animation. . Ce jour-là, Park eut des ampoules douloureuses aux bras et au cou à cause du soleil brûlant, contre lequel sa robe maigre ne le protégeait pas.

Au coucher du soleil, on atteignit un ruisseau romantique appelé Comcissang, et c'est ici que le groupe s'arrêta pour la nuit, complètement fatigué par les efforts de la journée, même si personne ne se plaignit. De grands feux étaient allumés pour cuisiner, éclairer le camp et chasser les bêtes sauvages. Le souper terminé, les esclaves furent mis aux fers pour empêcher leur fuite, puis tous se disposèrent à dormir ; mais entre les fourmis dans le camp et les bêtes sauvages hurlant sans que le repos nocturne soit tristement brisé.

A l'aube, les prières du matin furent dites, après quoi un peu de bouillie fut bu par les hommes libres, les fers étant ensuite de nouveau retirés aux esclaves, et la marche reprit.

La route traversait désormais un pays sauvage et rocailleux, où Park, n'ayant rien de mieux que des sandales pour protéger ses pieds, fut gravement meurtri et coupé. La crainte commença à l'opprimer : il ne serait pas capable de suivre la caravane et il serait laissé sur place pour périr. La vue d'autres plus épuisés que lui était cependant en quelque sorte un soulagement de son appréhension. Neali, une des esclaves de Karfa, a particulièrement montré des signes de capitulation. Elle a commencé à prendre du retard, se plaignant de douleurs dans les jambes, et son fardeau a dû lui être retiré et donné à une autre. Vers midi, alors qu'il s'arrêtait près d'un ruisseau, un énorme essaim d'abeilles, dérangé par un des hommes, se jeta sur la caravane et l'envoya voler dans toutes les directions. Une fois la panique apaisée, on a découvert que Neali avait été laissé sur place. Avant de repartir à sa recherche, il fallut mettre le feu aux herbes à l'est de la ruche afin de chasser les abeilles avec la fumée. Le plan fut efficace, et en revenant au ruisseau, Neali fut retrouvée à moitié morte dans l'eau, où elle s'était glissée dans l'espoir d'échapper à l'assaut des abeilles. Mais le stratagème n'avait servi à rien et la pauvre créature manquait d'être piquée à mort.

C'était la dernière goutte de sa coupe de misère. Rien d'autre ne pouvait la toucher. Les supplications et les menaces étaient également inutiles. Plus loin, elle refusa obstinément d'y aller. Une fois de plus, l'efficacité du fouet fut testée. Le coup de fouet brutal est tombé. La jeune fille se tordait dans tous ses muscles, mais elle ne criait ni ne tentait de se relever. Le fouet s'enroula de nouveau autour de son corps rétréci, mais sans plus d'effet. Ce n'est que lorsqu'elle fut descendue une troisième et une quatrième fois que sa résolution céda. Puis, piquée au prix d'un effort surhumain par l'effroyable torture, elle se releva et chancela pendant quelques heures, jusqu'à ce que, folle d'agonie, elle fit une folle tentative de s'enfuir, mais tomba évanouie dans l'herbe. Le seul remède de son maître était le fouet, et il l'appliquait avec une sauvagerie renouvelée. En vain – Neali était au-delà de sa cruelle contrainte. Comme dernière ressource, on apportait l'âne qui portait les provisions sèches, et on plaçait l'esclave à moitié mort sur son dos. Mais le seul souhait de la jeune fille était de mourir, et même maintenant, elle semblait déjà morte.

Incapable, même si elle avait voulu conserver sa place, et que l'âne s'opposait en même temps catégoriquement à son nouveau chargement, il fallut abandonner ce moyen de transport. La journée de voyage, cependant, était presque terminée, et Neali étant une esclave précieuse, les ardoises ne pouvaient se résoudre à l'abandonner. En conséquence, ils fabriquèrent une grossière litière de cannes de bambou, sur laquelle elle fut transportée jusqu'à ce qu'elle atteigne le terrain de camping pour la nuit.

Il devenait désormais évident que Neali n'était pas le seul esclave pour qui le voyage s'avérait trop pénible. La dure marche avec de lourdes charges sous un soleil de plomb, sans nourriture et sans meilleur stimulant que les coups et les malédictions - sans rien d'autre à espérer la nuit que des chaînes supplémentaires et, à l'avenir, un sort horrible aux mains des hommes blancs à travers tout le pays. les mers, tout cela commençait à produire son effet naturel. Le désespoir maussade était présent dans chaque trait, dans chaque geste. La mort, le suicide semblaient préférables à un tel enchaînement d'horreurs.

Les ardoises n'ont pas tardé à remarquer ces signes inquiétants. Aussitôt, des chaînes furent appliquées : les esclaves les plus désespérés avaient même les mains enchaînées ; et ainsi liés, ils furent laissés se reposer du mieux qu'ils pouvaient.

Toute la nuit, Neali resta engourdie et presque immobile, et le matin la trouva avec les membres si raides et enflés qu'elle ne pouvait plus se tenir debout, et encore moins marcher. L'âne fut de nouveau mis en réquisition, et pour la maintenir sur le dos, les mains de la jeune fille furent attachées autour de son cou et ses pieds sous son ventre. Cependant, malgré ces précautions, l'âne ne tarda pas à la jeter, et, liée comme elle l'était, elle fut presque piétinée à mort avant de pouvoir être relâchée.

Pendant ce temps, un temps précieux était perdu dans un désert où chaque minute était de la plus haute importance. Il était hors de question de porter la jeune fille comme la veille, et la patience de chacun était à bout. « Coupez-lui la gorge ! lui trancher la gorge ! » C'était le cri lancé désormais par les marchands d'esclaves. Curieusement, Park ne semblait avoir rien à opposer à cette suggestion brutale – pour Neali, en effet, la fin la plus miséricordieuse de ses ennuis – bien que ne voulant pas la voir mise en vigueur, il continua son chemin. Quelques minutes plus tard, un des hommes de Karfa s'est approché de lui avec le petit vêtement en coton de Neali, qui pour Park était éloquent du sort de la pauvre fille. Il ne put alors se résoudre à s'enquérir, mais il apprit plus tard que Neali n'avait pas eu la chance que ses tortures soient immédiatement interrompues par le couteau. Elle était abandonnée, et une journée d'exposition, nue au soleil impitoyable, sans nourriture ni boisson, dut s'éterniser lentement avant que l'obscurité ne recouvre la dernière scène horrible, dans laquelle elle rencontra la mort sous les crocs des bêtes sauvages de le désert de Jallonka.

Le sort de l'esclave eut un effet merveilleusement stimulant sur le reste de la caravane ; mais le maître d'école, doutant de la manière dont Allah considérerait l'incident, jeûna toute la journée. Dans un profond silence, les esclaves avançaient à un rythme régulier, chacun craignant que son sort ne soit également celui de Neali. Personne n'était plus inquiet que Park lui-même. Ce n'est que par un effort de volonté le plus déterminé qu'il s'est empêché de succomber en marche. Tout ce qui pouvait le gêner le moins du monde – même sa lance – fut jeté, mais il pouvait à peine continuer à lutter. «Les pauvres esclaves, au milieu de leurs propres souffrances infiniment plus grandes, compatiraient avec les miennes et apportaient souvent de leur propre chef de l'eau pour étancher ma soif et, la nuit, ramassaient des branches et des feuilles pour me préparer un lit dans le désert.»

Le 26 au matin, deux des élèves du maître d'école se plaignirent de douleurs dans les jambes, et l'un des esclaves marchait boiteux, la plante de ses pieds étant très boursouflée et enflammée. Mais il ne pouvait y avoir d'arrêt pour des causes aussi insignifiantes, et la caravane poursuivit son chemin avec une hâte brûlante, désireuse d'échapper le plus tôt possible aux privations et aux dangers du désert. Au milieu de la journée, on atteignit une colline rocheuse dont le franchissement aggravait beaucoup les plaies aux pieds des voyageurs. Dans l'après-midi, des traces d'un raid de cavaliers ont été observées et, pour cacher leur trace, la caravane a dû se disperser et parcourir une certaine distance les unes des autres.

Une autre journée de labeur a mis fin à la marche dans le désert. Le 27, on pénétra dans le village de Susita, dans le district de Kullo. Le reste de la route était relativement sûr. Le lendemain, le Bafing ou Rivière Noire, principal bras du Sénégal, fut traversé par un pont de bambou d'une construction singulière. Des arbres attachés bout à bout étaient destinés à soutenir une chaussée de bambous : le centre du pont flottait sur l'eau, les extrémités reposaient sur les berges. A la montée des eaux lors des pluies ce pont primitif est emporté chaque année.

Même si la caravane était désormais arrivée dans un quartier bien peuplé, leurs ennuis étaient à peine terminés. L'entrée leur fut refusée village après village, et pour comble de déconfiture, la nouvelle arriva que deux cents Jallonkas s'étaient rassemblés pour les piller. Cela a nécessité une modification de leur itinéraire et une marche nocturne forcée. Après minuit, une ville fut atteinte, mais comme un homme libre et trois esclaves manquaient à l'appel, une halte fut ordonnée, et pendant que la caravane restait cachée dans un champ de coton, une équipe de recherche revint à la recherche des fuyards. Le matin, on entra dans la ville, et la journée se passa à se reposer de leurs fatigues. Ici, à la joie de tous, les absents sont arrivés sains et saufs. L'un des esclaves s'était blessé au pied, et ils étaient restés à la traîne et avaient perdu la caravane. L'homme libre, prévoyant le danger d'une épidémie, insista pour mettre les esclaves aux fers. Ils étaient enclins à y résister, mais la menace de tous les poignarder produisit l'effet qu'ils méritaient.

Le 3 mai, la caravane atteignit Malacotta, le village natal du maître d'école, où elle fut accueillie chaleureusement. Trois jours ont été passés ici à recruter le parti. Pendant ce temps, Park apprit les détails d'une histoire remarquable de zèle musulman, de chevalerie et de générosité païenne, bien digne d'être racontée.

« Le roi du Futa Torra, enflammé d'un zèle pour propager sa religion, avait envoyé une ambassade à Damel, roi des Jaloffs.

« L'ambassadeur était accompagné de deux des principaux mahométans du pays, qui portaient chacun un couteau fixé au sommet d'une longue perche. « Avec ce couteau, dit l'ambassadeur, Abdul Kader daignera raser la tête de Damel, si Damel veut embrasser la religion mahométane ; et avec cet autre couteau Abdul Kader tranchera la gorge de Damel si Damel refuse de l'embrasser. Faites votre choix.

« Damel a répondu qu'il n'avait pas de choix à faire. Il n'a pas choisi de se faire raser la tête ni d'avoir la gorge tranchée ; et sur cette réponse l'ambassadeur fut civilement renvoyé. La guerre fut alors déclarée et le pays de Damel envahi. La fortune de la guerre, cependant, s'est retournée contre l'instrument terrestre d'Allah, et son armée a été non seulement dispersée avec de grandes pertes, mais lui-même a été fait prisonnier. Dans cette position humiliante, Abdul Kader fut mis aux fers et jeté à terre devant Damel. Au lieu de poser le pied sur le cou de son royal prisonnier et de le poignarder de sa lance, comme c'est l'usage en pareil cas, Damel lui adressa la parole ainsi : « Abdul Kader, réponds-moi à cette question. Si le hasard de la guerre m'avait placé dans votre situation, et vous dans la mienne, comment m'auriez-vous traité ?

« Je vous aurais enfoncé ma lance dans le cœur », répondit le prince courageux mais fanatique ; "et je sais qu'un sort similaire m'attend."

« Ce n'est pas le cas, dit Damel. « Ma lance est en effet rouge du sang de vos sujets tués au combat, et je pourrais maintenant lui donner une tache plus profonde en la trempant dans le vôtre ; mais cela ne reconstruirait pas mes villes, ni ne redonnerait vie aux milliers de morts dans les bois. Je ne vous tuerai donc pas de sang-froid, mais je vous garderai comme mon esclave jusqu'à ce que je m'aperçoive que votre présence dans votre propre royaume ne sera plus dangereuse pour vos voisins, et alors je réfléchirai à la manière appropriée de disposer de vous. .' Une décision qui a fait l'objet des chants des musiciens, et qui a fait l'objet de commentaires applaudis par toutes les tribus.

« Abdul Kader a donc été retenu et a travaillé comme esclave pendant trois mois ; au bout de quoi Damel écouta les sollicitations des habitants du Futa Torra et leur rendit leur roi.

La véracité de cette histoire ne semble faire aucun doute.

---

# CHAPITRE XVI.
## *RETOUR À LA GAMBIE ET À LA MAISON.*

À Malacotta, Park pouvait espérer avec une grande confiance son retour sain et sauf sur la côte. Il se trouvait une fois de plus dans la sphère d'influence du commerce côtier, où les Européens étaient mieux connus, et où l'action hostile des Maures avait peu d'importance. Il n'y avait plus de jungles à traverser, et il n'avait pas conscience des guerres qui pourraient l'entraver sur la route. Malgré les bonnes et les mauvaises nouvelles, Karfa était resté son fidèle ami, et il était certain que maintenant que la récompense promise se rapprochait de plus en plus, il ne changerait pas dans son honorable fidélité à ses engagements. Il ne restait plus qu'un certain nombre de jours de voyage jusqu'à ce que la Gambie soit atteinte et que tous les soucis et tous les ennuis de Park prennent fin.

Le 7 mai, la caravane d'esclaves quitta Malacotta et reprit sa route vers la côte. Le Bali, bras du Sénégal, fut franchi, et Bintingala entra dans la soirée.

Dans l'après-midi du 12, la rivière Falemé a été franchie à gué à environ 100 milles au sud du point de passage à gué de Park lors de son voyage à l'intérieur des terres. À cet endroit et à cette époque de l'année, la rivière n'avait que deux pieds de profondeur et coulait sur un lit de sable et de gravier.

Le même jour, la caravane s'arrêta chez un marchand mandingue, qui se faisait servir sa nourriture dans des plats en étain à la mode européenne. Le lendemain matin, ils furent rejoints par une caravane d'esclaves Serawuli. Ces commerçants avaient la réputation d'être infiniment plus cruels dans leur traitement des esclaves que les Mandingues. Park allait bientôt voir un échantillon de leurs habitudes. La caravane roulait à grande vitesse à travers les bois denses, lorsqu'un des esclaves commença à montrer des signes d'épuisement et laissa tomber son fardeau de sa tête. Une flagellation intelligente s'est avérée un stimulant temporaire pour la malheureuse victime, mais à peine un kilomètre s'est écoulé avant que la nature ne s'affirme à nouveau et que le fardeau tombe à nouveau. Une double dose de fouet s'est avérée une seconde fois efficace, et une fois de plus l'esclave s'est débattu péniblement en avant. Enfin, les limites de ses pouvoirs furent atteintes, et il devint clair que, malgré tous les coups, il resterait immobile.

La caravane ne pouvait pas attendre qu'il se rétablisse, et en conséquence l'un des Serawulis entreprit de l'attendre et de l'amener au camp dans la fraîcheur de la soirée. Lorsque le marchand d'esclaves est arrivé au camp, il est venu seul. Aucune question ne fut posée, mais chacun savait que le malheureux avait été tué ou qu'il était dévoré par les bêtes sauvages.

D'autres exemples des méthodes utilisées par les marchands d'esclaves étaient exposés presque quotidiennement sous les yeux de Park. Ici un Mandingue, ayant un esclave arraché à un district voisin, s'entendit avec Karfa pour l'échanger contre un autre venant d' un pays plus lointain, où il ne pouvait s'enfuir. L'esclave que Karfa devait emmener fut appelé sous un prétexte trivial pour entrer dans la maison. Au moment où il entra, la porte fut fermée et on lui dit de s'asseoir. Il comprit immédiatement le danger de sa situation : non seulement le sort plus horrible du transport à travers les mers, mais la perte de toute chance de s'échapper vers son pays natal. Il ferait au moins un effort pour la liberté. Avec le bond sauvage d'un cerf traqué, il franchit la clôture de la cour et se précipita vers les bois. Mais c'était inutile. Ses ennemis étaient trop nombreux. Quelques minutes de vol sauvage, stimulé par des cris de loup, puis il fut pourchassé et ramené aux fers pour être remis à Karfa.

A un autre endroit, l'un des esclaves mâles de la caravane s'est avéré trop épuisé pour continuer malgré les stimulants physiques habituels. On a trouvé un citadin prêt à l'échanger contre une jeune fille. Jusqu'au dernier moment, aucune allusion à sa fin imminente ne lui fut donnée. Elle était venue voir partir la caravane avec ses compagnes, quand tout à coup son maître la saisit par la main et la livra au marchand d'esclaves. « Jamais visage de sérénité ne s'est changé plus soudainement en un des plus profonds désarrois. La terreur qu'elle manifesta en se voyant mettre le fardeau sur la tête et la corde autour du cou, et la tristesse avec laquelle elle dit adieu à ses compagnes, étaient vraiment touchantes.

Ce sont des incidents comme ceux-ci qui ont principalement caractérisé le voyage de Park en Gambie. Parfois, le côté curieux aussi bien que le côté horrible de la vie africaine apparaissaient pour le divertir, comme, par exemple, lorsque l'un des participants, de retour pour la première fois dans son pays natal après une absence de trois ans, fut rencontré à le seuil de sa porte par son épouse élue, qui lui présenta une calebasse d'eau pour se laver les mains. Cela fait, « la jeune fille, avec une larme de joie pétillante dans les yeux, but l'eau », en signe de fidélité et d'attachement.


Un autre des participants s'est avéré être un Africain Enoch Arden. Pendant huit longues années, il était resté éloigné de sa femme, pendant laquelle elle n'avait eu aucune nouvelle de lui. Constatant après trois ans qu'il était mort ou qu'il ne reviendrait probablement pas, elle donna apparemment sans hésitation son cœur et sa main à un autre, dont elle eut deux enfants. Le premier mari la revendiquait désormais comme sienne. L'autre s'y opposa, estimant qu'une absence de trois ans annulait le mariage. Pendant quatre jours, une palabre publique eut lieu pour régler ce point épineux, aboutissant à la décision que les maris avaient des droits égaux et que la femme ferait mieux de régler la question en faisant son propre choix. La dame a demandé du temps pour réfléchir, mais Park pouvait comprendre que ce n'était pas l'amour mais la richesse qui l'emporterait.

Le 20 mai, la caravane entra dans le désert de Tenda, où elle traversa pendant deux jours des bois denses. Avec quel plaisir Park a dû remarquer que le pays s'inclinait vers le sud-ouest, qu'il entrait en fait dans le bassin de la Gambie. Au coucher du soleil du premier jour, une piscine fut atteinte après une marche très chaude et éprouvante. Pour éviter les chaleurs brûlantes de la journée, une marche nocturne a été décidée. A onze heures, les esclaves furent libérés de leurs fers et poussés en avant en ordre serré, autant pour les empêcher de s'échapper que pour les sauver des bêtes sauvages. De cette façon, ils voyagèrent jusqu'à l'aube, après un repos, continuant leur marche vers Tambakunda, l'endroit presque atteint par Jobson près de 170 ans auparavant, et qu'il croyait être Tombouctou même.

De Tambakunda, la route traversait un pays sauvage et rocailleux, partout s'élevant en collines et regorgeant de singes et de bêtes sauvages. Au cours des deux marches suivantes, l'accueil que rencontra partout la caravane fut loin d'être hospitalier, et elle risqua même d'être pillée.

Le 30 mai, le Nerico, branche de la Gambie, fut atteint. Dès qu'elle fut franchie, les chanteurs se mirent à chanter une chanson exprimant leur joie d'être en sécurité dans le « pays du soleil couchant ». Le lendemain, à sa grande joie, Park se retrouva sur les rives de la Gambie, à un endroit où c'était navigable, bien qu'en contrebas il y ait des bas-fonds.

Trois jours plus tard, on atteignait Médine, la capitale de Wulli, où Park avait été accueilli avec tant d'hospitalité dix-sept mois auparavant. La caravane ne s'est pas arrêtée ici ; mais Park, conscient de la prière du vieux roi en sa faveur, lui fit dire que ses prières n'avaient pas été vaines.

Le lendemain, on arriva à Jindeh, où avait eu lieu la séparation avec le Dr Laidley. Ici, Karfa laissa ses esclaves jusqu'à ce qu'une meilleure occasion de les vendre soit arrivée ; mais déterminé à ne pas abandonner son ami blanc jusqu'à la fin, il l'accompagna dans son chemin vers la Pisanie.

Park remarque à ce stade : « Même si j'approchais maintenant de la fin de mon voyage fastidieux et pénible, et que j'espérais rencontrer un autre jour des compatriotes et des amis, je ne pouvais pas me séparer une dernière fois de mes malheureux compagnons de voyage, condamnés autant que possible. Je savais que la plupart d'entre eux menaient une vie de captivité et d'esclavage dans un pays étranger, sans grande émotion... Nous nous séparâmes avec des expressions réciproques de regret et de bénédiction. Mes bons vœux et mes prières étaient tout ce que je pouvais leur accorder, et cela m'a apporté une certaine consolation de savoir qu'ils étaient conscients que je n'avais plus rien à donner.

Le 10, Park serra à nouveau la main d'un de ses compatriotes. Il a constaté que tout le monde pensait qu'il avait connu le même sort que le major Houghton dans Ludamar. Il apprit également avec une sincère tristesse que ni Johnson, qui l'avait abandonné, ni Demba, réduit en esclavage par les Maures, n'étaient revenus.

Le 12, le Dr Laidley rejoignit le voyageur disparu depuis longtemps et le salua comme un ressuscité des morts. Park fut bientôt, sous ses mains hospitalières, dépouillé de ses vêtements mauresques en lambeaux. Avec eux disparut la barbe luxuriante qui avait fait les délices et l'admiration des indigènes et des Maures, parmi lesquels rien n'est plus envié, et il se montra une fois de plus le beau jeune Écossais que son portrait le montre.

Karfa était désormais payé, la récompense stipulée étant doublée, et l'intérêt du Dr Laidley promettait également de disposer de ses esclaves à profit.

Karfa ne se lassait jamais d'exprimer son étonnement devant tout ce qu'il voyait, même si rien ne le surprenait plus que la folie incompréhensible d'une personne dans la condition de Park dans sa vie, abandonnant tout et souffrant tant de difficultés et de dangers simplement pour voir le fleuve Niger. « J'ai conservé, dit Park, ces petits traits de caractère chez ce digne nègre, non seulement par rapport à l'homme, mais aussi parce qu'ils me paraissent démontrer qu'il possédait un esprit au-dessus de sa condition, et pour ceux d'entre nous. mes lecteurs aiment contempler la nature humaine dans toutes ses variétés et suivre ses progrès de la grossièreté au raffinement, j'espère que le récit que j'ai fait de ce pauvre Africain ne sera pas inacceptable.

En repensant à son long et terrible voyage, Park pouvait se permettre d'adopter un regard indulgent sur tous les gens qui l'avaient pillé, maltraité ou traité de manière inhospitalière, à l'exception des Maures, à l'égard desquels il portait une horreur et une haine profondément enracinées. son dernier jour. Pour les Mandingues et les tribus apparentées, il pouvait toujours trouver une excuse pour tout ce qu'il souffrait de leur part, et en tant que peuple, il les trouvait doux, joyeux dans leurs dispositions, bon cœur et simples, avec un sens naturel de la justice que seulement très. une grande tentation pourrait être surmontée. Il ne trouvait pas de mots assez forts pour décrire la charité désintéressée et la tendre sollicitude manifestées par beaucoup d'entre eux, en particulier les femmes, qu'il trouvait universellement bonnes et compatissantes, sympathisant avec ses souffrances, soulageant ses détresses et contribuant à sa sécurité.

En passant en revue ce qu'il avait vu sur le plan commercial, il découvrit que les esclaves, l'or et l'ivoire, la cire d'abeille et le miel, les peaux, les gommes et les bois colorants, constituaient l'ensemble des produits exportables. Parmi les autres produits, tels que le tabac, l'indigo et le coton, seuls des produits suffisants étaient récoltés pour la consommation indigène. Il concluait néanmoins qu'« il ne fait cependant aucun doute que toutes les productions riches et précieuses des Indes orientales et occidentales pourraient facilement être naturalisées et portées à la plus grande perfection dans les parties tropicales de cet immense continent. Il ne manque à cette fin que l'exemple pour éclairer l'esprit des indigènes et l'instruction pour leur permettre de diriger leur industrie vers des objets convenables. Il ne m'était pas possible de contempler l'admirable fertilité du sol, les vastes troupeaux de bétail, propres à la fois à la nourriture et au travail, et une variété d'autres circonstances favorables à la colonisation et à l'agriculture, et de réfléchir en même temps aux moyens qui se présentaient pour y parvenir. une vaste navigation intérieure, sans déplorer qu'un pays si abondamment doué et favorisé par la nature reste dans son état actuel sauvage et négligé. Je déplorais bien plus qu'un peuple aux manières et aux dispositions si douces et bienveillantes soit laissé tel qu'il est maintenant, immergé dans l'aveuglement grossier et inconfortable de la superstition païenne, ou autorisé à se convertir à un système de bigoterie et de fanatisme qui, sans éclairer l'esprit, avilit souvent le cœur. Et pourtant, lequel des représentants des deux religions, l'Islam et le Christianisme, faisait le plus de bien parmi les païens, d'après le propre témoignage de Park : les mahométans, luttant contre la marée montante du rhum et du gin, encourageant l'éducation et diffusant la connaissance de Allah le Dieu Unique ; ou les marchands chrétiens, fomentant et approfondissant toutes les horreurs de la barbarie indigène afin de maintenir leur commerce d'esclaves, et ajoutant à la dégradation de la terre par la boisson et les armes à feu qu'ils donnaient en échange de ses habitants ?

Comme il n'y avait aucun navire sur le fleuve à son arrivée, Park s'attendait à devoir attendre quelques mois. En cela, cependant, il fut heureusement déçu, car un navire négrier américain, le *Charlestown* , arriva le 15. Les esclaves étaient nombreux et, en quelques jours, la cargaison de chair et de sang destinés aux plantations de Caroline du Sud fut compensée en échange de rhum et de tabac.

Même si la route par l'Amérique était excessivement détournée, c'était une opportunité que Park ne pouvait pas se permettre de négliger. En conséquence, le 17 juin, il fit ses adieux à tous ses amis anglais et prit passage sur le navire américain.

Il avait maintenant des raisons de supposer que tous ses soucis, ses inquiétudes et ses dangers étaient terminés, et qu'il n'avait devant lui que du repos et de bons traitements. Mais une fois de plus, il fut poursuivi par sa malchance habituelle. La descente de la rivière était fastidieuse et fatigante, le temps étant extrêmement chaud, humide et malsain. Le résultat fut qu'avant d'atteindre Gorée, quatre des marins, le chirurgien et trois des esclaves étaient morts de fièvre. A Gorée, en raison de la difficulté de se ravitailler, le navire fut retenu quatre mois pénibles, de sorte qu'il fallut attendre la fin octobre pour qu'il puisse finalement mettre le cap sur l'Amérique.

La cargaison *du Charlestown* se composait de 130 esclaves, dont vingt-cinq étaient des mahométans libres, capables de lire et d'écrire un peu d'arabe. Certains des autres avaient vu Park *en route* et beaucoup avaient entendu parler de lui dans leurs villages éloignés. Mais même s'il n'avait pas un mot à dire contre la traite négrière, Park avait un cœur sensible pour les misères de ceux qu'il croyait, avec ses idées calvinistes, prédestinés à une vie de honte et de souffrance. Pouvant leur parler dans leur langue maternelle, il fit de son mieux en tant qu'homme et médecin pour les réconforter. Et en vérité, ils avaient besoin de toute la consolation qu'il pouvait leur apporter. La manière dont ils étaient entassés, confinés et enchaînés dans la cale du navire produisait de terribles souffrances, tandis que l'air vicié, les conditions sanitaires misérables et le manque d'exercice provoquaient des maladies générales. « Outre les trois qui sont morts en Gambie et six ou huit à Gorée, onze ont péri en mer, et beaucoup de survivants ont été réduits à un état très faible et émacié. »

Pour aggraver les choses pour toutes les personnes concernées, le *Charlestown* a jailli d'une fuite trois semaines après Gorée et a menacé de sombrer au milieu de l'océan. Pour éviter cela, les nègres les plus capables furent arrachés de leurs chaînes et gardés aux pompes jusqu'à ce qu'ils ne puissent plus être traqués, et tombèrent épuisés et à moitié morts. Malgré tout, la fuite continuait de s'étendre et la misère de tous à bord était indescriptible. Comme il offrait la seule chance de salut, le *Charlestown* fut détourné de sa route et se dirigea vers Antigua, qui fut atteinte à trente-cinq jours de Gorée. Mais même en vue du port, le navire échappa de peu à la destruction en heurtant un rocher englouti.

Park resta à Antigua pendant deux jours, lorsque, le 24 novembre, il fut récupéré par un navire postal de passage. Après un voyage court mais tumultueux, il arriva à Falmouth le 22 décembre, après avoir été absent d'Angleterre pendant deux ans et neuf mois.

# CHAPITRE XVII.
## *PARC MUNGO À LA MAISON.*

Une fois débarqué à Falmouth, Park ne perdit pas de temps pour se diriger vers Londres. À cette époque, il n'existait pas de télégraphe pour annoncer son arrivée au monde, ni de journalistes pour l'interviewer et donner à leurs lecteurs une description de son apparence et un avant-goût de ses aventures.

Il arriva à Londres avant l'aube du 25 décembre et se dirigea vers la maison de son beau-frère, M. Dickson. Ne voulant pas déranger son parent à cette heure matinale, il erra dans les rues pendant un certain temps, jusqu'à ce qu'il trouve ouverte l'une des portes des jardins du British Museum et y entra.

Il se trouve que Dickson était responsable de ces jardins et, ce matin-là, il avait des affaires qui l'y conduisaient inhabituellement tôt. Imaginez son étonnement en se retrouvant face à face avec ce qu'il a presque pris un instant pour une vision ou le fantôme de son jeune parent, que l'on croyait mort depuis longtemps. Il ne fallut cependant pas longtemps pour le convaincre qu'il n'y avait pas ici de fantôme, mais le véritable voyageur lui-même, sain et sauf, sa grande mission menée à bien.

L'intérêt, la joie et la surprise de l'Association, ainsi que du public en général, n'en furent pas moins vifs. Depuis quelque temps, on avait tenu pour certain qu'il avait été assassiné, et maintenant la plus grande curiosité l'emportait pour entendre ses aventures et apprendre enfin quelque chose d'authentique sur le mystérieux fleuve des nègres.

Il semblait en effet que la prédiction faite par Park à son frère avant de partir pour l'Afrique, selon laquelle il « acquerrait une renommée plus grande que jamais », devait se vérifier. En l'absence de nouvelles plus précises, les rapports corps à corps qui circulaient ne faisaient que tendre à exagérer ses exploits et ses découvertes.

La demande d'informations devint si pressante qu'il fut décidé de publier un rapport préliminaire sur les principaux résultats géographiques de l'expédition. Ceci a été écrit par Bryan Edwards, le secrétaire de l'Association, un gentleman aux compétences littéraires non négligeables et auteur d'une « Histoire des colonies britanniques aux Antilles ».

A la collaboration d'Edwards s'ajouta celle du major Rennell, qui élabora avec le plus grand soin les itinéraires des voyageurs et la géographie de la région en général. De plus, Rennell a ajouté un mémoire sur le cours supérieur du Niger au-delà du point le plus éloigné de Park, rassemblant avec ses informations celles des géographes arabes.

Mais le public exigeait quelque chose de plus que les restes arides de la géographie pour satisfaire son appétit affamé. Ils voulaient aussi la chair et le sang de son récit : comment il vivait et bougeait, ce qu'il ressentait et souffrait, quels dangers il affrontait, quelles épreuves endurées, les merveilles qu'il voyait. Les livres de voyage n'avaient pas alors inondé le marché et saturé les esprits de détails sur les coins les plus reculés de l'Afrique intérieure. C'était un terrain pratiquement vierge pour le lecteur, qui ne pouvait en aucun cas deviner à l'avance quelles révélations surprenantes l'attendaient. Comparés au dévoreur moderne de livres de voyage, ses sensations seraient celles du premier explorateur de la Gambie face à l'attente contenue de notre dernier voyageur.

C'est pour assouvir cette curiosité très naturelle que Park se consacre désormais. Ses documents, hormis sa mémoire, étaient rares. Il s'agissait en fait de courtes notes ou de mémorandums, écrits sur des bouts et des bouts de papier, qui devaient souvent être peu lisibles, si l'on considère qu'ils étaient portés pendant des mois dans le sommet d'un chapeau cabossé, exposés à l'humidité et à toutes sortes de choses. d'accidents.

Dans sa tâche de paternité, Park fut sans aucun doute matériellement aidé par M. Edwards, avec qui il vivait dans des conditions de grande amitié. En un ou deux endroits, la plume d'Edwards est clairement traçable, mais ceux-ci sont rares. Là où il apporta l'aide la plus précieuse, c'était dans l'élagage, le réarrangement et la révision que nécessiterait presque nécessairement le travail d'un novice en composition. À cet égard, Park n'est cependant pas le seul parmi les voyageurs. En effet, rares sont ceux parmi eux qui possèdent une maîtrise si complète de la plume et de la langue anglaise qu'ils peuvent se fier entièrement à leurs propres capacités littéraires et à leur jugement, même si, comme dans le cas de Park, l'assistance requise va rarement au-delà de l'orientation et de la révision.

Outre son influence littéraire, il ne fait guère de doute qu'Edwards a façonné de manière très importante les vues de Park sur au moins un sujet important : la traite négrière. A cette époque, la question de l'abolition était devenue brûlante dans le pays, et Edwards était l'un des plus ardents défenseurs de l'ancien ordre de choses. Il donnerait à Africa Light, mais pas à Liberty. Tout en s'efforçant activement d'ouvrir le continent noir à l'influence européenne, il s'est efforcé avec acharnement de garantir que cette influence reste de la nature la plus criminelle et la plus dégradante.

Laissons le lecteur imaginer quelles auraient été les conséquences pour l'Afrique si les partisans de l'esclavage avaient eu gain de cause et si l'exploration du continent n'avait été que le précurseur de ramifications plus étendues de la traite négrière. Aussi incroyable que cela puisse paraître, tel aurait facilement pu être le cas. Les gens autrefois habitués à un mal oublient vite qu'il est tel et commencent à le considérer comme l'un des maux nécessaires et inévitables de la vie. Prenons, par exemple, la survie du commerce du gin en Afrique jusqu'à nos jours, qui s'est développé et a prospéré longtemps après sa dissociation de son frère bien assorti, le trafic des esclaves, et qui partout suit les traces des explorateurs. Il est douteux que même la traite des esclaves ait fait davantage pour brutaliser et dégrader les nègres ; et pourtant, même à notre époque, il n'y a qu'une prise de conscience partielle des effroyables maux du trafic inique.

Cet aveuglement ou cette insouciance coupable de notre part est sans doute largement favorisé par la conviction réconfortante et confortable que nos missionnaires accomplissent une œuvre grande et noble en Afrique et que le simple contact avec le commerce européen doit nécessairement avoir un effet d'élévation sur le monde. races inférieures. La vérité est que pour chaque nègre soumis nominalement ou véritablement à l'influence du christianisme, dix mille ont été poussés par l'alcool à des profondeurs de dépravation morale et physique sans précédent parmi les tribus indigènes non contaminées, et que jusqu'à présent le contact avec l'Européen et son commerce a n'a pas abouti à une élévation au rang d'Africain, mais à une dégradation des plus répugnantes.

Il serait difficile de dire dans quelle mesure Park a été réellement influencé par Edwards dans ses opinions sur la question des esclaves. Peu importe cependant, car qu'il croie réellement au bien-fondé de l'esclavage ou qu'il ait simplement été convaincu de la neutralité, sa position était également indéfendable. Bien plus, si, comme le disent ses amis, il croyait vraiment que le commerce était injuste, la position qu'il adoptait n'était ni plus ni moins que criminelle. Ceux-ci suggèrent, comme s'il s'agissait d'une circonstance atténuante, que dans une conversation privée il a même exprimé la plus grande horreur du trafic. Cela, il faut l'avouer, paraît improbable. Une telle attitude est totalement différente de ce que nous devrions attendre d'un homme doté de l'individualité marquée et de la forte sincérité de Park. De plus, il semble assez clair que l'opinion publique de son époque lui prêtait une croyance dans la justesse du principe de l'esclavage, et si c'était faux, il semble étrange qu'il n'ait pris aucun moyen pour la corriger. Mais le fait que ce n'était pas faux ressort clairement du discours prononcé par George Hibbert au Parlement en 1803 sur l'abolition de la traite négrière.

Ce qui suit en est un extrait, précieux également, car il met en lumière la part d'Edwards dans l'écriture du livre de Park : -

« J'ai lu et entendu dire que nous devons examiner les faits de Park et non ses opinions ; et il a été insinué que son éditeur, M. Edwards, avait intégré ces opinions (relatives à la traite négrière) dans son livre. Il m'est arrivé une fois de converser avec M. Park lors d'une réunion de la Société Linnéenne, au moment où ce sujet même était abordé, et il m'a assuré que, n'étant pas habitué à la composition littéraire, il était obligé d'employer quelqu'un pour mettre son manuscrit sous une forme accessible au public, mais que chaque feuille de la publication avait subi sa stricte révision, et que non seulement chaque fait mais chaque sentiment lui appartenait.

Nous devons donc, jusqu'à ce que des preuves plus convaincantes que des ouï-dire soient disponibles, croire que Mungo Park croyait à la traite des esclaves. Nous pouvons comprendre et prendre en compte une telle position comme le résultat des idées de l'époque et de ceux qui l'entouraient immédiatement – croire le contraire reviendrait à placer Park sur un piédestal nettement inférieur à celui auquel il est placé. droit en raison de ses nombreuses qualités méritoires.

Peu de temps après la publication du résumé du récit de Park, il quitta Londres pour rendre visite à sa famille à Foulshiels, où vivait toujours sa mère, bien que son père soit mort depuis quelques années. Il y resta tout l'été et l'automne 1798, travaillant assidûment au récit de ses voyages. C'était probablement une tâche tout sauf agréable pour lui après la vie mouvementée qu'il menait depuis trois ans et peu habitué au travail littéraire. Mais Park n'était pas homme à se soustraire à tout travail, aussi ennuyeux soit-il, si cela lui paraissait d'une manière ou d'une autre à la lumière d'un devoir. Il consacrait ses matinées à l'écriture, ses soirées à flâner au bord de son bien-aimé Yarrow, où, rarement dérangé par un indigène ou par un étranger de passage, il pouvait se remémorer sans être dérangé les divers événements qui ont marqué ses pérégrinations africaines, et sur la ruée rêveuse du ruisseau de montagne laissa ses pensées revenir au cours majestueux du Joliba se dirigeant vers l'est vers sa borne inconnue. Que d'heures il a dû passer ainsi, cherchant dans son esprit à percer le voile obscur qui enveloppait si mystérieusement le grand fleuve africain au-delà de Tombouctou, et à le suivre jusqu'à son union avec l'océan, ou sa disparition progressive dans les déserts centraux.

Parfois, l'inquiétude et un sentiment de révolte s'emparaient de lui, et alors le seul charme qui pouvait exorciser le démon de l'inquiétude en lui ou apaiser ses désirs vagues et sauvages était une longue marche rapide dans le paysage sauvage et romantique des environs. Dans le vallon sinueux de Yarrow, sur la façade audacieuse de Newark Hill ou sur le sommet bruyère de Broomy Law, c'était le plaisir vif d'une âme qui connaît « un ravissement sur le rivage solitaire ». Le bêlement lointain des moutons, le cri plaintif du courlis et le vrombissement des tétras s'harmonisaient bien avec l'humeur qui l'habitait et touchaient son cœur avec le pathétique sauvage de la nature. Plus heureux lorsqu'il est seul, il trouve des compagnons dans tous les sons qui l'entourent. La brise, le courant impétueux, les cris sauvages des oiseaux et des bêtes, tout lui parlait et s'adaptait à toutes ses humeurs.

Tout cela peut être vaguement discerné grâce aux lueurs qui ont momentanément traversé les ténèbres du passé et ont conservé une empreinte floue, quoique parlante, du grand voyageur chez lui parmi ses collines natales.

Mais bien qu'il soit ainsi isolé du monde en général, Park n'était pas entièrement coupé de la communication avec ses semblables. Son principal lieu de villégiature lorsqu'il était d'humeur mondaine était la maison de son ami et maître en médecine, le Dr Anderson, qui exerçait toujours à Selkirk, à proximité de Foulshiels. À la suite de ces fréquentes visites, l'amitié d'antan pour Miss Anderson se transforma rapidement en un sentiment plus chaleureux, et l'été les vit se fiancer.

Vers la fin de 1798, Park retourna à Londres pour prendre les dernières dispositions en vue de la publication de son récit. Mais même alors, il restait beaucoup à faire avec l'aide d'Edwards avant que le manuscrit ne soit enfin prêt pour l'impression, et le printemps était venu avant que le livre ne voie le jour.

Il serait difficile de surestimer l'enthousiasme avec lequel il a été accueilli, ni l'intérêt qu'il a suscité pour Park et l'Afrique. Deux éditions furent rapidement écoulées et furent suivies de plusieurs autres au cours des dix années suivantes.

Outre qu'il s'agit presque du premier livre de voyage africain et de la nouveauté absolue de tout ce qu'il contenait, le récit était raconté avec un charme et une *naïveté* en eux-mêmes suffisants pour captiver le lecteur le plus exigeant. La modestie et la véracité ressortaient de chaque phrase. Son auteur ne revendiquait aucun éloge, aucune admiration, sinon celle qui lui était due pour avoir fait son devoir. Il ne s'attribuait aucun mérite pour toutes les vertus dont il avait fait preuve. Il avait tellement peur d'être accusé d'être l'auteur de ce qu'on appelle des « contes de voyage » qu'il a délibérément supprimé plusieurs aventures remarquables. Sur ce point, il dit à Sir Walter Scott, « que dans tous les cas où il avait des informations à communiquer qu'il considérait comme importantes pour le public, il avait exposé les faits avec audace, laissant à ses lecteurs le soin d'accorder autant de crédit à ses déclarations que ils pourraient paraître à juste titre mériter, mais qu'il ne choquerait pas leur crédulité ni ne rendrait ses voyages plus merveilleux en introduisant des circonstances qui, aussi vraies soient-elles, n'avaient que peu ou pas d'importance.

Heureusement, son récit n'exigeait aucune aide de ces aventures refoulées, si étranges qu'elles fussent, ou si nous aurions aimé les connaître. Il a eu suffisamment d'incidents pour réaliser une demi-douzaine de livres de voyages modernes. Ni à cette époque ni depuis, aucun explorateur africain n'a eu une histoire aussi romantique à raconter, et aucun parmi la longue liste d'aventuriers qui ont suivi n'a aussi bien raconté son histoire. Certains se sont épanouis de manière plus théâtrale sur la scène africaine et, grâce à des effets dramatiques saisissants et à un certain piment de sang versé, ils ont frappé l'imagination de ceux qui se contentent de spectacles superficiels et ne sont pas trop critiques. quant à leur signification. Mais pour les épreuves réelles endurées, les dangers affrontés et les difficultés surmontées, ainsi que l'exposition des vertus qui rendent un homme grand dans la dure bataille de la vie, Mungo Park est sans rival. Sous un seul rapport, celui du motif, un autre le surpasse. Ici, Livingstone se situe de la tête et des épaules au-dessus de son prédécesseur, dont les aspirations à la renommée et au nom personnels, et l'attitude apathique à l'égard du mouvement anti-esclavagiste, supporteront mal la comparaison avec les nobles aspirations qui ont inspiré le grand missionnaire à voyager, afin que les nègres païens puissent être l'a amené dans le giron de la fraternité chrétienne et l'a incité à consacrer sa vie à guérir « la grande plaie ouverte de l'Univers ».

Non pas que Park manque complètement de tout ce qui tend vers l'esprit de sacrifice de soi. Au contraire, dans tout son récit, nous ne trouvons pas la moindre trace d'ambition vulgaire ou d'ignoble égoisme. Il supprima délibérément les incidents qui auraient grandement contribué à sa renommée, surtout parmi ceux dont l'imagination n'est sollicitée que par le merveilleux. Sa nature entière reculait devant la notoriété. Il était retiré et réservé, et au lieu de chercher à jouer le *rôle* du « lion » dans la société, nous constatons qu'il attendait toujours avec impatience le moment où, ses travaux terminés, il pourrait rechercher l'isolement et la retraite. du pays — ce n'est guère le but d'une ambition purement égoïste.

Il était tout aussi peu motivé par le désir du gain, comme Ruskin voudrait nous le faire croire. Sauf peut-être dans un cas remarquable, les voyages en Afrique n'ont jamais été considérés comme conduisant à l'acquisition de richesses, et il est certain que l'argent n'a jamais été présenté à Park comme une incitation. L'étincelle qui a stimulé sa virilité vers l'héroïsme et l'a poussé « à mépriser les plaisirs et à vivre des jours laborieux » était la noble ambition d'un noble esprit de travailler pour le bien de son pays et l'avancement du savoir, récompensé uniquement par l'approbation de sa propre conscience et l'estime des hommes de bien.

Il convient de rappeler qu'il y a cent ans, la philanthropie chrétienne n'était pas devenue assez cosmopolite — si universelle — qu'elle incluait dans sa sphère tous ceux qui portent le nom d'homme, sans respect de race, de religion ou de degré de civilisation. D'après ce que nous savons de ses intenses convictions religieuses et de sa nature bienveillante, Park, s'il avait vécu aujourd'hui, aurait probablement été un missionnaire enflammé pour la cause du Christ et prêt à donner sa vie pour elle, ou un voyageur prêchant une croisade, non seulement contre la traite des esclaves, qui est si souvent imputée par ignorance à l'influence de l'Islam, mais également contre le commerce du gin, qui pourrait être associé avec autant de vraisemblance au christianisme.

A l'époque de la publication du récit de Park, la question de l'abolition était dans tous les esprits. Les horreurs du passage intermédiaire – les iniquités perpétrées dans les plantations par des hommes se faisant appeler Anglais – étaient peintes dans des couleurs pas trop sombres. Le livre de Park est venu opportunément enrichir la littérature sur le sujet et, sans aucun doute, malgré les opinions anti-abolitionnistes qu'il était censé avoir, les faits qu'il a révélés concernant les horreurs de la route des esclaves ont ajouté matériellement aux arguments des abolitionnistes. Venant en effet, comme on le croyait, de l'un des partis opposés, ils étaient d'autant plus précieux, l'hypothèse naturelle étant que les pires aspects avaient été adoucis et que des arguments aussi solides avaient été présentés en faveur de l'esclavage que possible sans violation directe. de la vérité. Il était parfaitement clair pour tous les esprits impartiaux que les conditions dans lesquelles le commerce était exercé et les mauvais résultats qui en découlaient, tels que décrits par Park, étaient iniques et honteux à l'extrême. Pour ceux-là, les opinions de Park n'avaient que peu d'importance comparées à ses faits, et nous pouvons conclure avec certitude que ces derniers ont contribué de manière très matérielle à balayer ce trafic ignoble.

---

# CHAPITRE XVIII.
## *PARC MUNGO À LA MAISON—(suite).*

Après la publication de son récit, rien ne pouvait retenir Park plus longtemps à Londres, alors qu'il y avait de quoi l'attirer en Écosse. En conséquence, il retourna à Foulshiels à l'été 1799.

Le 2 août de la même année, il épousa Miss Anderson. De la personnalité de cette dame, nous savons peu de choses au-delà du simple fait qu'elle était grande et belle, de caractère aimable, sans dotations mentales particulières, et plutôt frivole et aimant le plaisir - des caractéristiques très différentes de ce à quoi nous aurions dû nous attendre dans le monde. épouse d'un homme comme Park.

En apparence personnelle, le jeune explorateur devait être tout à fait à la hauteur de sa femme. Le portrait qui nous est parvenu montre une tête de nobles proportions. Le front fin parle de ses facultés mentales ; le nez proéminent et finement ciselé, la bouche ferme et bien formée et les mâchoires puissantes indiquent la volonté de fer et l'individualité marquée qu'il se montrait posséder. Non moins frappants et attrayants sont les yeux, qui regardent si calmement, brillants de véracité, de maîtrise de soi et de confiance. En personne, il était grand, atteignant un mètre quatre-vingts et extrêmement bien proportionné. Son apparence entière était prévenante.

Il est impossible de dire quels étaient les projets de Park pour sa vie future lorsqu'il prit femme. Ils n'étaient probablement que mal définis, même pour lui-même. On peut cependant conclure avec certitude qu'il n'avait alors aucune intention de retourner en Afrique. Toutes les horreurs de ses récentes expériences étaient encore trop fortes sur lui pour que l'idée d'un nouveau voyage soit la bienvenue. De plus, les conséquences de ces mois de famine et de souffrances atroces devaient encore être payées par une dyspepsie invétérée et ses maux concomitants de tristesse et de découragement. Sous son influence, son sommeil était très interrompu, et trop souvent la nuit se transformait en un horrible cauchemar par les rêves d'être de nouveau en captivité parmi les Maures de Ludamar, et soumis aux anciennes tortures et indignités.

C'est probablement pourquoi, lorsqu'il s'est marié, il l'a fait avec la conviction qu'il n'y aurait aucune raison de se séparer, aucune probabilité qu'il contracte un jour des engagements qui le rendraient incapable de remplir son devoir envers sa femme en tant qu'homme aimant et éternel. présent protecteur et soutien.

À aucun moment Park ne semble avoir été épris de son métier, et après la vie qu'il avait récemment menée, il éprouvait une répugnance à s'installer dans une routine peu agréable.

Mais pour le moment, il ne se sentait pas obligé de prendre une décision immédiate quant à son avenir professionnel. La généreuse rémunération qu'il avait reçue de l'Association africaine, ainsi que les bénéfices de son livre, l'avaient placé pour le moment dans une situation aisée. Il pouvait donc se permettre d'attendre pour voir ce qui pourrait se passer. Il était devenu bien connu. Il avait des amis puissants. Il y avait donc toutes les chances que l'on lui trouve quelque chose d'agréable. En attendant, il résolut de s'installer tranquillement à Foulshiels.

A cette époque, sa mère était encore en vie et la ferme était exploitée par un de ses frères. La plupart des membres de la famille s'en sortaient bien. Une sœur, comme nous l'avons déjà vu, avait épousé M. Dickson, qui était devenu à la fois une richesse modérée et une renommée considérable en tant que botaniste. Une autre avait trouvé mari chez un agriculteur aisé du quartier. Son frère Adam avait suivi les mêmes cours que lui et s'était établi comme médecin à Gravesend ; tandis qu'un deuxième frère, Alexander, avait été nommé sous-shérif du comté, le shérif principal étant Sir Walter Scott.

De ce frère Scott lui-même nous donne une esquisse dans son introduction à « La Dame du Lac », en rappelant ses doutes sur le succès du poème :

« Je me souviens qu'à peu près au même moment, un ami (Arch. Park) a commencé à 'réveiller mon espoir', comme le sportif avec son pistolet mignon dans la vieille chanson. Il a été élevé comme fermier, mais c'était un homme doté d'une compréhension puissante, d'un bon goût naturel et d'un sentiment poétique chaleureux, parfaitement compétent pour subvenir aux besoins d'une éducation imparfaite ou irrégulière. Il était un passionné des sports de terrain, que nous pratiquions souvent ensemble. Et puis Scott continue en racontant comment il avait l'habitude de lui lire le poème pour expérimenter l'effet produit sur quelqu'un qui n'était « qu'un représentant trop favorable des lecteurs en général ». Archibald Park est resté à l'emploi de Scott pendant de nombreuses années et était fréquemment son compagnon dans ses randonnées en montagne.

En 1799, le gouvernement fit certaines propositions à Park concernant son départ à titre officiel en Nouvelle-Galles du Sud. Cependant, rien n'en est sorti, même si on ne sait pas si la faute en incombe au gouvernement ou à l'explorateur.

Les conséquences naturelles de l'oisiveté pour un homme ayant la personnalité et la vie antérieure de Park devinrent bientôt évidentes. Avec une femme sans caractère particulier et sans capacités mentales particulières, aussi attirante et aimable qu'elle puisse être par ailleurs, il ne pouvait y avoir qu'une faible absorption de ses pensées. Sans autre société ni travail pour l'occuper, il ne pouvait y avoir qu'un seul résultat : l'agitation et la révolte contre la position dans laquelle il se trouvait, et la croissance progressive des anciens désirs et idées : la fièvre irrépressible du voyage. Par coïncidence, il commença à oublier les épreuves et les dangers qu'il avait vécus, et à mesure qu'ils devenaient de moins en moins vifs et tombaient peu à peu au second plan de sa mémoire, la fascination de la découverte, du voyage dans des pays étrangers et parmi des peuples étrangers - le désir de résoudre le mystère non résolu du Niger - ont recommencé à affirmer leur pouvoir et à le posséder avec une force toujours croissante.

Pour l'époque, l'Association africaine reposait sur ses rames en ce qui concerne la poursuite de son travail depuis l'Afrique de l'Ouest, bien qu'en 1798 Horneman ait été envoyé pour pénétrer au Soudan depuis l'Égypte.

Sans doute cela était dû en partie aux énormes difficultés et aux dangers toujours présents que Park avait décrits, en partie aussi peut-être à cause de la guerre alors menée contre la France.

En 1800, Gorée avait été capturée, un événement qui inspira Park à écrire (31 juillet 1800) à Sir Joseph Banks, soulignant son importance par rapport aux nouvelles tentatives de pénétration à l'intérieur du continent. Après avoir décrit ses vues sur le sujet, il ajoute : « Si telles sont les vues du gouvernement, j'espère que mes efforts dans quelque poste ou autre pourront être utiles à mon pays. »

En 1801, les négociations avec le gouvernement concernant la mission de la Nouvelle-Galles du Sud reprirent. Une visite à Londres s'est avérée nécessaire pour une discussion satisfaisante de la question, et c'est pourquoi nous trouvons Park dans la métropole au début du printemps.

La profondeur et la tendresse de son affection pour sa séduisante épouse sont démontrées dans une lettre qui lui a été écrite lors de la visite – l'un des rares aperçus qui nous soient parvenus du côté le plus privé du caractère de l'explorateur.

La lettre est datée du 12 mars 1801 et est la suivante :

> « MA BELLE AILIE , rien ne me fait plus plaisir que de vous écrire, et la raison pour laquelle j'ai retardé d'un jour la dernière fois était pour avoir de l'argent à vous envoyer. Vous dites que vous souhaitez consacrer une note à vous-même. Ma douce Ailie, sois sûre que je l'approuve. Ce qui est à moi est à vous, et je reçois beaucoup de plaisir de votre bonté en me consultant sur une pareille bagatelle. J'aurais aimé en avoir des milliers à vous en donner, mais je sais que

mon Ailie se contentera de ce que nous avons et que nous vivrons dans l'espoir de voir des jours meilleurs. J'ai très envie d'être avec toi, mon amour, et j'avais de grands espoirs d'avoir les choses réglées avant maintenant, mais Sir Joseph (Banks) est malade et je ne peux rien faire jusqu'à ce qu'il se rétablisse.

«Je suis heureux de savoir que vous irez en Nouvelle-Galles du Sud avec moi, ma douce épouse. Tu es tout ce que je peux désirer ; et où que nous allions, soyez sûr d'une chose, c'est que je vous aimerai toujours. Chaque fois que j'aurai résolu cette situation ou toute autre situation, je vous écrirai. En attendant, ne le faites savoir à personne jusqu'à ce que les choses soient réglées, car il y a beaucoup de choses entre la coupe et la lèvre.

«Ma charmante Ailie, tu es constamment dans mes pensées. Je suis fatigué de cet endroit, mais je ne peux pas laisser passer l'occasion actuelle de faire quelque chose pour notre avantage. Quand cela sera accompli, je ne perdrai pas un instant. Ma chérie, quand nous nous rencontrerons, je serai l'homme le plus heureux du monde. Écrivez bientôt, car je compte les jours jusqu'à ce que j'aie de vos nouvelles, ma charmante Ailie.

Une fois de plus, les négociations avec le gouvernement échouèrent et il ne resta plus qu'à voir Park revenir une fois de plus à Foulshiels déçu et découragé, mais possédé plus que jamais par la fièvre de l'agitation - de plus en plus sous l'influence de l'aimant du Niger - contre lesquelles les seules forces qui s'opposaient étaient l'amour pour sa femme, la peur d'être séparé d'elle et son devoir de mari.

C'est dans cet état d'esprit peu convenable qu'il dut admettre qu'il ne devait plus dépendre du vague espoir de trouver une ouverture agréable, mais qu'il devait mettre la main sur quelque chose, même s'il était étranger à ses goûts et à ses aspirations. Pendant un certain temps, il songea à s'installer dans une ferme, mais il finit par conclure, à contrecœur, que la meilleure solution serait de reprendre sa profession de médecin. Une ouverture se présenta dans la ville voisine de Peebles, où il alla résider au mois d'octobre, occupant une maison à la tête du Brygate, tandis que son cabinet était un petit bâtiment en saillie, démoli depuis, à l'est du premier Chambers. Institut. Dans une ruelle derrière se trouvait son humble laboratoire.

# EXTRAIT DE LA LETTRE DE MUNGO PARK À SA FEMME.

Park se lança dans son travail avec l'énergie et la rigueur qui le caractérisent, et gagna rapidement une part équitable de la pratique de la ville et de la campagne. Les bénéfices, cependant, étaient des plus pauvres et le travail le plus dur – à tel point, en effet, qu'il dit un jour à Scott qu'il « préférerait braver l'Afrique et toutes ses horreurs plutôt que de s'épuiser dans de longues et pénibles traversées ». des landes froides et solitaires et des collines sombres, assaillies par la tempête hivernale, dont la rémunération était à peine suffisante pour maintenir l'âme et le corps ensemble.

Fort de cette remarque désinvolte rapportée, Ruskin, sans prendre la peine de s'enquérir davantage de l'histoire de l'homme, a formulé l'acte d'accusation suivant. Cette « terrible » phrase, dit-il, « signifie, si l'on y regarde de plus près, l'absence presque totale de l'instinct du devoir personnel – l'absence totale de croyance en Dieu qui a choisi pour lui sa chaumière où il est né et qui lui a confié la tâche de sa vie à côté d'elle. » ; manque absolu d'intérêt pour sa profession, de sens pour la beauté naturelle et de compassion pour les plus nobles pauvres de son pays natal. Et avec ces absences, il y a la preuve la plus claire du fatalisme des vices, l'avarice – sous la forme exacte sous laquelle ce fut la ruine de Scott lui-même – l'amour de l'argent pour le bien de la position dans le monde.

Jamais une accusation plus radicale ne fut fondée sur des données aussi limitées. En pratique, Park est accusé d'absence de croyance en Dieu et de sens du devoir envers ses semblables, parce qu'il trouve son métier pénible et peu agréable.

L'argument semble être que l'homme est un athée et un pécheur envers la société qui ne se contente pas de rester dans la sphère dans laquelle il est né et dans laquelle, par conséquent, sa tâche de vie est divinement fixée.

Si une telle position était tenable, il est difficile de voir comment un progrès, personnel ou social, serait possible. Dans le cas présent, il s'ensuivrait naturellement que Park était tout aussi peu justifié de choisir d'être médecin plutôt que paysan, que de préférer être explorateur plutôt que l'un ou l'autre.

Ce à quoi Ruskin s'oppose, cependant, ce n'est pas le choix d'une profession par Park, mais le fait que le choix une fois fait, il devrait chercher à l'abandonner. Mais s'il lui était permis, en tant que jeune homme, ignorant à la fois de lui-même, du monde et de la profession qu'il était sur le point d'exercer, de choisir, il était sûrement également permis qu'en tant qu'homme, ayant une certaine connaissance des trois, il se retirer au profit du travail auquel il se savait adapté. L'instinct et les capacités qui le convenaient pour un explorateur étaient aussi divinement implantés que son lieu de naissance avait été divinement désigné. De plus, ces « plus nobles pauvres de son pays natal », auxquels Ruskin fait si pathétiquement référence, n'étaient pas les seuls à dépendre de Park pour l'aide médicale – une circonstance qui aurait donné une autre couleur à sa résolution finale de les abandonner. Il y avait là-bas des médecins en abondance, capables et désireux de les servir ; mais il n'y avait qu'un seul Mungo Park, mais un seul homme, à notre connaissance, qui, par ses dons particuliers et sa vaste expérience, était apte au travail particulier et ardu de l'exploration africaine. C'est alors à lui qu'il incombait, avec tout le caractère sacré d'une mission divinement désignée, comme il le considérait d'ailleurs, et l'acceptait en conséquence, à l'exclusion de toutes obligations plus étroites.

Reste l'accusation d'avarice, basée sur la simple déclaration de Park selon laquelle son « labeur incessant était à peine suffisant pour maintenir l'âme et le corps ensemble ». Le médecin a-t-il alors moins droit que l'auteur, par exemple, à une juste rémunération pour ses services, ou Ruskin partage-t-il l'illusion populaire, assez courante, selon laquelle même si les factures des bouchers et des boulangers exigent une attention immédiate, le paiement des honoraires du médecin doit être considéré comme facultatif ? , ou sous réserve de la convenance du patient. Aucune de ces hypothèses ne doit être envisagée un instant. En fait, l'accusation repose sur des fondements trop fragiles pour être jamais prise au sérieux par un esprit sans préjugés, et nous ne pouvons que nous demander avec regret ce qui a pu inciter M. Ruskin à oublier la justice et la charité qu'il aime tant prêcher au point de la mettre en pratique. avant.

Au-delà du « labeur incessant », on sait peu de choses sur la façon dont Park a passé le temps où il résidait à Peebles. La ville elle-même est décrite comme étant à cette époque « calme comme une tombe » – une réputation qu'elle entretient encore, à en juger par les insinuations de la phrase ironique « Peebles for plaisir ! »

Pour Park, cependant, l'absence des aspects les plus brillants de la vie n'était qu'une petite affaire. La société n'avait que peu d'attrait pour lui, et sa nature écossaise sévère évitait, comme étant presque un péché, tout ce qui frôlait le plaisir frivole. Devant toutes les adorations et les interrogations stupides des ignorants et des curieux impertinents, il était naturellement réticent, bien qu'à tout moment il se plaisait à parler de ses voyages et de questions africaines avec les intelligents et les bien informés. Le calme et l'isolement étaient cependant plus à ses yeux et devaient être pleinement appréciés dans la paisible petite ville. Il avait dans son propre cercle familial la société qu'il souhaitait, au-delà de laquelle il était heureux dans l'intimité qui s'établissait entre lui et deux résidents distingués : le colonel John Murray de Kringaltie et le Dr Adam Ferguson, ancien professeur de philosophie morale à Édimbourg. et auteur de plusieurs ouvrages bien connus. Aussi pénible et monotone que fût sa vie professionnelle, elle n'était pas sans côté plus brillant et plus humoristique, comme en témoigne l'histoire suivante racontée par le Dr Anderson, le neveu de l'épouse de Park :

« Par une folle nuit d'hiver, Park s'égara jusqu'à ce qu'il découvre une lumière, il dirigea son cheval vers elle et se retrouva devant la maison d'un berger. Il se trouva que le Docteur arriva à temps, car la femme du berger était sur le point d'accoucher. Il attendit que tout soit terminé en toute sécurité, et le lendemain matin, le berger l'escorta là où il pouvait voir la route lointaine. Park, remarquant que son conducteur était à la traîne, lui a demandé la raison, ce à quoi l'homme simple ou plein d'humour a répondu : « En fait, monsieur, ma femme a dit qu'elle était sûre que vous deviez être un ange, et je pense que sae tae ; alors je garde juste un indice pour être sûr que je vous verrai fuir.'

Au fil du temps, le désir de Park de retourner en Afrique est devenu de plus en plus intense, nourri par les espoirs qui lui étaient offerts de temps à autre. A peine, par exemple, s'était-il installé à Peebles, qu'il reçut une lettre de Sir Joseph Banks l'informant qu'à la suite de la paix (alors récemment signée avec la France), l'Association avait l'intention de relancer son projet d'envoyer un mission en Afrique afin de pénétrer et de naviguer au Niger. Si le gouvernement s'emparait de l'affaire, Park serait certainement recommandé comme personne apte à être employée pour la mettre à exécution. Cependant, comme pour les projets précédents, rien n'a abouti pour l'instant, même si on en a parlé plus ou moins au cours des deux années suivantes.

À l'automne de 1803, le ministère des Colonies lui demanda de se rendre sans délai à Londres. Il obéit promptement à cette convocation. A son arrivée, il eut un entretien avec le comte de Buckingham, secrétaire aux Colonies, qui l'informa que le gouvernement avait résolu d'organiser une expédition en Afrique, dont il aurait le commandement, s'il était disposé à prendre il. C'était exactement ce qu'il voulait, exactement ce qu'il attendait avec impatience depuis trois ans ; mais il demanda néanmoins un peu de temps pour réfléchir et consulter ses amis. La faveur lui fut accordée et il retourna en Écosse. Les consultations n'étaient pour la plupart qu'une simple formalité ; en quelques jours, son acceptation fut envoyée à Londres, où il se rendit immédiatement après avoir réglé ses affaires et pris congé de sa famille.

**FAC-SIMILE RÉDUIT DE LA CARTE AUTOGRAPHE DE MUNGO PARK.**

# CHAPITRE XIX.
## *PRÉPARATION D'UNE NOUVELLE EXPÉDITION.*

Dans cette expédition comme lors de sa précédente expédition, Park fut poursuivi par sa malchance habituelle.

Dès le début, il fut déçu.

Il avait quitté l'Écosse avec la conviction que presque tous les arrangements avaient été pris et qu'un laps de temps très court suffirait pour achever les préparatifs nécessaires.

Il arriva à Londres seulement pour apprendre que le départ de l'expédition avait été reporté à la fin de février 1804. Avec quelle patience il avait, il attendit. Le temps imparti s'est écoulé. Une fois de plus, tout était prêt. Une partie des troupes destinées au service étaient actuellement à bord du navire lorsque les ordres arrivèrent contre-mandant l'expédition, en attendant la décision de Lord Camden, le nouveau secrétaire aux colonies, quant à savoir si elle devait y aller ou non.

Park était naturellement amèrement déçu d'être ainsi jeté à nouveau dans les mers de l'incertitude. L'expédition pourrait désormais ne jamais partir et la tâche de résoudre le grand problème africain serait réservée à un autre.

Entre-temps, la date du départ fut provisoirement reportée à septembre, et d'ici là il lui fut recommandé de retourner en Écosse et d'occuper l'intervalle en se perfectionnant dans les observations astronomiques et en apprenant l'arabe, connaissances qui seraient ensuite de la plus haute importance pour lui.

Un professeur d'arabe approprié fut trouvé en la personne d'un certain Sidi Ambak Bubi, originaire de Mogador et résidant alors à Londres. Accompagné du Maure, Park retourna à Peebles en mars. Il y resta jusqu'en mai, date à laquelle il quitta finalement cette ville et s'installa à Foulshiels en attendant la décision du ministère des Colonies.

C'est à cette époque que le grand voyageur entra en contact avec son plus grand compatriote et voisin, Sir Walter Scott, vivant alors à Ashesteil, et séparé de Foulshiels seulement par la crête abrupte de collines qui sépare le Yarrow du Tweed.

Entre deux de ces hommes – l'un absorbé dans une carrière d'action prospective sur un nouveau continent, l'autre se délectant d'un monde romantique de pensée rétrospective – on pourrait supposer qu'il n'y avait pas grand-chose en commun.

En réalité, il y en avait beaucoup. Scott, bien qu'il aimait chanter le passé et évoquer ses actes chevaleresques, avait une âme capable d'apprécier toutes les formes d'entreprise glorieuse et aventureuse, qu'elles soient vues dans les lumières prosaïques de l'instant qui passe ou investies du flou romantique et du fascinant glamour que les nuances du temps rassemblent autour des jours passés. Pour celui-là, Park était un homme selon son cœur. Si seulement ses actes avaient été entourés de la pompe et des circonstances qui glorifient celles des chevaliers d'autrefois, Scott aurait pu les chanter sur un ton héroïque similaire. Peut-être le jour viendra où un autre Scott se lèvera pour faire pour Park et ses successeurs ce que Sir Walter et d'autres ont fait pour les personnages héroïques de l'histoire de notre nation.

D'un autre côté, Park, imprégné comme il l'était également d'instinct romantique, ne pouvait manquer d'être attiré par le génie particulier de Scott. De plus, tous deux étaient Écossais, tous deux frontaliers, et tous deux étaient des amoureux passionnés du ménestrel, des contes, des traditions et des ballades de leur pays natal. Les ballades surtout étaient chères à Park, et il raconte comment, lors de sa dernière expédition, un de ses disciples « séduisait les veilles de la nuit avec les chants de notre chère terre natale ».

Mais quels que fussent les liens qui unissaient ces deux hommes célèbres, ils suffirent rapidement pour développer une amitié très chaleureuse et cordiale, et les visites furent fréquemment échangées à travers les collines de bruyères qui les séparaient. À une de ces occasions, Scott découvrit Park assis seul à côté du bruyant Yarrow, occupé à l'amusement apparemment oisif et enfantin de jeter des pierres dans la rivière et d'observer avec anxiété les bulles qui montaient à la surface. Lorsqu'on lui demanda quel intérêt il trouvait à un tel passe-temps, Park répondit qu'il avait ainsi l'habitude de connaître la profondeur des rivières d'Afrique avant d'oser les traverser, le temps que mettent les bulles à monter étant une indication de la profondeur.

Au début de septembre arriva la convocation tant attendue pour se rendre à Londres, et Park ne perdit pas de temps pour régler ses affaires avant de quitter la maison. Entre autres choses, il rendit une visite d'adieu à Sir Walter Scott à Ashesteil, où il passa la nuit. Le lendemain matin, son hôte l'accompagna en route vers Foulshiels. Le chemin remontait le Glenkinnen jusqu'à Williamhope, d'où il continuait sur la crête et passait entre le Brown Knowe et l'élévation bosselée de la Broomy Law. Alors qu'ils passaient des pentes de bouleaux de Glenkinnen aux zones de bruyère et d'herbe au-dessus, Park parla beaucoup de ses projets d'exploration et des résultats qui reviendraient à la science et au commerce s'il réussissait.

Dans d'autres conditions, le panorama qui se dévoile lentement au fur et à mesure de l'ascension de la colline aurait suffi à faire venir même les pensées de Park de l'Afrique et du Niger. Les différents vallons et vallées du Tweed, du Gala, du Yarrow et de l'Ettrick divisent le pays en une succession pittoresque de crêtes sinueuses, de collines isolées et de sommets arrondis, où le bois, la bruyère et l'herbe donnent une variété de couleurs au paysage. des niveaux plus élevés, tandis qu'en dessous des récoltes ondulantes et des champs de récolte occupés, un château en ruine et un manoir noble, une humble maison de campagne et un village dispersé, avec des morceaux de ruisseau et de rivière, des troupeaux de moutons et des troupeaux de bovins dispersés, se combinent pour produire les effets plus doux de " nature cultivée.

Mais en ce jour de départ, une brume couleur de plomb planait sur les collines et les vallées, cachant chacun de leurs traits. Ce n'est que de temps en temps que la brise soulevait un coin du voile qui l'enveloppait et donnait un aperçu momentané, vague et fugitif, d'un vallon et du sommet d'une colline. Pendant qu'ils parlaient du voyage à venir, Scott semblait voir dans le paysage vaguement défini un emblème des perspectives de son ami, où tout était problématique, incertain – le chemin semé de dangers et d'embûches inconnus, rien de sûr si ce n'est la présence de périls environnants qui ne pourraient ni l'un ni l'autre. être prévu ni préparé. C'est dans cette ignorance de la nature exacte des dangers à affronter que réside l'une des principales difficultés et des principales terreurs du voyage dans des terres sauvages inexplorées. Tout ce que le voyageur sait, c'est que des dangers sous diverses formes seront certainement confrontés à lui, et il doit compter sur sa présence d'esprit et la disponibilité des ressources du moment pour les éviter ou les repousser.

Mais Park ne devait pas être empêché de poursuivre son entreprise par la moindre pensée des difficultés rencontrées sur le chemin. À tout ce que Scott pouvait dire, il avait sa réponse. L'idée de résoudre la question de la disparition du Niger était une idée qui le possédait à l'exclusion de toute pensée personnelle. Autant lui demander de renoncer à sa croyance en l'existence de Dieu, autant s'attendre à ce qu'il abandonne son projet qui lui tient à cœur.

Enfin, le vallon de Yarrow s'ouvrit devant eux. Au fond, on pouvait définir vaguement le « berceau de bouleaux », d'où la majestueuse tour de Newark et l'humble cottage de Foulshiels regardaient ensemble le magnifique ruisseau murmurant.

Ici, ils doivent se dire au revoir. Un fossé séparait la route de la lande, et en le traversant, le cheval de Park trébucha et faillit tomber. « J'ai bien peur, Mungo, dit Scott, que ce soit de mauvais augure. « Freits » ( *c'est-à-dire* présages) « suivez ceux qui les regardent », fut la réponse prompte ; et sans un autre mot, Park s'éloigna et disparut dans la brume.

Il ne restait plus à Park qu'à faire ses adieux à sa femme. Aussi courageux qu'il soit, l'épreuve était plus grande que ce à quoi il osait faire face. Non pas qu'elle ait soulevé des objections à son départ, ni mis des obstacles sur son chemin. Voyant à quel point le cœur de son mari y était, et non sans peut-être une certaine fierté féminine naturelle d'être l'épouse d'un héros plutôt que de personne, elle semble avoir accepté comme une évidence sa détermination à profiter de l'occasion de distinction supplémentaire présentée par l'expédition proposée. Pourtant, le moment de la séparation réelle, avec la perspective d'une longue période de séparation, serait une véritable agonie. Mieux encore que sa femme, Park savait combien il y avait de chances que la séparation soit définitive, que sa femme et ses enfants, qui étaient désormais trois, ne le reverraient jamais. Aussi sanguin qu'il fût, il y avait des moments où il ne pouvait s'empêcher d'admettre que l'entreprise à venir ressemblait beaucoup à un espoir désespéré - des moments aussi où il lui devenait difficile de discerner si son devoir envers l'humanité ou envers sa famille avait le mérite. une revendication plus forte sur lui.

Ce fut sous l'influence d'un tel sentiment de découragement qu'il résolut finalement d'épargner à lui et à sa femme l'angoisse d'une scène d'adieu, et se rendant à Édimbourg sous prétexte d'affaires, il lui écrivit ses derniers adieux.

À son arrivée à Londres en septembre 1804, Park présenta au ministère des Colonies une déclaration écrite dans laquelle il exprimait son point de vue sur les résultats commerciaux et géographiques susceptibles de découler de l'expédition envisagée, tout en soulignant les meilleurs moyens d'accomplir le travail prévu. concerne les hommes et les biens. Dans ce mémorandum, il indiquait la voie qu'il se proposait de suivre. En passant par Bondu, Kajaaga, Fuladu et Bambarra jusqu'à Sego, il construirait un bateau et passerait par Jenné et Kabara (le port de Tombouctou) à travers les royaumes de Haussa, Nyffé (aujourd'hui appelé Nupé) et Kashna, etc. , au royaume de Wangara. Si la rivière se terminait ici, souligna-t-il, sa principale difficulté commencerait. Revenir par le Niger, traverser le désert jusqu'à Tripoli ou l'Egypte, ou passer vers l'est jusqu'au Nil et à l'Abyssinie, lui paraissait également difficile. La route la plus réalisable semblait celle vers le golfe du Bénin. Mais si le Niger, comme il le croyait avec confiance, était en réalité le Congo, il le suivrait jusqu'à son terme. Après avoir exposé les motifs de sa conviction, Park conclut en disant que lorsque « Votre Seigneurie aura dûment pesé les raisons ci-dessus, vous serez amenée à conclure que mes espoirs de revenir par le Congo ne sont pas tout à fait fantaisistes et que l'expédition , bien qu'accompagné d'un danger extrême, promet d'être extrêmement avantageux pour la Grande-Bretagne. Considérée au point de vue commercial, elle est la deuxième après la découverte du Cap de Bonne-Espérance, et au point de vue géographique c'est certainement la plus grande découverte qui reste à faire au monde » - déclaration très forte du Dans ce cas, il faut l'admettre, même si, sans aucun doute, si le Niger et le Congo s'étaient révélés ne faire qu'un, on n'aurait guère pu dire qu'ils étaient trop forts.

Park avait été converti à cette vision de l'identité des deux grands fleuves par un certain George Maxwell, un commerçant d'Afrique de l'Ouest, qui avait vu une grande partie du Congo près de son embouchure et avait publié une carte reprenant les résultats de ses observations. A y être examinés de près, les arguments en sa faveur étaient de peu de valeur et provenaient pratiquement du fait qu'il existait un grand fleuve avec une direction vers le sud dont l'extrémité était inconnue, tandis que plus au sud il y en avait un deuxième, le Congo, dont l'origine était tout aussi un mystère. Prolongez -les dans la direction nécessaire et le résultat sera l'identité, et le mystère des deux sera résolu.

Pendant ce temps, le major Rennell restait fidèle à son point de vue avec toute l'obstination du géographe de fauteuil et de l'homme d'une seule idée. Pour lui, le Niger se terminait par les déserts de Wangara et du Ghana. Malheureusement pour sa théorie, le Major confondait inconsciemment deux Wangaras séparés l'un de l'autre de quinze cents milles et plus, ainsi que l'ancien empire du Ghana sur le cours moyen du Niger avec Kano à l'extrémité orientale des États Haoussa. Une confusion similaire apparaît également dans le mémorandum de Park, où il parle du prolongement du fleuve après Nupé jusqu'à Kashna (Katsina) et le royaume de Wangara.

Il nous semble en effet étrange qu'aucun géographe, même à cette époque, n'ait jamais suggéré que l'embouchure du Niger pourrait se trouver dans la Baie du Bénin, parmi les nombreux ruisseaux qui pénètrent dans les basses terres marécageuses de mangroves qui sous-tendent ici la Baie. En regardant la carte, la suggestion nous semble venir naturellement, mais Park a dû prolonger le cours du fleuve vers le sud, jusqu'au Congo ; Rennell l'a tourné vers l'ouest, et l'a terminé là où nos cartes sont aujourd'hui occupées par le lac Tchad, alors qu'il n'en manquait pas d'autres, comme Jackson, qui s'obstinait à le joindre au Nil, « en abusant, pour ainsi dire, du vaste carrière que l « intérieur de l'Afrique y pouvait prendre », comme l'avait dit D'Anville à propos des géographes antérieurs.

Quoi que nous puissions penser aujourd'hui des théories de Park sur la fin du fleuve Niger, elles ne semblaient en rien absurdes à son époque. Les conjectures les plus folles étaient permises à propos d'un vaste fleuve coulant selon un cours incertain à travers un continent encore vierge sur nos cartes. En conséquence, son mémorandum fut accueilli favorablement par Lord Camden, et l'envoi de l'expédition pour mettre en œuvre les idées du voyageur fut décidé.

Une compensation généreuse devait être accordée à Park à son retour, et il était également stipulé qu'en cas de décès ou d'absence de nouvelles de lui dans un délai donné, une certaine somme devrait être versée par le gouvernement en guise de provision pour sa femme et sa famille.

Pendant ce temps, Rennell, de la manière la plus amicale, non seulement s'opposait aux vues de Park concernant le licenciement du Niger, mais lui conseillait sincèrement d'abandonner son dangereux projet. Avec aussi peu d'effet dans un cas que dans l'autre. La détermination de l'explorateur, tout comme ses opinions, ne devaient pas être ébranlées. Sir Joseph Banks a adopté une position plus philosophique. Il reconnut le caractère hasardeux de l'entreprise ; mais comme le travail ne devait pas être accompli sans risque de vie, il ne pouvait pas tenter d'en dissuader Park, étant l'homme le plus susceptible de le mener à bien avec le moins de danger d'issue fatale.

Peu à peu, les affaires de l'expédition commencèrent à prendre forme. Le Dr Alexander Anderson, le jeune beau-frère de Park, a été choisi comme son commandant en second, et M. George Scott, un confrère de Dalesman, a été ajouté au groupe en tant que dessinateur. Quelques constructeurs de bateaux et artisans devaient également accompagner le groupe d'Angleterre, dans le but de construire le bateau destiné à la navigation du Niger lorsqu'il serait atteint. Les soldats chargés d'aider et de protéger l'expédition devaient être choisis à Gorée, où était stationnée une garnison du corps africain.

Il était désormais de la plus haute importance que l'expédition quitte immédiatement l'Angleterre si elle voulait profiter de la saison sèche. Mais la bureaucratie officielle était aussi difficile à galvaniser en activité et en vie que l'apathie africaine, et malgré tous ses efforts pour faire avancer les choses, les retards se succédaient, et Park voyait la bonne saison s'amenuiser progressivement, le laissant à l'exaspérant contemplation de toutes les difficultés et dangers supplémentaires engendrés par les pluies. Deux mois entiers furent ainsi perdus ; et lorsqu'il reçut enfin ses instructions officielles, il comprit que le gouvernement, par ses tergiversations continuelles, avait fait beaucoup, sinon tout, pour assurer une fin désastreuse à l'expédition.

Dans les instructions qui lui furent fournies, la mission de Park était définie comme étant de découvrir si et dans quelle mesure des relations commerciales pouvaient être établies à l'intérieur de l'Afrique pour le bénéfice mutuel des indigènes et des sujets de Sa Majesté. Il reçut l'ordre de remonter la Gambie, et de là jusqu'aux rives du Niger en passant par le Sénégal. Le but particulier de son voyage était de déterminer le cours du Niger et d'établir la communication avec toutes les différentes nations sur ses rives. Il était libre de suivre toute route de retour qu'il jugerait la plus appropriée, soit en se tournant vers l'ouest vers l'Atlantique, soit en marchant sur le Caire.

Pour mener à bien cette grande mission, une commission de capitaine lui fut décernée, et celle de lieutenant à Anderson. Des soldats européens au nombre de quarante-cinq, et autant d'indigènes qu'il jugerait nécessaire, devaient être choisis à Gorée, et un nombre suffisant d'ânes à Saint-Jago. Il était en outre habilité à retirer toute somme qu'il souhaitait ne dépassant pas 5 000 £.

---

# CHAPITRE XX.
## *DEUXIÈME RETOUR DE PARK EN GAMBIE.*

Le 31 janvier 1805, Park, avec ses compagnons et quatre ou cinq artificiers, quitta Portsmouth dans le transport *Crescent* pour St. Jago, dans les îles du Cap-Vert.

En traversant le golfe de Gascogne, ils furent considérablement retenus par les tempêtes et les vents contraires, de sorte qu'il leur fallut cinq semaines pour atteindre leur destination principale. De Saint-Jago, où quarante-quatre ânes furent achetés, ils se dirigèrent vers Gorée et arrivèrent à cette gare le 21 mars. Ici, l'idée d'une expédition au Niger fut accueillie avec un tel enthousiasme par les officiers et les soldats que toute la garnison était prête à s'y joindre : les officiers pour l'aventure et l'honneur de l'entreprise, les hommes pour l'augmentation de solde et la promesse de libération pour leur mission. retour.

Un officier, le lieutenant Martyn, fut choisi, et avec lui trente-cinq soldats et deux marins.

L'idée de Park d'emmener avec lui un nombre considérable d'artisans et de soldats européens doit être considérée comme l'une des plus grandes erreurs qu'il ait jamais commises. Un moment de réflexion aurait sûrement dû lui faire comprendre qu'il courait un risque terrible de perdre rapidement la plupart par la mort, et que, par la maladie, la majorité de ceux qui resteraient en vie lui seraient plus un obstacle qu'un secours. Il aurait dû savoir que ces hommes ignorants n'étaient pas ce qu'il semblait être lui-même – rendus à l'épreuve de la maladie et des privations par leur détermination à atteindre un certain grand objectif. Contre toute forme de mort, sauf la mort par violence, sa *volonté* était pour lui un courrier magique. Avec ses hommes, c'était différent. Ignorant ce qui les attendait – incapables de le comprendre même si cela leur avait été dit – ils ne voyaient dans l'entreprise qu'une certaine liberté par rapport aux restrictions de garnison ennuyeuses et à la discipline militaire, une augmentation des salaires et la perspective d'une libération anticipée. Pour tout le reste, ils étaient aveugles.

Confrontés à des dangers horaires, à des privations et à un labeur incessant, ils se rendirent vite compte de leur erreur. Tout était oublié, sauf les souffrances physiques actuelles. Malades et découragés, quelle était pour eux la question du cap du Niger ? Un simple nom, sans pouvoir enflammer leur imagination ni inspirer leur enthousiasme. Combien insignifiante aussi la récompense matérielle paraissait insignifiante. Ainsi, sans rien pour les soutenir, rien pour les attirer et les empêcher d'amplifier et de s'attarder sur leurs problèmes, il ne pouvait y avoir que l'apathie – avec l'apathie, le découragement et finalement la mort. Telle a été plus ou moins l'histoire de presque toutes les expéditions africaines dans lesquelles des Européens ignorants ont été employés, tentés de s'y joindre simplement pour un salaire ou pour d'autres considérations de caractère personnel. Dans la mesure où les membres d'une expédition ont été inspirés par ses objectifs ultimes, ils ont vécu pour la mener à bien, parce que dans cette proportion ils ont accordé moins d'attention à leurs difficultés et à leurs maladies. Moins ils ont pensé à eux-mêmes et plus leur esprit s'est concentré sur leur travail, meilleures ont été leurs chances de s'en sortir.

Mais bien que tous les Blancs de la garnison de Gorée fussent disposés à accompagner Park, aucun des nègres de l'endroit ne put être incité à le rejoindre, et il dut donc compter sur l'obtention des indigènes qu'il désirait en Gambie. Il quitta Gorée le 6 avril et atteignit Kayi, en Gambie, quelques jours plus tard.

La perspective qui s'offrait désormais à lui était tout sauf agréable. La saison des pluies, qu'il avait tant de raisons de craindre, approchait à grands pas. Il n'y avait que deux alternatives : soit attendre la prochaine saison sèche avant de commencer, soit aller de l'avant et affronter le pire : les fièvres, les pluies, les marais, les rivières en crue et tous les autres accompagnements de la saison des pluies. Celles-ci doivent sans aucun doute produire beaucoup de maladies, probablement beaucoup de morts, d'innombrables retards exaspérants et d'autres troubles ; elles doivent en fait multiplier par cent les périls et les épreuves de l'expédition. En revanche, attendre signifierait un retard de sept mois, sept mois d'inaction, d'intolérables inquiétudes au seuil même de l'entreprise. L'idée était hors de question. En outre, les hommes, les animaux et les marchandises étaient prêts à prendre la route, et le gouvernement espérait qu'ils partiraient sur-le-champ. Un tel retard n'était pas prévu et n'était pas prévu dans les instructions de Park. Entre les deux maux, il choisit donc celui qui était le plus en harmonie avec son propre esprit avide, déterminé à tout risquer et à commencer immédiatement. Une fois sa décision prise, il mit de côté toutes ses craintes et appréhensions, et ne permit à rien de décourager ses espoirs optimistes. Dans cet esprit, il écrivit à Dickson : « Tout semble à présent aussi favorable que je pourrais le souhaiter, et si tout va bien aujourd'hui, dans six semaines, j'espère boire toute votre santé dans l'eau du Niger. Les soldats sont en bonne santé et de bonne humeur. Ce sont les hommes les plus *fringants* que j'aie jamais vus, et s'ils préservent leur santé, nous pouvons nous garder parfaitement à l'abri de toute tentative hostile de la part des indigènes. Je n'ai aucun doute sur le fait que je pourrai, avec des cadeaux et des paroles justes, traverser le pays jusqu'au Niger, et si une fois que nous serons à flot, la journée est gagnée.

On peut facilement croire que Park dans cette lettre ne donne pas une indication fidèle de sa position réelle au moment de la rédaction. Il a peut-être exprimé ses espoirs avec assez de vérité, mais il évite soigneusement de montrer les craintes qui les accompagnaient. La signification exacte du terme « fringant », appliqué à ses soldats, par rapport à leurs qualités en tant que membres d'une expédition africaine, pourrait être un sujet de discussion ; mais si nous avons toutes les raisons de croire qu'ils étaient les meilleurs que la garnison pouvait fournir, il faut aussi se rappeler que le corps africain était le résidu de l'armée britannique à une époque où il était le principal recours de la coquinerie du pays. Une résidence, aussi brève soit-elle, dans une garnison d'Afrique de l'Ouest n'aurait pu améliorer ni leur physique, ni leur moralité, ni leur discipline, et n'était certainement pas conçue pour les préparer à l'une des entreprises les plus dangereuses et les plus éprouvantes qu'un homme puisse entreprendre, et exigeant des qualités morales et physiques que seuls quelques-uns possèdent.

À son erreur d'emmener avec lui un si grand nombre d'Européens, Park a ajouté une erreur encore pire, et pour laquelle on peut trouver moins d'excuses. Nulle part dans son journal nous ne trouvons une seule référence au fait qu'il ait des partisans indigènes pour accomplir les corvées communes du camp et de la route. C'était un manque de prévoyance qui paraît presque incroyable chez quelqu'un qui savait ce qui l'attendait, et les résultats qui suivirent lorsque tous les hommes tombèrent malades furent désastreux au-delà de toute description.

Ainsi donc, aux périls et aux difficultés extrêmes qui accompagnent à tout moment une expédition en Afrique, Park ajouta un départ au plus mauvais moment de l'année et avec la pire sélection d'hommes possible. Ce qui en est résulté, les pages suivantes le montreront.

Le 27 avril 1805, tout était prêt pour la marche. Le point initial était Kayi, sur le fleuve Gambie, à quelques kilomètres en aval de Pisania, lieu d'où Park partit pour sa première expédition. Comme ses préparatifs pour cette nouvelle tentative étaient différents. Dans le premier, il était parti pour l'intérieur accompagné d'un homme et d'un garçon, un seul âne transportant toutes les marchandises et provisions dont il avait besoin. Cette fois, il fut pourvu de quarante-quatre Européens et d'une grande quantité de bagages de toutes sortes, transportés par autant d'ânes qu'il y avait d'hommes. Comme nous l'avons déjà dit, nous ne trouvons aucune allusion dans ses lettres ou ses journaux à la présence de serviteurs indigènes, bien qu'il puisse y en avoir un ou deux comme serviteurs personnels. Isaaco, un prêtre et marchand mandingue, avait été engagé pour servir de guide, et il semble qu'il était accompagné de plusieurs des siens.

Sous le couvert du salut du *Croissant* et des autres navires rassemblés sur le fleuve, la caravane quitta Kayi et prit la route vers l'intérieur, chacun, selon son tempérament, ses aspirations et son éducation, rempli d'émotions d'espoir variées. et la peur, à la fois attirée et repoussée par le vague inconnu qui l'attendait.

Les problèmes et les soucis liés à la conduite d'une grande caravane en Afrique ne sont que trop vite apparus. La journée était extrêmement chaude. Sous l'influence de la température accablante, les ânes surchargés se sont couchés et ont refusé de continuer, tandis que d'autres, mécontents de l'imposition d'un quelconque fardeau, faisaient ce qu'ils pouvaient pour se libérer, donnant ainsi une quantité infinie de problèmes à leurs conducteurs.

Les hommes eux-mêmes, fraîchement sortis de la vie relaxante et des grossières débauches d'une garnison ouest-africaine, commencèrent bientôt à céder ainsi que leurs ânes, de sorte que bientôt la caravane, d'une ligne continue, fut divisée en groupes détachés et en individus isolés. se reposer ici, lutter là-bas. Finalement, le groupe fut complètement divisé, certains sous le lieutenant Martyn prenant un chemin, et le reste avec Park un autre. Vers le soir, ils se retrouvèrent unis et atteignirent un terrain de camping convenable, complètement fatigués par leur première marche. Le lendemain, on atteignit la Pisanie, et ici une halte devint nécessaire pour faire quelques derniers préparatifs et acheter huit autres ânes.

Le 4 mai, le voyage reprit. La caravane était divisée en six mess, chacun avec sa proportion d'animaux marquée pour une identification facile. Scott et l'un des hommes d'Isaaco ouvraient la marche, Martyn prenait en charge le corps central, tandis qu'Anderson et Park fermaient la marche. Même avec les bêtes de somme supplémentaires, il y avait une répétition des troubles qui avaient marqué la première marche, troubles qui devenaient chaque jour plus pénibles avec la force défaillante des ânes et la maladie qui se développait au fil du temps parmi leurs conducteurs. Les chefs reçurent chacun des chevaux pour monter à cheval, mais bientôt ils durent se lever pour que leurs animaux puissent être utilisés pour le transport des charges appartenant à des ânes en panne. Quelques jours de plus, mais cela ne suffisait pas non plus, et il fallut embaucher de nouveaux ânes et de nouveaux conducteurs.

Le quatrième jour, depuis la Pisanie, deux soldats furent atteints de dysenterie et il fut jugé nécessaire d'augmenter encore les effectifs de la caravane. En une semaine, l'expédition atteignit Médine, la capitale de Wuli, sans incident particulier, mais avec des inquiétudes toujours croissantes pour son chef.

Le sens aigu des affaires, si caractéristique des races nègres, fut bien montré par les femmes de Bambaku, qui, en apprenant l'arrivée des hommes blancs, puisèrent toute l'eau des puits dans l'espoir de forcer les étrangers à l'acheter à un prix élevé en perles et autres gaudes chères au cœur nègre. En cela, cependant, ils furent déjoués par les soldats, et ils eurent la mortification inexprimable de voir vingt-quatre heures de travail complètement perdues et les perles toujours aussi inaccessibles.

Pendant ce temps, le bruit du passage d'une riche caravane conduite par de nombreux Européens se répandait comme une traînée de poudre, gagnant en exagération à chaque kilomètre et mettant en alerte toutes les bandes de voleurs et tous les chefs. Précédé par de tels bruits, il devenait nécessaire de voyager avec une grande circonspection et en se préparant constamment à une attaque. Personne n'avait le droit de déposer son arme. Pour invoquer l'aide d'une puissance supérieure à celle de l'homme, Isaaco, en entrant dans les bois réputés dangereux de Simbani, déposa un bélier noir en travers de la route et, après avoir récité une longue prière, lui coupa la gorge en guise de sacrifice. Ces bois regorgeaient de centaines d'antilopes. La Gambie, là où elle les traversait, avait une largeur de cent mètres et présentait une marée perceptible. Sur le sable se trouvaient un grand nombre d'alligators, tandis que les bassins regorgeaient d'hippopotames. Vu d'une éminence, le pays vers l'ouest paraissait abondamment riche et enchanteur, le cours de la Gambie étant traçable par ses franges d'arbres vert foncé serpentant en courbes serpentines vers la mer.

Au lieu-dit Faraba, alors qu'ils déchargeaient les animaux en vue du camping, un des soldats tomba dans une crise d'épilepsie et expira au bout d'une heure. Ici, l'eau ne pouvait être obtenue qu'en creusant. Pendant la nuit, comme ils étaient dans le désert et susceptibles d'attaquer, des sentinelles doubles étaient postées autour du camp, et chacun dormait avec son fusil chargé à côté de lui.

Le lendemain matin, le ruisseau Neaulico, alors presque à sec, fut dépassé, et cette nuit-là et la nuit suivante, ils campèrent dans les bois, la deuxième fois étant près de la rivière Nerico.

Le 18, la caravane entra dans Jallacotta, première ville de Tenda.

Deux jours plus tard, ils rencontrèrent un accueil insolent de la part du chef du village indépendant de Bady, qui refusa la taxe caravanière qui lui était envoyée et menaça de guerre si ses exigences exorbitantes n'étaient pas satisfaites. Park a tenté personnellement d'arranger le différend, mais n'a reçu que des menaces. Les soldats reçurent aussitôt l'ordre de se tenir prêts à tout ce qui pourrait arriver, tandis que le chef fut informé que rien de plus ne lui serait donné et que s'il ne permettait pas leur passage paisible à travers son district, on en trouverait un autre. Après de nombreuses paroles de colère, Park se prépara à mettre sa résolution à exécution, mais avant que les préparatifs nécessaires ne soient terminés, le cheval d'Isaaco fut saisi par le peuple Bady. Alors que le propriétaire allait en exiger la restitution, il fut lui-même arrêté, privé de son fusil et de son épée, puis attaché à un arbre et fouetté. Au même moment, son fils fut mis aux fers.

Il faisait maintenant nuit, mais il fallait agir rapidement. En conséquence, Park, avec un détachement de soldats, entra dans le village pour arrêter les voleurs du cheval, dans l'intention de les retenir comme otages pour la délivrance saine et sauve du guide. Cette tentative provoqua naturellement beaucoup de tumulte, qui se termina finalement par des coups et par l'expulsion du village de tous les gens du chef. Isaaco, cependant, était introuvable et Park était quelque peu perplexe de savoir quoi faire. Il aurait bien sûr été facile d'incendier le village, mais cela aurait entraîné la mort et la ruine de nombreux innocents, peut-être sans produire l'effet escompté. Dans ces circonstances, il a été jugé préférable d'attendre le jour avant de lancer une attaque. Cette démarche s'est avérée à la fois sage et humaine, car le matin même, Isaaco a été libéré et son cheval restauré, de sorte que tout s'est finalement terminé à l'amiable.

Le 24 mai, de nombreux éclairs furent aperçus vers le sud-est, prémonition inquiétante de l'approche des pluies. Parmi les participants, Park et Isaaco étaient seuls à pouvoir comprendre ce que ces éclairs électriques annonçaient pour le sort de l'expédition.

Leur route pour les trois jours suivants s'est déroulée à travers le désert de Tenda - avec toutes les marches difficiles, les rations courtes et les maigres réserves d'eau qu'implique un district inhabité à la fin de la saison sèche, et qui ne pouvaient guère être compensées par le dépassement de la saison. pittoresque du paysage.

Au deuxième camp, dans le désert, un accident extraordinaire leur arriva. Une ruche d'abeilles a été dérangée par l'un des hommes, ce qui a fait qu'elles sont sorties en myriades en colère pour attaquer les intrus. Ils s'en prirent aussi bien aux hommes qu'aux bêtes, et en un clin d'œil ils mirent en déroute tous les animaux à deux et quatre pattes du camp. Les hommes jetèrent toutes leurs armes et s'enfuirent consternés, accompagnés d'ânes braillant frénétiquement. Les chevaux se déchaînèrent également et galopèrent vers les bois en panique. Pendant ce temps, les feux qui avaient été allumés, laissés ainsi sans surveillance, commencèrent rapidement à se propager aux herbes sèches et aux bambous environnants. Lorsque Park et ses compagnons eurent le temps de regarder autour d'eux, ils découvrirent avec consternation que tout le camp était en feu et menacé d'une ruine absolue et irrémédiable.

Oubliés de tout le reste devant un danger aussi effroyable pour l'expédition, ceux qui avaient le moins souffert des abeilles furieuses se précipitèrent pour sauver ce qu'ils pouvaient. Heureusement, il n'est pas trop tard. Avant que les marchandises ne soient touchées par le feu, Park et certains hommes étaient prêts à recevoir l'ennemi et réussirent finalement à l'éteindre.

L'incendie imminent étant passé, les chevaux et les ânes furent difficilement récupérés des bois, beaucoup d'entre eux terriblement piqués et enflés autour de la tête. Trois animaux, outre le cheval d'Isaaco, ont complètement disparu. Un âne est mort ce soir-là, un autre le lendemain matin et un troisième a dû être abandonné, tant l'assaut des abeilles avait été vicieux et mortel.

De nombreuses superstitions curieuses furent remarquées par Park *alors qu'il* traversait Wuli et Tenda. À un endroit, on croyait que la mort était le partage de quiconque dormait sous un arbre particulier ; tantôt il ne faut pas pêcher les poissons de la rivière, sinon l'eau s'assècherait entièrement ; tandis qu'à un troisième, tout voyageur qui veut s'assurer d'un voyage sûr doit soulever et retourner une pierre particulière.

A Julifunda, le chef a imposé des exigences exorbitantes à la caravane, menaçant de les attaquer dans les bois si elles n'étaient pas satisfaites. Cependant, l'attitude résolue de Park, combinée à un ajout à son premier cadeau, a amené la querelle à une conclusion à l'amiable et il a été autorisé à poursuivre sa route sans être inquiété.

L'expédition avait maintenant atteint les limites orientales du bassin de Gambie et, écrivant à sa femme, Park évoquait ainsi sa situation :

« Nous avons parcouru la moitié de notre voyage ( *c'est-à-dire* vers le Niger) sans le moindre accident ou circonstance désagréable. Nous gardons tous notre santé et sommes dans les termes les plus amicaux avec les indigènes.... Le 27 juin, nous espérons avoir terminé tous nos voyages par terre, et lorsque nous serons une fois à flot sur le fleuve, nous J'en conclurai que nous embarquons pour l'Angleterre. Je n'ai jamais eu la moindre maladie, et Alexander (le frère de Mme Park) est tout à fait exempt de toutes ses plaintes... Nous emportons nos propres victuailles avec nous et vivons très bien - en fait, nous n'avons fait qu'un voyage très agréable. ; et pourtant, c'est ce que nous pensions être le pire.

En regardant en arrière, Park avait sans aucun doute toutes les raisons d'être satisfait de son parcours jusqu'à présent. Ses hommes semblaient avoir travaillé avec assez de cœur – du moins nous ne trouvons aucune indication dans son journal d'insubordination, de grogne ou de mauvaise conduite. Mais il n'avait jamais eu l'habitude de mettre le moins d'accent sur ses ennuis. Il lui importait plus de pouvoir dire qu'il s'était avancé d'une journée de marche plus près du Niger que d'avoir été soumis à une semaine d'inquiétudes exaspérantes. Il traitait toutes les contrariétés et tous les inconforts comme les aventures supprimées de son récit précédent, dont il disait que, comme elles n'avaient d'importance que pour lui-même, il ne fatiguerait pas le lecteur en les récitant.

## CAMPEMENT DU PARC MUNGO.

Il n'est que trop probable qu'il eut beaucoup de problèmes avec ses hommes, et certainement entre les lignes, nous comprenons qu'il avait une immense quantité de travail à accomplir : s'occuper de sa caravane sur la route, acheter de la nourriture, tenir d'innombrables palabres, etc. , dans le camp. Même les nuits ne lui appartenaient pas, car les observations de latitude et de longitude devaient être prises à toute heure, des notes écrites et les observations calculées. Il devait être à la fois surveillant, acheteur de nourriture, interprète, géomètre, médecin et inspirateur général de tout le parti. Mais il était à la hauteur de tout ce qu'on pouvait lui mettre sur les épaules. En lui, il possédait une force de soutien telle qu'aucun de ses proches ne la connaissait, et qui lui donnait la force d'un géant et l'esprit des dieux.

# CHAPITRE XXI.
## *TOUJOURS EN LUTTE VERS LE GRAND FLEUVE.*

Park, dans sa lettre à son domicile, n'a pris soin que de regarder en arrière : c'est maintenant à nous de l'accompagner et de voir ce qui s'est passé lors de sa traversée du bassin du Sénégal en route vers le Niger.

Le 7 juin, il franchit la Samaku, qui coule vers le nord pour rejoindre la Falemé, et, craignant une attaque, traversa rapidement un district inhabité à marche forcée. Ici, deux des ânes durent être abandonnés, et comme il n'y avait pas de chemin de guidage, à mesure que la nuit tombait, on tirait fréquemment des coups de mousquet pour empêcher les hommes de se perdre.

Le lendemain, de bonne heure, le Falemé fut aperçu au loin. Le charpentier, tombé très malade, ne pouvait plus se tenir debout sur un âne et se jetait à plusieurs reprises en déclarant qu'il préférait mourir. Dernièrement, il fallut deux hommes pour le retenir de force sur son siège, et à la Falemé, qu'on traversa dans la journée, il dut être laissé sur place sous la garde d'un soldat. Il est décédé quelques heures après.

Cette nuit-là, une violente tornade éclata sur la caravane. Cinq soldats qui n'avaient pas été convenablement abrités et qui ont été mouillés sont tombés malades en conséquence.

On ne pouvait plus ignorer que les pluies étaient enfin tombées sur eux, et cela juste au moment où ils se trouvaient dans le réseau de cours d'eau que se partagent le Sénégal et le Niger dans leurs cours supérieurs. Une terrible nécessité de leur situation était que, malades ou non, il ne pouvait y avoir aucun arrêt pour permettre une éventuelle guérison. Ils doivent avancer vers leur but, même si le chemin doit être jalonné par les cadavres de leurs camarades. Plus le retard était long, plus la marche devenait difficile, à cause des rivières inondées, des pluies incessantes et de l'aggravation du marécage du pays.

Jusqu'à présent, Park avait suivi son ancien itinéraire de retour. Il résolut alors de tracer une ligne plus au nord afin d'éviter le désert de Jallonka, dont il gardait un souvenir si vif des horreurs. Le nouveau parcours était dur et rocailleux, et très fatiguant pour les ânes. Au fil de la journée, de nombreux malades sont devenus désespérément inaptes à conduire leurs animaux. L'un d'eux Park montait sur son propre cheval tandis qu'il assumait lui-même le rôle de conducteur d'âne. Même alors, quatre des ânes durent rester dans les bois, et lui-même n'atteignit le camp que longtemps après la tombée de la nuit. Avant que les tentes aient pu être dressées, une tornade s'est abattue sur eux et les a trempés jusqu'aux os. Le sol fut rapidement recouvert d'une profondeur de trois pouces, et dans cette situation inconfortable – sans feu, sans tente, dégoulinant – ils durent passer la nuit. Une seconde tornade, vers deux heures du matin, compléta leur déconfiture.

Cette nuit, selon les propres mots de Park, fut « le début des chagrins... Maintenant que la pluie s'était installée, je tremblais à l'idée que nous n'étions qu'à mi-chemin de notre voyage. La pluie n'avait pas commencé depuis trois minutes, que beaucoup de soldats furent pris de vomissements, d'autres s'endormirent et semblaient à moitié ivres. J'ai ressenti une forte envie de dormir pendant la tempête, et dès qu'elle fut terminée, je m'endormis sur le sol mouillé, même si je faisais tous mes efforts pour me tenir éveillé. Les soldats se sont également endormis sur les ballots mouillés.

Le résultat immédiat de cette nuit fut l'ajout de douze hommes sur la liste des malades. Le lendemain, tous les chevaux et ânes de rechange furent réquisitionnés pour transporter ceux qui ne pouvaient pas marcher. La route s'est avérée difficile au pied des montagnes de Konkadu, dont les précipices surplombaient la ligne de marche en masses menaçantes.

A peine le camp était-il atteint qu'une nouvelle tornade éclata dans toute sa fureur, mais grâce à la proximité d'un village, avec des conséquences moins désastreuses que la veille au soir.

La tempête passée, Park a procédé à l'examen de quelques mines d'or ; après quoi, accompagné de Scott, il se dirigea vers le sommet des collines de Konkadu, les trouvant cultivées jusqu'aux plus hautes altitudes. Là aussi, il trouva des villages romantiquement situés dans de ravissants vallons, avec de l'eau et de l'herbe en abondance tout au long de l'année ; et là, « tandis que le tonnerre roule avec une grandeur effroyable au-dessus de leurs têtes, ils peuvent regarder, de leurs formidables précipices, toute cette plaine sauvage et boisée qui s'étend depuis le Falemé jusqu'au Bafing ou Rivière Noire ».

Se battre avec des hommes handicapés et des ânes sans conducteur était désormais un travail difficile. La moitié de la caravane était malade ou trop faible pour faire des efforts efficaces. Le résultat fut une confusion et des retards sans fin. Incapables de tenir ensemble, hommes et ânes se sont égarés, gardant Park, qui ne pouvait se trouver à une douzaine d'endroits à la fois, dans un état de vigilance et de mouvement continus, faisant de son mieux pour élever les incapables et les « amadouer » vers des efforts supplémentaires chaque fois qu'ils insistaient pour se coucher, indifférents aux voleurs, aux lions et aux fièvres de la nuit.

Malgré sa constitution de fer et son esprit héroïque et sanguin, Park lui-même n'était pas tout à fait invulnérable, et lui aussi devenait parfois fiévreux, mais seulement pour se montrer supérieur à la souffrance en vertu de sa merveilleuse volonté et des exigences de sa situation. Conscient que tout le sort de l'expédition dépendait de sa bonne santé, il n'osa pas céder. Il était un second moi pour chacun – sans lui, tous étaient absolument impuissants.

En quittant Fankia, le 15 juin, la plupart des hommes étaient malades, quelques-uns même déliraient. Dans cet état, la caravane devait commencer l'ascension des montagnes Tambaura. La route était excessivement raide, les ânes terriblement surchargés sous leur double fardeau d'hommes malades et de marchandises. En raison de la nature du terrain, chaque animal aurait nécessité au moins un conducteur distinct pour le guider et l'assister, mais dans le cas présent, cela était impossible. Le résultat fut une scène de confusion et de désastre épouvantable. Des ânes chargés dégringolaient constamment sur les rochers ou tombaient épuisés sur le chemin, tandis que des malades, indifférents à leur sort, se jetaient à terre en déclarant qu'ils ne pouvaient aller plus loin. Les indigènes, découvrant la situation difficile de la caravane, se glissèrent parmi les rochers et volèrent ce qu'ils pouvaient lorsqu'une opportunité favorable se présentait.

Enfin, au moyen d'efforts surhumains, Park réussit à faire sortir sains et saufs de ce passage périlleux jusqu'à un village, où il eut le plaisir inexprimable de rencontrer le maître d'école mahométan qui avait été si bon pour lui à Kamalia et, alors qu'il voyageait avec Karfa . En gage de sa gratitude pour les faveurs passées, Park lui fit un beau présent de tissu, de perles et d'ambre, dont le bon vieillard fut ravi. L'Écossais craignant Dieu n'a pas négligé d'ajouter à ses autres dons un Nouveau Testament arabe.

L'histoire de l'expédition était désormais marquée par des troubles, des maladies et une désorganisation croissants. Les tornades étaient presque quotidiennes, et le pays et les cours d'eau devenaient de plus en plus difficiles à traverser.

Jusqu'au 17 juin, deux hommes étaient morts et, à cette date, deux autres restaient sur place, sur le point de mourir. Les trois jours qui suivirent, Park lui-même était malade, tout comme plus de la moitié de ses hommes, même s'ils continuaient à lutter. Pour ajouter aux dangers de leur situation, ils étaient totalement incapables d'assurer une surveillance adéquate de leurs biens, de jour comme de nuit - un fait que les indigènes ont rapidement appris et ont constamment suivi leurs traces, avec l'intention de piller.

Dans un village, les habitants se sont rassemblés *en masse* , prêts à trouver la caravane de l'homme blanc si affaiblie par la maladie qu'elle perdrait une prise facile. En guise de préparation à de nouvelles déprédations, un des villageois s'est emparé de la bride du cheval du sergent et a tenté de le conduire, ainsi que son propriétaire apparemment impuissant, à l'intérieur des murs du village. La présentation du pistolet du cavalier lui fit se raviser. Au même moment, d'autres faisaient semblant de chasser les ânes. Mais ils avaient compté sans leur hôte. Galvanisés dans une nouvelle vie, les soldats chargèrent promptement leurs mousquets et fixèrent leurs baïonnettes, et à la vue de quels préparatifs guerriers les indigènes ne tardèrent pas à abandonner leur proie et à se retirer à une distance plus sûre.

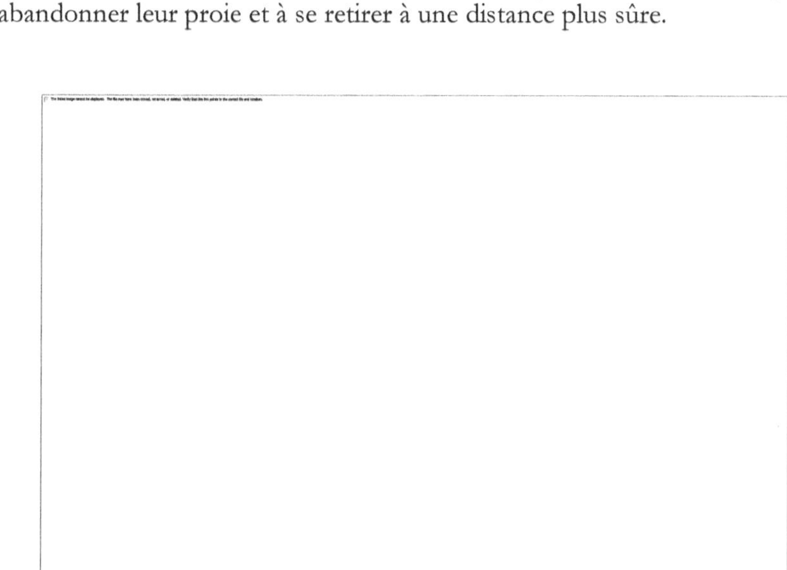

## PAYSAGES ROCHERS DU HAUT SÉNÉGAL.

Après avoir conduit leurs bêtes à travers un torrent, les soldats laissèrent certains d'entre eux pour les garder et revinrent au village, prêts à donner à ses habitants une leçon de courtoisie et d'hospitalité. A ce moment, Park arrivait. Toujours soucieux d'éviter une effusion de sang, il a appelé à une palabre et a rapidement convaincu le chef à quel point il serait insensé pour lui ou son peuple de l'agresser. En même temps, désireux de laisser derrière lui une impression favorable, au cas où des malades seraient obligés de repasser par là, Park fit un présent au chef, en lui faisant remarquer que c'était pour montrer qu'il n'était pas venu pour faire la guerre, mais si s'il était attaqué, il se battrait jusqu'au bout.

Au-delà de ce point, le pays devint pittoresque au-delà des mots, ressemblant dans ses caractéristiques physiques à toutes sortes de formes architecturales, châteaux en ruine, flèches, pyramides. Une colline rocheuse ressemblait tellement à une abbaye gothique en ruine que tout le groupe dut s'en approcher pour se convaincre que ses diverses caractéristiques n'étaient pas vraiment ce qu'elles paraissaient. Au-delà de ce *lusus naturæ,* une masse compacte de granit rouge se dressait, nue et décharnée, absolument dépourvue d'un brin d'herbe apaisant. Ici et là se trouvaient des villages regroupés dans les niches courbes de précipices géants, à l'abri des explosions tropicales et des attaques dévastatrices des hommes. Tout était sauvage et grandiose – les caractéristiques les plus sévères n'étaient renforcées que par l'échange de magnifiques creux fertiles et de ruisseaux argentés serpentant à travers les champs verts et les étendues forestières plus sombres.

Des scènes similaires caractérisèrent tout le voyage à travers Konkadu, et la caravane atteignit enfin les frontières de Wuladu au Bafing. La traversée de cette rivière dans de petits canots branlants ne s'est pas faite sans une triste fatalité, l'un d'eux chavirant avec trois soldats, dont un s'est noyé.

Les habitants de Wuladu avaient une réputation de voleurs notoire, dont la justice fut rapidement illustrée par leurs diverses tentatives, plus ou moins réussies, pour arracher aux étrangers tout ce qu'ils voyaient, les tenant ainsi continuellement en alerte.

Après avoir traversé le Bafing, de nombreux malades qui avaient jusque-là lutté courageusement commencèrent à perdre tout esprit. Une lassitude invincible les prenait parfois, et quel que soit le danger de la situation, leur seul désir était de se coucher et de mourir. Pour échapper aux cajoleries et à la coercition auxquelles ils étaient soumis, ils quittaient fréquemment la piste et donnaient à leur chef des soucis et des difficultés sans fin pour les retrouver une fois le camp atteint. Plusieurs hommes disparurent ainsi complètement, portant à neuf le total des pertes du 29 juin.

Outre ses cormorans humains, Wuladu s'est avéré infesté de diverses bêtes de proie, ce qui imposait davantage d'anxiété et de vigilance à la petite bande harcelée et découragée, faible et de plus en plus faible de jour en jour.

Anderson et Scott, sur lesquels Park dépendait tant pour encourager et pousser ses partisans, en plus de faire eux-mêmes le travail de trois ou quatre, devinrent maintenant frappés d'incapacité, tandis que d'après ce que nous pouvons comprendre dans le journal, le lieutenant Martyn ne semble jamais avoir été de toute utilité. Tout dépendait donc du chef lui-même, qui, aussi malade qu'il était, devait déployer des efforts surhumains - conduire des ânes réfractaires et épuisés, relever ceux qui étaient tombés et recharger ceux qui avaient lancé ou laissé tomber leurs fardeaux - à chaque pas, stimulant aux malades et aux découragés de lutter vers leur destination et de ne pas se laisser assassiner par les indigènes, dévorés par les bêtes sauvages ou vaincus par la malaria mortelle des jungles. Au camp, il avait aussi peu de repos que sur la route. Personne d'autre n'était apte à faire quoi que ce soit – ou, étant apte, il ne voulait pas – de sorte qu'il devait être l'homme à tout faire pour près de quarante hommes. La nuit n'apportait ni oubli ni détente, mais seulement de nouvelles inquiétudes et de nouveaux devoirs. Il ne pouvait dormir que par courtes périodes, entre ses observations astronomiques et ses tournées du camp pour attiser les sentinelles indifférentes et maladives. Il n'était pas rare qu'il dut monter lui-même la garde toute la nuit pour éviter que les ânes ne soient tués ou bousculés par les bêtes sauvages qui rôdaient constamment. Plus la nuit était orageuse, plus il avait besoin d'être debout, quel qu'en soit le prix à payer pour lui-même.

Le 4 juillet, le fleuve Furkomo, autre affluent important du Sénégal, est atteint. Le nombre des décès s'élève désormais à onze, la plupart survenus au cours des quinze derniers jours.

En traversant le Furkomo ou Bakhoy, Isaaco échappa de peu à un crocodile. Vers le milieu de la rivière, il a été saisi par la cuisse gauche et entraîné sous l'eau. Avec une merveilleuse présence d'esprit, il enfonça son doigt dans l'œil du reptile, de sorte que celui-ci lâcha prise. Mais avant qu'il pût regagner le rivage, le crocodile revint à l'attaque et le saisit par l'autre cuisse. Il enfonça de nouveau son doigt dans son œil, avec un résultat tout aussi heureux, et avant que celui-ci ne puisse revenir sur lui, saignant et lacéré, il atteignit la terre ferme. Cette nuit-là, même si la pluie menaçait, tout le monde était si malade et épuisé – même Park étant incapable de se tenir debout – que ce ne fut qu'avec les plus grandes difficultés que les tentes furent montées et les charges placées à l'intérieur. Les blessures d'Isaaco rendaient le voyage impossible et, comme la caravane dépendait largement de ses services, une halte de trois jours fut décidée.

Le guide étant partiellement rétabli, la marche se poursuivit vers Keminum, dont ils atteignirent le quartier avec appréhension. La ville était fortifiée d'une manière remarquablement solide. Il y avait d'abord un fossé de 8 pieds de profondeur, adossé à un mur d'autant de pieds de haut. À l'intérieur se trouvait un deuxième mur de 10 pieds de hauteur, à l'intérieur duquel se trouvait un tiers de 16 pieds.

Le chef et ses trente fils n'étaient ni plus ni moins qu'une bande organisée de voleurs qui terrorisait tout le quartier. De nombreuses preuves de la manière dont il régnait étaient fournies par le tas d'ossements humains à l'extérieur des murs, où il exécutait les prisonniers dont il n'était pas fait esclave. Pendant la nuit, toutes les énergies de la caravane furent employées à chercher à se protéger des tentatives incessantes de vol des indigènes ; mais la plupart des hommes étaient si impuissants qu'ils se laissèrent priver de redingotes, de mousquets, de pistolets, presque sans résistance.

La matinée n'a apporté aucun répit. Les fils du chef, non satisfaits de leur part du présent et du pillage, firent de leur mieux pour se procurer quelques précieux souvenirs de l'homme blanc. Celui-ci essaya d'abord de faire du gros en soulevant simplement une charge sur un âne, mais le coupable fut pourchassé et dut lâcher son butin. La confusion produite par cet incident a donné à un autre voleur l'occasion de s'enfuir avec un mousquet.

D'innombrables tentatives exaspérantes de même nature maintenaient Park en alerte constante, craignant que certains soldats n'utilisent leurs armes et ne précipitent un combat. En conséquence, sa principale préoccupation était de s'enfuir le plus rapidement possible. Alors qu'il s'éloignait un peu du village pour voir la nature de la route, l'un des fils du chef détourna son attention pendant qu'il s'arrêtait, après quoi l'autre arracha soudainement le mousquet lâchement tenu par le voyageur. Immédiatement, Park se lança à la poursuite avec son épée brandie. Anderson, voyant ce qui s'était passé, se précipita à son secours avec l'arme levée ; mais voyant qui était le coupable, il hésita à tirer, de sorte que le voleur s'enfuit sain et sauf vers les rochers. Pendant ce temps, le frère s'était tranquillement servi des objets qu'il avait trouvés sur le cheval de Park.

L'ordre fut désormais donné de tirer sur la première personne trouvée en train de voler. Mais les princes ne furent pas facilement effrayés, et lors d'une tornade qui éclata au-dessus de leur tête, l'un d'eux s'en sortit avec un mousquet et quelques pistolets. Une tentative fut ensuite faite pour chasser les ânes, mais heureusement, elle échoua. A titre d'exemple, un autochtone détecté en train de voler a été immédiatement visé par des tirs. A la reprise de la marche, chaque pied de la route était poursuivi par les misérables pilleurs, qui flairaient leur proie dans chaque homme qui restait en arrière et dans chaque âne qui tombait ou s'éloignait du chemin.

Il faisait nuit avant d'atteindre un emplacement de camping, et la nuit se passa dans beaucoup de misère, hommes et bêtes couchés sur le sol humide, sans abri, exposés aux rosées trop épaisses.

La marche à travers Wuladu n'était qu'une répétition quotidienne des expériences de Keminum. Les voleurs s'accrochaient aux jupes de la caravane comme des hyènes sur la trace du sang, ne les quittant ni la nuit ni le jour. Tous les retardataires, humains ou animaux, en faisaient leurs proies et, par leurs tentatives de déprédations, maintenaient les malheureux voyageurs en constante alarme. Chaque matin et chaque soir avait son histoire de perte. Mais tout fut toléré pour éviter l'effusion du sang ; abstention considérée seulement comme de la faiblesse et de la lâcheté par les indigènes, qui furent en conséquence encouragés à poursuivre leurs maraudes avec une audace accrue. Park fut finalement contraint à des mesures plus sévères et, une fois, il poursuivit un voleur à cheval et, après l'avoir traqué, lui tira une balle dans la jambe. Cet exemple eut un effet très salutaire pendant un certain temps, bien que le seul récit de spoliation de ce jour-là comprenne le dépouillement plus ou moins complet de quatre malades et d'un âne chargé des mousquets, etc., des autres invalides.

Citons les actes d'une journée caractéristique tirés du propre journal de Park :

« *19 juillet.* — Après avoir acheté un âne à la place de celui volé, nous avons quitté Nummabu, qui est un village fortifié, et avons continué notre route. Il y a eu deux tornades. La dernière, vers onze heures, nous a beaucoup mouillés et a rendu la route glissante. Deux connards incapables de continuer. Mettez leurs charges sur les chevaux et laissez-les. Le cheval de M. Scott est incapable de marcher. Laissez-le à notre guide. A midi, nous arrivâmes aux ruines d'une ville. J'ai trouvé deux autres ânes incapables de porter leurs charges. J'ai embauché des gens pour porter les charges et un garçon pour conduire les ânes. À midi et demi, je passai devant les ruines d'une autre ville, où je trouvai deux malades qui s'étaient couchés sous un arbre et refusaient de se lever. Ils furent ensuite dépouillés par les nègres et arrivèrent nus à nos tentes le lendemain matin. Peu de temps après, nous tombâmes sur un âne étendu sur la route, incapable de continuer avec son chargement. Mettre une partie de la charge sur mon cheval, qui était déjà lourdement chargé. J'ai pris un sac à dos sur le dos. Le soldat porta le reste et conduisit l'âne devant lui. Nous sommes arrivés au Ba Winbina à une heure et demie. Suit ici une description de la façon dont un pont a été construit, qui, bien qu'extrêmement instructif, est trop long pour être inséré. « Nos gens étant tous malades, j'ai engagé des nègres pour porter tous les bagages et nager sur les ânes. Nos bagages étaient déposés sur les rochers du côté est de la rivière, mais notre état de faiblesse était tel que nous ne pouvions pas les transporter sur la rive. Francis Beedle, l'un des soldats, était visiblement en train de mourir de fièvre, et après avoir tenté en vain, avec l'aide d'un de ses camarades, de le transporter, j'ai été forcé de le laisser sur la rive ouest, pensant que c'était très probable. qu'il mourrait dans le courant de la nuit.

Jour après jour, la même histoire décourageante devait être racontée. Aujourd'hui, on trouve un homme expirant, et on ne peut perdre de temps à attendre sa mort. Bientôt, un autre laissé pour mort est galvanisé par l'apparition de loups prêts à se nourrir de lui. Le 27 juillet, un homme a dû être laissé au camp sur le point de mourir ; quatre autres sont tombés sur la route et ont refusé de continuer, souhaitant seulement mourir. Park lui-même était « très malade et évanoui, devant conduire mon cheval chargé de riz et un âne avec la scie de long. Je suis arrivé à une éminence d'où j'avais une vue sur des montagnes très lointaines à la moitié est et sud. La certitude que le Niger baigne la base sud de ces montagnes m'a fait oublier ma fièvre, et je ne pensais à rien d'autre qu'à escalader leurs sommets bleus. Mais à ses hommes, cette vue ne donnait ni santé ni inspiration, et n'eût été le fait que reculer était aussi difficile que d'avancer, ils auraient vite montré dans quelle direction tendaient leurs désirs.

Quelles étaient à cette époque les pensées les plus intimes de l'intrépide explorateur, nous aurions beaucoup à savoir. Dans son journal, il ne lève nulle part le voile. Tout au long, on ne trouve que le simple constat qu'aujourd'hui un tel est mort, qu'hier il fallait laisser tel autre à son sort : ici un âne a été pillé, là une observation astronomique faite. La seule chose qui puisse l'émouvoir, c'est la vue des sommets bleus des collines lointaines dont les bases sont baignées par les eaux du Niger.

---

# CHAPITRE XXII.
## *AU NIGER.*

Écrivant chez lui le 29 mai, Park, calculant d'après son rythme de progression jusqu'à présent, prédit qu'il atteindrait le Niger le 27 juin. Nous étions maintenant le 27 juillet et il se trouvait toujours au cœur de Wuladu, à une bonne centaine de kilomètres en ligne droite de Bammaku, sa destination principale.

Entre-temps, tous les ânes avec lesquels il avait commencé étaient morts ou avaient été volés, et de grands progrès avaient été réalisés dans ses magasins pour les remplacer, sans parler des pertes entraînées par le pillage et d'autres causes imprévues. Vingt de ses hommes étaient morts ou avaient été assassinés, et tous étaient plus ou moins inaptes au travail. Néanmoins, ses espoirs étaient toujours aussi inextinguibles et il se rassurait avec la conviction que s'il pouvait atteindre le Niger avec une certaine proportion de sa caravane, le succès de sa mission serait assuré, comme le reste de la saison des pluies pourrait l'être. passé dans un confort relatif tout en se préparant à naviguer sur le fleuve. Une fois lancé sur son large sein, il n'y aurait plus de difficultés de transport et peu de travail pour ses hommes, de sorte que tout pourrait se terminer avec bonheur et succès.

Avec un peu d'espoir, Park tourna au sud-ouest de Bangassi, le chef-lieu de Wuladu, et se tourna vers Bammaku. Mais si optimiste qu'il fût, il ne put améliorer les conditions de sa marche. Les pluies étaient désormais à leur paroxysme. Ils ne tombaient plus en tornades passagères, mais en pluies torrentielles incessantes. Chaque ruisseau était gonflé aux dimensions d'une rivière, chaque plaine devenait un lac ou un marécage à travers lequel les voyageurs malchanceux devaient se glisser et s'enfoncer tant bien que mal. Les sentiers eux-mêmes se sont transformés en torrents impétueux. Soumise à de telles conditions de déplacement, la maladie exigeait son quota quotidien de victimes, tout en réduisant les forces de tous jusqu'à la disparition. Les hommes devinrent rapidement incapables de charger leurs animaux, voire même de les conduire. Presque tout le travail de la caravane incombait à son chef indomptable, qui, même sur la route, avait parfois jusqu'à treize ânes tombés à relever et à recharger.

Le 7 août, les choses devinrent si mauvaises qu'il dut s'arrêter pendant deux jours, retard qui lui paraissait presque exaspérant.

Au Ba Wulima, Park a trouvé Anderson allongé sous un buisson, apparemment en train de mourir, et a dû le porter sur son dos. Pour aider au transport des charges, etc., il dut traverser seize fois la rivière, l'eau lui arrivant jusqu'à la taille. Malgré ses efforts, plusieurs soldats et leurs ânes durent cependant être laissés sur place.

En deux jours, quatre hommes avaient été perdus – la lente agonie de la mort due à la fièvre étant sans doute dans chaque cas accélérée par les poignards des nègres voleurs ou par les crocs tombés des loups et autres bêtes sauvages.

Le lendemain de son départ du Ba Wulima, Park était le seul Européen capable d'effectuer un quelconque travail, et sans l'aide d'Isaaco et de ses hommes, la caravane aurait été obligée de rester au camp. La marche du jour a été éprouvante. Anderson semblait sur le point de mourir, et ce fut avec difficulté que son beau-frère réussit à le retenir sur un cheval. Chaque heure menaçait d'être la dernière, et ce n'était que par des repos fréquents qu'il pouvait avancer par étapes courtes. Alors qu'il était ainsi occupé à soutenir et à encourager son ami bien-aimé sur le chemin vers le camp, Park fut soudainement déconcerté en se retrouvant face à face avec trois grands lions se dirigeant rapidement vers eux. Dans l'intention d'abord de sauver Anderson, avec un courage splendide, il courut à leur rencontre à mi-chemin, et afin de se réserver une seconde chance si son mousquet manquait le feu, il visa dès que les lions étaient à portée de main et tira. au milieu l'un des trois. Cet accueil arrêta l'ennemi et, après avoir apparemment pris conseil les uns les autres, ils tournèrent la queue et bondirent. L'un cependant s'arrêta rapidement et se retourna comme s'il méditait une autre attaque, mais y réfléchissant mieux, reprit sa fuite et laissa les voyageurs continuer leur route, non sans le plus fort soupçon qu'ils étaient toujours traqués, et pourrait être attaqué dans l'obscurité qui s'accumule rapidement. Avant d'atteindre le camp, le chemin emprunté par la caravane était perdu et, dans l'obscurité, Park et son compagnon erraient dans un ravin, où la route devenait si dangereuse qu'ils n'osèrent finalement plus avancer, de peur d'être tués en tombant dans un précipice. . En conséquence, ils furent obligés de tirer le meilleur parti de leur position et d'attendre jusqu'au matin, sans tente et sans nourriture. Heureusement, ils purent allumer un feu près duquel, tandis qu'Anderson gisait enveloppé dans un manteau, Park veilla toute la nuit pour chasser les lions et les loups. Le matin, on découvrit que la moitié de la caravane avait passé la nuit en groupes dispersés, à peu près de la même manière que leur chef. Heureusement, il n'y a eu aucune victime.

Au lieu-dit Dumbila, Park a eu le plaisir de rencontrer son vieil ami et protecteur, Karfa Taura. Ici, Anderson est tombé trop malade pour être déplacé, Scott avait disparu et un seul homme était capable de conduire un âne. La nuit, la pluie tombait à torrents et les hommes se réfugiaient dans le village, laissant leur chef seul pour veiller à ce que les ânes ne s'égarent pas dans les champs de maïs voisins et pour les défendre ainsi que leurs chargements contre les attaques des bêtes sauvages. et des bandes d'indigènes en maraude. Mais si lourds que soient les fardeaux, pas un grognement n'échappait au héros qui devait tous les supporter, pas un indice qu'il se sentait mal traité par ses hommes et leurs officiers.

Le 19 août, Park, avec les restes de sa caravane, impuissants et brisés, gravit la crête montagneuse qui forme la ligne de partage des eaux entre le Sénégal et le Niger. S'avançant avec acharnement vers le sommet de la colline, les yeux fatigués et fatigués du voyageur étaient réjouis par le spectacle du « Niger roulant son immense ruisseau le long de la plaine ».

« Après la marche fatigante que nous venions d'éprouver, la vue de cette rivière était sans doute agréable, car elle promettait la fin, ou du moins un allégement, de nos travaux. Mais quand je réfléchis que les trois quarts des soldats étaient morts en marche, et qu'outre notre état de faiblesse nous n'avions pas de charpentiers pour construire les bateaux dans lesquels nous nous proposions de poursuivre nos découvertes, la perspective me parut quelque peu sombre. Cependant, cela m'a procuré un plaisir particulier lorsque j'ai pensé qu'en conduisant un groupe d'Européens avec d'immenses bagages sur une étendue de plus de cinq cents milles, j'avais toujours été capable de conserver les termes les plus amicaux avec les indigènes.

Cette dernière phrase mérite d'être notée car elle illustre les méthodes de voyage de Park à une époque où le caractère sacré de la vie humaine, qu'elle soit noire ou blanche, n'était pas aussi pris en compte qu'aujourd'hui.

En parlant de la distance parcourue comme de cinq cents milles, il faut se rappeler qu'il s'agit de la distance en ligne droite exprimée en milles géographiques. Le nombre réel de milles anglais parcourus serait en réalité d'un peu moins d'un millier.

Malgré ses expériences effroyables, Park considérait que son « voyage démontre clairement : premièrement, qu'avec la prudence commune, n'importe quelle quantité de marchandises peut être transportée de la Gambie au Niger sans risque d'être volée par les indigènes ; deuxièmement, que si ce voyage s'effectue pendant la saison sèche, on peut compter ne pas perdre plus de trois, ou au plus quatre hommes sur cinquante.

Nous nous serions naturellement attendus à ce qu'il ajoute comme troisième conclusion, qu'en aucune circonstance les Européens ne devraient être employés dans une telle caravane, sauf comme conducteurs, ou comme gardes. Mais il n'est apparemment pas parvenu à cette conclusion – en fait, nous cherchons en vain dans son journal la moindre indication qu'il était un tant soit peu conscient de la nature effrayante de son erreur de commencer uniquement par les Européens.

Et pourtant, devant lui se trouvait le fait tangible que sur trente-quatre soldats et quatre charpentiers qui quittèrent la Gambie avec lui, sept seulement entrèrent à Bammaku, tandis qu'Isaaco et ses serviteurs étaient tous vivants et robustes, bien qu'une grande partie du travail des hommes blancs ait été abandonnée. sur eux en plus des leurs.

Trois jours après leur arrivée à Bammaku, les voyageurs continuèrent leur route. Martyn, avec les hommes et les ânes, procédait par voie terrestre, tandis que Park, Anderson et les marchandises descendaient la rivière en canoë, à la vitesse de cinq nœuds à l'heure, sans avoir besoin de pagayer. À leur point de départ, la rivière avait un mille de largeur ; mais plus bas, là où il traverse une chaîne de collines et forme des rapides, il atteint le double de cette largeur. Ici, la grande masse d'eau est rassemblée en trois canaux principaux, le long desquels elle se précipite avec beaucoup de bruit et une vitesse qui fit soupirer Park lorsque les frêles canots contenant tous ses précieux provisions se précipitèrent dans la marée montante et semblaient menacés d'une destruction momentanée.

Deux de ces rapides et trois plus petits ont été franchis en toute sécurité au cours de l'après-midi. À un endroit, un éléphant a été aperçu sur une île, si près que si Park n'avait pas été trop malade, il aurait tenté sa chance.

En plusieurs endroits, les pirogues couraient un risque considérable d'être renversées par des hippopotames. La nuit, le groupe débarqua et, après un souper composé de riz et de tortues d'eau douce, passa une nuit exposée à la violence d'une tempête tropicale.

A Marrabu, où ils arrivèrent le deuxième jour, une halte fut ordonnée, tandis qu'Isaaco fut envoyé à Sego avec un message et un présent pour Mansong, roi de Bambarra, dont les bons offices risquaient de s'avérer inestimables, régnant comme il l'a fait sur le tout le pays de Bammakou à Tombouctou. En attendant le retour de son messager, Park, qui souffrait de dysenterie depuis son arrivée sur le fleuve et qui se trouvait à bout de souffle sous ses attaques mortelles, s'administra du calomel jusqu'à ce que cela lui affecte la gorge au point qu'il ne pouvait plus parler. ni dormir pendant six jours. L'expérience réussit cependant à arrêter la progression de la maladie et sa santé commença rapidement à s'améliorer.

L'intervalle d'attente auquel il était désormais soumis était un moment d'extrême anxiété. L'arrêt que toutes les difficultés physiques de la marche et la mort des trois quarts de ses hommes n'avaient pas pu lui apporter, pourrait être effectué par la volonté de Mansong. De la décision du dirigeant nègre dépendaient les futurs mouvements de Park. Un oui pourrait assurer la réalisation complète de tous ses espoirs les plus chers ; un non sonnerait le glas.

Chaque jour apportait son lot de rumeurs défavorables. Entre autres choses, on racontait que Mansong avait tué Isaaco de ses propres mains et qu'il avait l'intention d'achever les hommes blancs de la même manière sommaire. Heureusement, cette histoire et d'autres histoires semblables se révélèrent être de pures inventions, et après quinze jours de retard, un messager arriva pour conduire Park à Sego, apportant avec lui un récit encourageant sur les dispositions de Mansong à son égard.

Les méthodes drastiques des émissaires des rois nègres furent bien illustrées par l'incident suivant. Un indigène refusant de céder un canot à l'usage du messager, ce dernier non seulement s'empara du canot en question, mais coupa le propriétaire au front avec son épée, brisa la tête du frère avec une pagaie et finit par faire du fils un esclave. . Avant de tels actes, la critique était muette.

Et maintenant, tout semblait aller pour le mieux dans l'expédition. Bercé sur le sein majestueux du grand fleuve, les labeurs et les soucis surmontés, son chef pouvait se laisser bercer dans un doux pays de rêve, dans lequel il se voyait glisser paisiblement vers le Congo et l'Atlantique. Il lui restait encore assez de biens pour atteindre son but ; il y avait aussi assez d'hommes ; et avec l'esprit ainsi relativement à l'aise, il pouvait s'adonner à la jouissance des belles vues de « cet immense fleuve, tantôt lisse comme un miroir, tantôt agité par une douce brise, mais toujours balayant au rythme de celui-ci ». de six ou sept milles à l'heure.

En deux jours, Yamina fut atteinte, et un troisième amena le groupe à Sami, où ils s'arrêtèrent de nouveau pendant que le messager s'avançait pour informer Mansong de leur proximité et lui demander des instructions les concernant. Deux jours plus tard, Isaaco les rejoignit depuis Sego. Il a rapporté que la position de Mansong était très neutre. Le roi se montra impatient lorsque le sujet des hommes blancs fut abordé, bien qu'il ait déclaré qu'ils étaient libres de descendre la rivière. De plus, il a fait comprendre à Isaaco qu'il ne souhaitait pas avoir de relations directes avec Park.

Le lendemain, un messager du roi arriva pour recevoir le cadeau de Mansong des mains de Park, ainsi que pour entendre l'objet de sa visite. Dans son discours, le voyageur raconta qu'il était le même pauvre homme blanc qui, après avoir été pillé par les Maures, fut si hospitalièrement reçu par leur roi, dont la conduite généreuse avait rendu son nom très respecté dans le pays des Européens. Il a ensuite souligné à quel point son peuple (le voyageur) était un commerçant et comment tous les objets de valeur qui atteignaient le pays de Mansong étaient fabriqués par eux, puis transportés par les Maures et d'autres par des routes longues et coûteuses, ce qui rendait tout est extrêmement cher. Afin que ces marchandises européennes puissent être amenées à moindre coût à Bambara, pour le bénéfice mutuel des blancs et des noirs, son roi l'avait envoyé voir si une route courte et facile ne pouvait être trouvée par le Niger. Si cela était découvert, alors les navires des hommes blancs viendraient directement d'Europe et leur fourniraient en abondance toutes leurs marchandises à bas prix.

En réponse à ce discours, l'émissaire a déclaré que le voyage de l'homme blanc était bon et a prié pour que Dieu puisse lui faire prospérer. Mansong le protégerait. La vue des cadeaux ajoutait aux sentiments amicaux ainsi exprimés.

Pour dissiper la joie de Park face à l'aspect favorable des affaires, deux autres soldats moururent, l'un de fièvre, l'autre de dysenterie, le laissant avec seulement quatre hommes, outre Anderson et Martyn.

Quelques jours plus tard, le roi envoya un nouveau message indiquant que les étrangers blancs seraient protégés et que partout où s'étendraient son pouvoir et son influence, la route leur serait ouverte. S'ils allaient vers l'Est, personne ne leur ferait de mal avant au-delà de Tombouctou. Vers l'ouest, le nom de l'étranger de Mansong serait un mot de passe sûr pour traverser les terres et rejoindre l'Atlantique lui-même. S'ils souhaitaient descendre le fleuve, ils étaient libres de construire des bateaux dans n'importe quelle ville de leur choix.

Comme Mansong n'avait jamais exprimé le souhait de le voir et qu'il avait apparemment une peur superstitieuse des conséquences possibles, Park a choisi Sansandig comme le meilleur endroit pour préparer sa nouvelle aventure. Ici aussi, il aurait plus de tranquillité et serait plus exempté de mendier que dans le cadre quotidien des fonctionnaires du roi.

Lors de son passage de Sami à Sansandig, Park fut atteint d'une violente fièvre, qui le rendit temporairement délirant. Selon le malade, la chaleur était si épouvantable qu'elle équivalait au rôti d'un surlonge, et il n'y avait ni couverture pour la conjurer, ni le moindre souffle de vent pour la tempérer.

Arrivé à destination, le voyageur fut reçu par son vieil ami Kunti Mamadi, qui mit à sa disposition les cabanes nécessaires. Le lendemain, deux autres de ses hommes moururent, et on commençait à croire qu'au moment même où le succès semblait assuré, il allait être condamné à tout perdre. Ils étaient tous si terriblement réduits à cette époque, et si peu capables de prendre soin les uns des autres, que, sans être inquiétées, des hyènes entrèrent dans la hutte des morts, en traînèrent une et le dévorèrent.

Le journal de Park nous donne un aperçu intéressant de Sansandig, avec ses 11 000 habitants et ses mosquées, dont deux n'étaient « en aucun cas inélégantes ». Mais comme dans toutes les villes africaines, c'était la place du marché qui était le centre de la vie et des intérêts. Du matin au soir, la place était bondée de groupes de gens occupés rassemblés autour des différents étals recouverts de nattes qui formaient les boutiques, chacune contenant sa propre spécialité : des perles de toutes les teintes somptueuses pour attirer l'attention du sexe amateur d'ornements, de l'antimoine pour assombrissez et embellissez le bout des paupières, les bagues et les bracelets des femmes pour attirer les regards masculins errants sur les pieds et les mains des femmes. Dans des maisons plus imposantes se trouvaient des étoffes écarlates, des soieries, de l'ambre et d'autres objets de valeur qui avaient trouvé leur chemin à travers le désert depuis le Maroc ou Tripoli - sur des routes marquées par les squelettes d'esclaves et de chameaux qui s'étaient effondrés pour périr sous les terribles épreuves. du parcours. Les légumes, la viande, le sel, etc., avaient chacun leur étal, la bière aussi en grande quantité, près d'une échoppe où le travail du cuir trouvait ses acheteurs.


Tel était l'état quotidien de la place ; mais la scène était encore plus animée et intéressante à l'occasion du marché hebdomadaire du mardi. Ce jour-là, des foules énormes de gens se rassemblaient de tout le pays environnant pour acheter et vendre en gros, et de nombreux aperçus délicieux de la vie et du caractère indigènes se présentaient continuellement aux yeux du voyageur observateur. Il a même trouvé le moyen de tourner le marché à son avantage.

Mansong tardant à tenir sa promesse de fournir des canoës destinés à être transformés en bateaux, Park ouvrit lui-même une boutique dans le but d'échanger certains de ses articles contre des cauris, grâce auxquels il espérait acheter les moyens de transport nécessaires. Il fit un spectacle si tentant qu'il eut aussitôt de grandes affaires et devint l'envie de tous les marchands de l'endroit. En une journée, il obtint 25 000 cauris.

Pendant qu'ils travaillaient ainsi pacifiquement, tous les efforts étaient déployés de la part des Maures et des marchands indigènes pour opposer Mansong à l'homme blanc et le faire tuer ou renvoyer par le chemin par lequel il était venu. On n'hésita même pas à dire que son but était de tuer le roi et ses fils au moyen de charmes. Mansong, cependant, ne devait pas se laisser convaincre par de telles instigations, même si son comportement montrait une certaine croyance dans les pouvoirs magiques rapportés.

Après beaucoup de retard, Park réussit à obtenir deux canoës, pour les réunir ensemble lui et Bolton, le seul homme encore capable, se mirent maintenant avec beaucoup de vigueur. Les pièces pourries furent remplacées, les trous réparés, et après dix-huit jours de dur labeur, les canots réunis furent lancés et baptisés goélette de Sa Majesté *Joliba* , la longueur étant de quarante pieds et la largeur de six. Étant à fond plat, il ne tirait qu'un pied d'eau.

Alors que Park travaillait avec une énergie fébrile pour achever ses préparatifs, Martyn semble avoir pris la vie très facilement. D'une lettre écrite de Sansandig à un ami de Gorée, nous avons une idée du genre d'homme qu'il était et de la manière dont il a contribué aux travaux de l'expédition. « La bière Whitebread, dit le lieutenant, n'est rien à côté de ce qu'on trouve ici, comme je le sens ce matin dans ma tête, après avoir bu toute la nuit avec un

Maure, et fini par lui donner une excellente raclée. Le contraste pourrait-il être plus grand entre Park et cet homme – celui qui était possédé par un désir dévorant d'accomplir une œuvre apparemment au-delà du pouvoir mortel, asservissant avec la force d'une demi-douzaine d'hommes ordinaires, non écrasé par une myriade de malheurs, l'esprit de son héros ? égal à toutes les difficultés et à tous les dangers ; l'autre passe son temps dans des orgies ivres, apparemment aussi insouciant de sa vie qu'indifférent à la grande mission qui était en partie la sienne.

Le dernier et le pire coup de malheur qui pouvait s'abattre sur Park se présenta sous la forme de la mort de son beau-frère Anderson, survenue le 28 octobre. Il avait été le soutien privilégié de Park dans toutes ses épreuves, toujours celui à qui il pouvait ouvrir son cœur, ou auprès de qui il pouvait demander conseil et encouragement. Ses pensées et ses sentiments à cette occasion, Park, avec la réserve qui le caractérise, ne les met pas sur papier, bien qu'il ne puisse s'empêcher d'observer « qu'aucun événement survenu pendant le voyage n'a jamais jeté dans mon esprit la moindre tristesse jusqu'à ce que je dépose M. Anderson en prison. la tombe. Je me suis alors senti comme si je me retrouvais une seconde fois seul et sans amis au milieu de la nature sauvage de l'Afrique.

# CHAPITRE XXIII.
## *LE DERNIER DU PARC.*

A la mi-novembre, les derniers préparatifs du grand voyage sur le Niger étaient achevés. Isaaco avait été payé et un certain Amadi Fatuma, originaire de Karson et grand voyageur, engagé à sa place pour guider le groupe jusqu'à Kashna, que Park croyait toujours être sur la rivière. À Isaaco, le précieux journal de Park a été confié pour le transport chez lui.

Le 17 novembre, datant de « À bord de la goélette HM *Joliba* , au mouillage au large de Sansandig », Park écrivit à Lord Camden. Après quelques remarques sur sa situation, il continue :

« D'après ce récit, je crains que Votre Seigneurie ne soit encline à considérer les choses comme étant dans un état très désespéré, mais je vous assure que je suis loin de me décourager. Avec l'aide d'un des soldats, j'ai changé une grande pirogue en une goélette d'assez bonne qualité, à bord de laquelle je ferai voile vers l'est, avec la résolution bien arrêtée de découvrir la fin du Niger ou de périr dans la tentative. Je n'ai rien entendu sur lequel je puisse compter concernant le cours éloigné de ce puissant fleuve, mais je suis de plus en plus enclin à penser qu'il ne peut aboutir que dans la mer.

« Mon cher ami M. Anderson, ainsi que M. Scott, sont tous deux morts ; mais quand tous les Européens qui sont avec moi mouraient, et quand j'étais moi-même à moitié mort, je persévérerais encore, et si je ne pouvais pas réussir le but de mon voyage, je mourrais au moins sur le Niger. Si je réussis dans le but de mon voyage, j'espère être en Angleterre au mois de mai ou de juin, en passant par les Antilles.

Le 19, il écrivait à sa femme :

« ... Je crains que, impressionné par les craintes d'une femme et les inquiétudes d'une épouse, vous ne soyez amené à considérer ma situation comme bien pire qu'elle ne l'est... Les pluies sont complètement terminées et les personnes en bonne santé la saison a commencé, de sorte qu'il n'y a aucun danger de maladie, et j'ai encore une force suffisante pour me protéger de toute insulte en descendant le fleuve jusqu'à la mer.

« Nous avons déjà embarqué toutes nos affaires, et nous partirons dès que j'aurai fini cette lettre. Je n'ai pas l'intention de m'arrêter ni d'atterrir nulle part avant d'avoir atteint la côte, ce qui, je suppose, sera vers la fin janvier... Je pense qu'il n'est pas improbable mais que je serai en Angleterre avant que vous receviez ceci... Nous avons fini ce matin toute relation avec les indigènes. Les voiles sont maintenant hissées pour notre départ vers la côte.

Ces lettres sont pleines de mots courageux, mais elles n'expriment pas un iota de plus que ce dont Park était capable. Ils respirent sa personnalité remarquable dans chaque ligne. Ils montrent l'esprit héroïque qui ne connaît pas le mot impossible, qui ne sait pas quand il est vaincu, qui, une fois fixé une tâche, est incapable de revenir en arrière. Ils parlent avec éloquence d'une résolution obstinée que seule la mort elle-même peut rendre impuissante, et d'une résolution telle que le monde en a rarement vu.

Il est presque impossible de se rendre compte de la position de notre héros au moment où il s'apprête à embarquer pour l'un des voyages les plus périlleux et les plus incertains de l'histoire. À certains égards, il mérite d'être comparé au voyage de Colomb à travers l'Atlantique. La borne était également incertaine, la distance pas beaucoup moindre, les périls tout aussi grands. On pourrait même dire que, comparée à celle de Park, l'entreprise de Colomb était des plus prometteuses. Colomb avait également toujours la possibilité de faire demi-tour. Pour Park, il n'existait pas de porte de sortie de ce type. Le succès ou la mort était son seul choix, et même le succès pouvait signifier la captivité ou pire, le meilleur géographe de l'époque estimant que la terminaison du Niger n'était pas dans l'océan, mais au cœur du continent. S'il avait raison, quelles étaient les chances que Park retrouve un jour son chemin vers la sortie.

Il faut rappeler, en outre, que ce voyage de 2000 à 3000 milles, en supposant que le Niger soit le même que le Congo, ne fut pas entrepris à la belle époque des espérances du parti, mais après une série sans précédent de malheurs et de malheurs. une effrayante histoire de mort.

Pour seul moyen d'exécuter cette merveilleuse entreprise, Park n'avait rien de mieux qu'un canot encombrant à moitié pourri, et un équipage composé d'un officier totalement inapte à ce travail, de trois soldats européens, dont l'un était fou et les autres malades, et enfin , Amadi Fatuma, le guide, et trois esclaves, soit neuf hommes en tout.

Avec cette « force suffisante pour me protéger des insultes », le canot devait naviguer sans pilote sur des centaines de kilomètres le long d'une rivière constellée par endroits de rochers dangereux et partout infestée d'hippopotames tout aussi dangereux - une rivière dont les rives étaient occupées pendant des siècles. une grande partie du chemin était occupée par des Maures et des Touaregs fanatiques, tandis qu'au-delà se trouvaient des tribus inconnues de sauvages cannibales et d'autres indigènes assoiffés de sang.

Mais rien ne pouvait intimider l'intrépide explorateur – rien ne le faisait hésiter dans sa « résolution fixe de découvrir la fin du Niger ou de mourir dans cette tentative ».

Ainsi spirituellement armées et inspirées, et ainsi matériellement soutenues, avec l'écriture de ses dernières paroles au monde, les voiles du *Joliba* furent déployées au vent, et comme Ulysse autrefois, Park chassa de terre en se concentrant sur quelque travail de noblesse. note. Et bien que rendu « faible par le temps et le destin », il est néanmoins « fort de volonté, de lutter, de chercher, de trouver et de ne pas céder » jusqu'à ce que la mort elle-même mette fin à sa pénible lutte, ou que l'Océan le reçoive à nouveau joyeusement sur son large sein, et portez-le aux « Îles Heureuses » et au guéridon béni de son œuvre accomplie.

Les dés étaient jetés et, le long du grand fleuve, il se dirigea vers les pays inexplorés de l'est et du sud, vers le cœur de l'Afrique sauvage et les profondes ténèbres de l'Inexploré.

Ses journaux et ses lettres entre les mains du fidèle Isaaco atteignirent en toute sécurité la côte et ensuite l'Europe, captivant tous les hommes et femmes véritablement nés avec le récit de voyage sans précédent qu'ils dévoilaient si simplement mais si graphiquement. Tous attendaient avec impatience la réapparition du héros. Les spéculations allaient bon train quant à son point de sortie, ou quant à savoir si on entendrait parler de lui un jour davantage.

Mai 1806 se passa en juin sans apporter de nouvelles. L'année 1806 fait place à 1807, et alors les craintes quant au sort ultime de l'expédition commencent à s'exprimer. Pour renforcer ces propos, des rumeurs arrivèrent d'Afrique de l'Ouest selon lesquelles des commerçants indigènes de l'intérieur rapportaient une fermeture désastreuse de l'entreprise. Au fil des mois, ces rapports augmentèrent en nombre et en cohérence, au point que le gouvernement ne put plus les ignorer et décida d'envoyer un indigène fiable au Niger pour faire des enquêtes spéciales.

Isaaco fut engagé pour cette tâche et, en janvier 1810, il quitta le Sénégal. En octobre de la même année, il atteint Sansandig, où il a la chance de retrouver Amadi Fatuma, le guide que Park avait emmené avec lui sur le Niger.

En voyant Isaaco, Amadi fondit en larmes et en lamentations, s'écriant : « Ils sont tous morts, ils sont perdus à jamais ! Son histoire fut bientôt racontée. Le contenu en était le suivant :

En quittant Sansandig, Park, conformément à son plan de ne pas communiquer avec les gens à terre, afin d'éviter si possible une attaque ou une détention, poursuivit sa route au milieu du ruisseau. À Silla, un autre esclave fut ajouté au groupe et à Jenné, un cadeau fut envoyé au chef, bien qu'aucun débarquement n'ait eu lieu à aucun des deux endroits.

En arrivant au point où le Niger se divise pour former l'île de Jinbala, ils furent attaqués par trois pirogues armées de piques, d'arcs et de flèches, qui furent repoussées par la force, faute de méthodes plus pacifiques.

Au lieu-dit Rakhara, une tentative similaire fut faite pour arrêter la progression du *Joliba* , et une troisième près de Tombouctou. À chaque fois, les indigènes furent repoussés, causant de nombreux morts et blessés.

En passant par Tombouctou, le pays de Gurma et les terres des Touaregs s'offrent à eux. Dans cette partie de la rivière, sept canots tentèrent résolument de disputer leur passage ; mais les indigènes, n'ayant pas de canons, furent facilement repoussés par l'équipage du *Joliba* , qui, quoique réduit à huit, était bien pourvu de mousquets, constamment tenus prêts à l'action. Ici, un autre soldat est mort. Plus loin, le *Joliba* fut attaqué par soixante pirogues, mais sans résultat sérieux.

Si l'on en croit le guide, Martyn semble avoir pleinement apprécié cette partie du travail - à tel point, en effet, qu'un jour, après beaucoup d'effusion de sang, Amadi saisit la main du lieutenant et le supplia de renoncer. n'étant plus nécessaire de se battre. Martyn était tellement enragé que l'intervention humaine aurait coûté la vie à Amadi, sans l'intervention de Park.

A quelque distance du lieu de cette bataille, le *Joliba* frappa sur les rochers, et pendant la confusion qui s'ensuivit, un hippopotame faillit achever sa déconfiture en se précipitant sur le bateau, qu'il aurait détruit ou renversé, sans le tir opportun des canons des hommes. . C'est avec beaucoup de difficulté que la pirogue est descendue sans avoir subi de dégâts matériels.

La fête avait désormais atteint le centre de l'ancien empire de Songhay, et tout se passait aussi bien qu'on pouvait l'espérer. Ils disposaient encore de provisions suffisantes pour rendre inutile l'atterrissage.

A un endroit appelé Kaffo, trois autres pirogues durent être refoulées, et plus loin le guide, en débarquant pour acheter du lait, fut saisi par les indigènes. Park, voyant cela, saisit aussitôt deux canots qui s'étaient approchés et fit comprendre à leurs propriétaires que, à moins que son homme ne soit relâché, il les tuerait tous et emporterait leurs canots. Cette menace eut le résultat escompté, le guide fut libéré et les relations amicales reprirent.


Au-delà du point où cet incident s'est produit, la rivière est devenue difficile à naviguer. Il était divisé par des îles et des rochers en trois passages étroits. L'endroit est probablement celui indiqué sur la carte de Barth, à environ soixante-dix milles au sud de Gargo, l'ancienne capitale du Songhay. Le premier passage essayé s'est avéré gardé par des hommes armés, « ce qui, dit le guide, nous a causé de grands inquiétudes, surtout à moi, et j'ai sérieusement promis de ne plus y repasser sans faire des dons charitables considérables aux pauvres. » En essayant une deuxième chaîne, le groupe n'a pas été inquiété.

Quelques jours plus tard, ils atteignirent le pays Haoussa, probablement près du Gulbi-n-Gindi, qui vient de Kebbi, l'ouest des Etats alors indépendants. Ici, selon Amadi, son accord prenait fin, même si, selon les lettres de Park, il devait aller jusqu'à Kashna. Avant de se séparer de son guide, Park écrivit les noms des choses nécessaires à la vie et quelques phrases utiles dans les dialectes des autres pays par lesquels il devait passer. Cette tâche dura deux jours, pendant lesquels le *Joliba* resta au mouillage, mais sans débarquer aucun membre de son équipage.

Même s'il perdait ainsi son interprète et ajoutait par conséquent aux dangers du voyage en n'ayant personne par qui communiquer en cas de besoin avec les indigènes, Park avait toutes les raisons d'espérer. Il avait maintenant parcouru plus de mille milles sur le fleuve sans incident grave, bien que la route ait traversé le pays des Maures et leurs coreligionnaires tout aussi fanatiques, les Touaregs. Devant lui s'étendait le pays des nègres, parmi lesquels, tout bien considéré, il avait toujours trouvé un accueil bienveillant et un traitement hospitalier. Le fait que le Niger coulait plein sud, donc vers l'Atlantique et non vers les marécages intérieurs des théories de Rennell, était particulièrement encourageant.

Il n'y avait donc aucune grande raison de considérer le manque d'interprète comme un inconvénient important, et par conséquent aucune tentative ne fut faite pour inciter Amadi à aller plus loin que Yauri, le district le plus proche au sud du Gulbi-n-Gindi. Ici, Amadi descendit à terre et, après avoir échangé des cadeaux de la part de Park avec le roi Al Hadj, ou le « Pèlerin », acheta davantage de provisions pour permettre aux hommes blancs de continuer leur chemin sans débarquer. Cette affaire, bien que probablement nécessaire, était destinée à s'avérer fatale aux perspectives de l'expédition. La cupidité des indigènes était éveillée par les richesses que l'on croyait que les étrangers avaient avec eux, et dont un échantillon était fourni par les présents envoyés au roi.

Immédiatement au sud de Yauri, la basse et plate vallée du Niger se rétrécit en un vallon ou une gorge, où les collines de grès qui la sous-tendent se transforment en masses abruptes et escarpées de roches métamorphiques dures et brisent le lit du fleuve par des rochers et des roches dangereuses. îles occupées par des villages. Ainsi rétrécies et divisées, les eaux de la rivière s'étendent en trois branches, l'une d'elles facile à naviguer ; les autres sont difficiles en période de crue, et presque impossibles lorsque le fleuve est bas.

Pendant le séjour à Yauri, la nouvelle de l'arrivée des étrangers se répandit soit par la voie ordinaire jusqu'à Bussa, soit fut transmise par un messager spécial, et des préparatifs furent faits pour les arrêter.

## LES RAPIDES DE BUSSA.

Inconscient des dangers qui l'attendaient, Park quitta Yauri et continua sa route vers le sud. N'ayant personne dans son canot qui connaissait la rivière, il tomba malheureusement sur le pire des trois canaux et se précipita vers sa perte. Une fois dans le courant, il était impossible de faire demi-tour. Atterrir était également hors de question, même si cela avait été possible, car à droite et à gauche, les rochers et les îles étaient remplis d'indigènes en ordre de guerre, déterminés à arrêter les intrus. L'énergie et l'attention de la poignée de voyageurs étaient partagées entre le double danger : les rapides et les rochers autour et devant eux, et les armes déferlant dans les airs. Deux des esclaves furent rapidement tués ; pour les autres, il n'y avait pas d'autre solution que de continuer, alternativement en tirant et en pagayant, dans l'espoir toujours de réussir leur évasion. Encore un peu et ils seraient hors de danger. Cependant, avant qu'ils ne s'en rendent compte, les *Joliba* se sont précipités dans l'emprise d'une fente rocheuse cachée et s'y sont coincés fermement. Avec une énergie désespérée, chaque homme saisit sa pagaie et, conscient seulement du péril suprême du moment, la manœuvra avec la force de celui qui travaille pour sa vie. En vain : les *Joliba* ne cédèrent pas à leurs efforts frénétiques. Avec des cris de joie, les indigènes rassemblés sur les rochers voisins, sûrs de leur proie, manient leurs armes avec un zèle renouvelé.

La dernière ressource fut d'alléger le canot, et tout ce qui avait du poids fut en conséquence jeté dans la rivière. Cela aussi s'est avéré inutile, et maintenant Park et sa petite bande de partisans savaient qu'ils avaient atteint le point culminant de leurs malheurs. Pendant un certain temps, ils continuèrent à se battre comme s'ils étaient déterminés à vendre chèrement leur vie, mais finalement renoncèrent, frappés par la futilité de leurs efforts. Leurs biens avaient disparu : leur nombre fut réduit à quatre. Continuer à se battre ne faisait qu'exaspérer davantage leurs ennemis. Quels furent les sentiments du héros à ce moment suprême du désastre, quelle fut sa dernière détermination, qui le dira ?

Amadi nous raconte qu'à la fin Park s'est emparé d'un homme blanc et Martyn de l'autre, et ainsi unis, ils ont tous les quatre sauté dans la rivière, on ne saura jamais si c'est pour mourir ensemble ou avec l'intention de s'entraider. . Cette dernière supposition est la plus probable, car avec Park, tant qu'il y avait de la vie, il y avait de l'espoir. En tout cas, le résultat fut le même. Le Niger le revendiquait comme sien, et puisque percer ses secrets ne lui appartenait pas, quoi de plus approprié pour lui que la mort sous ses eaux tumultueuses.

Du groupe, un seul esclave est resté en vie. Du contenu du canot, les seuls objets qui restaient étaient une ceinture d'épée, que le roi de Yauri utilisait comme sangle de cheval, et quelques livres, dont l'un est parvenu en Angleterre.

Le guide ne s'en sort pas indemne, pas plus que les autres membres de l'expédition. A peine avait-il pris congé de Park, qu'il fut arrêté et chargé de chaînes, et resta en prison pendant quelques mois. Sa première tâche pour obtenir sa liberté fut de découvrir le seul survivant de l'expédition et d'apprendre de lui les circonstances de la mort de son chef. S'étant satisfait autant que possible sur ce point, il revint chez lui à Sansandig, d'où la rumeur porta peu à peu sa triste histoire jusqu'à la côte, et aboutit à la mission d'Isaaco.

Pour obtenir la ceinture d'épée et justifier l'histoire d'Amadi, Isaaco envoya un Peul à Yauri. Les Peuls réussirent à voler la ceinture et obtinrent la confirmation du récit du désastre, après quoi Isaaco partit pour la côte avec la triste nouvelle et une relique solitaire.

L'histoire tragique a obtenu une crédibilité immédiate auprès du grand nombre. Quelques-uns cependant refusèrent de perdre espoir, même si cet espoir n'était que le fruit de leur amour et de leurs désirs ardents. Parmi eux se trouvait Mme Park qui, jusqu'à sa mort, trente ans après les événements ci-dessus, s'accrochait à la croyance que son mari était encore en vie et qu'il serait un jour retrouvé.

Le gouvernement, non inconscient de son devoir envers la famille d'un serviteur aussi héroïque, accorda à Mme Park une petite pension, qu'elle continua à recevoir jusqu'à sa mort en 1840.

Ses enfants, en grandissant rapidement, montrèrent qu'ils avaient hérité d'une grande partie de l'esprit de leur père. Mungo, l'aîné, obtint une commission dans l'armée indienne. Mais il n'avait pas la constitution de son père, et il mourut dix jours après son débarquement à Bombay. Son frère cadet, Archibald, fut plus chanceux dans le même domaine d'honneur et accéda au grade de colonel.

Mais c'est le deuxième fils, Thomas, qui semble avoir le plus largement hérité du caractère aventureux de son père. Comme sa mère, il n'a jamais perdu confiance en l'idée que son père était prisonnier quelque part au cœur de l'Afrique. C'est là, dans les jours ardents et impulsifs de sa jeunesse, que ses pensées se tournaient perpétuellement, jusqu'à ce que le désir de découvrir la vérité le possédât aussi fortement que la solution du mystère du Niger avait autrefois possédé Park lui-même. Mais à ce moment-là, les Parks étaient seuls dans leur croyance, et sans soutien, le jeune homme impétueux était presque impuissant. En secret, cependant, il continuait à planifier et à planifier de plus en plus, toujours dans un seul but.

Enfin, en 1827, il s'embarqua à bord d'un navire à destination des mers du Sud. D'une manière ou d'une autre, il parvint à quitter le navire et à atteindre la Gold Coast, déterminé désormais à réaliser par lui-même son désir de longue date de découvrir le sort de son père.

La lettre suivante, datée d'Accra 1827, raconte tout ce que nous savons de ses projets :

> « MA TRÈS CHÈRE MÈRE , j'espérais être de retour avant que vous vous aperceviez de mon absence. Je suis parti — maintenant que le meurtre est révélé — entièrement par peur de vous blesser. Je ne vous ai pas écrit de peur que vous ne soyez pas satisfait. Comptez-y, ma très chère mère, je reviendrai sain et sauf. Vous savez à quel point je suis curieux, alors n'ayez pas peur pour moi. D'ailleurs, c'était mon devoir — mon devoir filial — d'y aller, et je vais encore évoquer le nom de Park. Vous devriez plutôt vous réjouir

que je l'aie pris en tête. Donnez mon plus grand amour à
ma sœur. Dis-lui que je pense que le bateau ferait très bien
l'affaire pour le Niger. Je serai de retour dans trois ans au
plus, peut-être dans un. Que Dieu vous bénisse, ma très
chère mère, et croyez que je suis votre fils le plus affectueux
et le plus dévoué,

PARC THOMAS . »

Ensuite, un silence inquiétant s'ensuivit. Comme l'aîné Park, le jeune homme
impétueux, que l'on ne peut s'empêcher d'aimer pour sa folie - en connaissant
comme nous le ressort - a disparu de la vue sur le continent noir, d'où ne
revenaient que de vagues rumeurs, chargées de chagrin, parlant de une
approche rapide et sanglante de sa mission sauvage mais héroïque.

C'est ainsi que se termina fatalement le lien de la famille Park avec
l'exploration du fleuve Niger, et clôtura ainsi le premier grand chapitre de
l'histoire de l'ouverture de l'Afrique intérieure.

- 167 -

# CHAPITRE XXIV.
## *LA RÉVOLUTION FULAH.*

Simultanément au début des travaux d'exploration de Park, un événement d'une importance presque égale dans l'histoire du bassin du Niger avait commencé à germer. Ce fut l'ascension phénoménale vers une position d'une immense importance politique et religieuse des Peuls – un peuple connu parmi les Haoussa sous le nom de Fillani et dans le Bornu sous le nom de Fillatah.

De même que Park fut le précurseur de l'entreprise chrétienne, Othman dan Fodiyo, simple Fulah Malaam ou enseignant, en brandissant l'étendard de l'Islam, marqua le renouveau de l'esprit politique et religieux du mahométanisme au Soudan central et occidental.

Nous avons vu comment l'immense empire de Songhay s'est effondré sous les mousquetaires d'un sultan maure ; comment, avec son influence politique, son influence civilisatrice a disparu, et des royaumes et des provinces entiers sont retombés dans la vieille idolâtrie et la vieille barbarie.

De la même manière et presque simultanément, le Bornu a perdu, en grande partie mais pas entièrement, son ancienne puissance militaire et sa force progressiste. Les États Haoussa, livrés à eux-mêmes, ont montré une tendance dégénérative similaire et ont largement retombé dans les vieilles habitudes païennes.

Mais dans toute cette masse d'idolâtrie il y avait un levain d'influence vivifiante, qui l'empêchait de devenir complètement morte et détrempée. Du lac Tchad à l'Atlantique, il y avait une race remarquable qui n'oubliait pas Dieu et qui ne tombait pas non plus dans les abominations des infidèles. Quoique sans statut politique, et n'occupant pas de meilleure position que celle de semi-serfs, étant d'ailleurs répandus en petits groupes comme bergers, ils avaient pourtant en eux un lien d'union et une force inspiratrice qui les soutenait dans toutes leurs épreuves. et les a protégés de l'anéantissement racial.

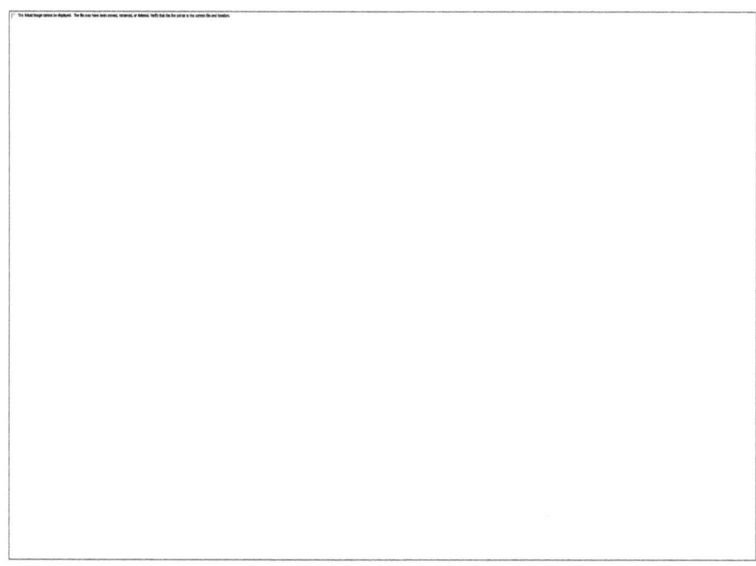

## GROUPE DE FULAHS.

Cette race était les Peuls, et leur lien d'union était la religion de l'Islam.

Leur origine est inconnue. Tout ce qui les concerne est une question de conjectures, même si dans les chroniques soudanaises on trouve diverses allusions à leur sujet remontant à plusieurs siècles.

Leurs traits bien ciselés, leurs cheveux raides et raides et leur peau cuivrée les distinguent clairement comme non africains et pointent vers l'Est comme le berceau de leur race. De plus, leur crâne bien développé et leur moyenne intellectuelle élevée les placent à un niveau tout à fait supérieur dans l'échelle de l'humanité à celui de n'importe laquelle des races nègres ou bantoues parmi lesquelles ils se sont installés.

À une époque lointaine, nous pouvons supposer avec certitude qu'ils ont immigré de l'Est et se sont progressivement déplacés vers l'ouest, non pas comme des guerriers conquérants, mais comme des bergers épris de paix, dont la connaissance du bétail, etc., en faisait des ajouts bienvenus dans chaque pays où ils vivaient. atteint. De nature nomade et dépendant pour leur subsistance de leurs troupeaux, il leur était impossible de s'établir en grand nombre dans un seul endroit, le pays étant déjà occupé par les habitants noirs. En conséquence, il leur fut toujours nécessaire de se déplacer vers l'ouest, ne laissant derrière eux que le nombre de personnes capables de gagner convenablement leur vie.

Au XIVe ou XVe siècle, les Peuls avaient atteint les bassins versants du Niger et de la Gambie. Ici, la marée migratoire a été stoppée pour des raisons physiques et autres. Le pays au-delà s'est avéré moins adapté aux activités pastorales et était peut-être déjà densément peuplé.

Comme il n'y avait plus d'issue vers l'ouest, les nouveaux arrivants se sont naturellement accumulés, tout comme le courant en retour endigué. Ils croissèrent en nombre et par conséquent en puissance, jusqu'à devenir d'une importance non négligeable et fondèrent pour eux-mêmes un royaume qui a déjà été mentionné sous le nom de Fulahdu.


Lorsque l'Islam traversa le désert et pénétra au Soudan aux IXe et Xe siècles, les Peuls furent les tout premiers à se convertir à la nouvelle religion. Leur tempérament, leur développement intellectuel plus élevé les rendaient plus rapidement sensibles aux nouvelles influences, et c'est pourquoi, alors que la grande masse des aborigènes était encore infidèle, les Peuls proclamaient d'une seule voix leur croyance en Allah et en Son Prophète. . La persécution, comme dans le cas d'autres religions, n'a eu pour résultat que de graver plus profondément les principes de l'Islam dans leurs âmes, faisant briller leur foi d'une lumière plus claire et plus spirituelle pour l'édification et l'instruction des idolâtres environnants. Au Soudan occidental, où ils jouissaient ou parvinrent à jouir d'une existence indépendante, l'Islam se répandit parmi les Peuls avec une rapidité particulière ; et avec la chute de Songhay et la paralysie de l'influence de Tombouctou, ils devinrent les principaux propagateurs du mahométanisme et les grands encourageurs de l'apprentissage au moyen des mosquées et des écoles – rarement par le pouvoir du feu et de l'épée. Non seulement eux et leurs coreligionnaires des tribus voisines, les Mandingues et les Jolofs, ont ainsi diffusé la connaissance du Dieu Unique, mais ils ont en même temps accompli un travail tout aussi noble en se prémunissant contre le flot rapide de gin que les chrétiens distribuaient. L'Europe affluait dans leur pays. Avec ce trafic, ils n'auraient rien à faire et, contrairement à tant de nos marchands chrétiens, aucune considération de profit ne les inciterait à un compromis entre leur conscience et leur soif de gain.

Pendant ce temps, les Peuls des royaumes de l'intérieur avaient fort à faire pour se maintenir parmi leurs maîtres païens. Leur position était des plus irritantes pour une race qui se savait infiniment supérieure à ceux qu'ils étaient obligés de posséder comme maîtres - plus amère encore qu'eux, les héritiers des promesses, devaient être gouvernés par des idolâtres et des hommes dont la part était la Géhenne. Répartis comme ils l'étaient en petits groupes dispersés sur un territoire immense, que pouvaient-ils faire ? La réponse à cette question ne tarda pas à arriver. Ils possédaient, comme nous l'avons montré, le lien d'union nécessaire et la force spirituelle inspirante pour les faire lutter comme un seul homme pour un but commun. Ils n'avaient besoin que du chef pour utiliser cette force et la mettre en action.

Un tel homme ne manque jamais quand les temps l'exigent, et il s'est présenté en l'occurrence en la personne d'Othman, l'Imam ou cheikh religieux des Peuls de Gober, le nord des États Haoussa.

Sous l'influence de ce cheikh, les Peuls de cette région furent amenés à un état de ferveur religieuse tel qu'ils n'en avaient jamais connu auparavant. Son éloquence enflammée a touché leur nature excitable et imaginative alors qu'il leur faisait comprendre la honte de leur position semi-esclave. Les feux du mécontentement étaient ainsi allumés et il suffisait d'un peu plus d'attisation pour qu'ils s'enflamment dans les flammes de la rébellion.

Pendant ce temps, leur dirigeant Haoussa, Bawa, n'était pas aveugle au dangereux ferment qui régnait parmi eux et, craignant les conséquences, convoqua Othman en sa présence et le réprimanda sévèrement. Cela suffisait au « croyant » fier et enthousiaste. Il n'a quitté la présence de Bawa que pour lever l'étendard de la révolte, l'étendard sacré de l'Islam. L'effet était électrique. En réponse à son appel, les Peuls se rassemblèrent aussitôt autour de lui en une armée enthousiaste.

Mais c'étaient pour la plupart des bergers, des hommes de paix, peu habitués à l'usage des armes ; et ils ne pouvaient pas être transformés immédiatement en guerriers couronnés de succès. C'est pourquoi ils rencontrèrent d'abord la déconfiture et la défaite à chaque rencontre. S'ils s'étaient battus pour eux-mêmes, le mouvement se serait sans doute effondré au premier choc brutal des armes. Mais heureusement pour eux, ils avaient à cœur un intérêt plus élevé. Ils se sont battus pour Dieu et Son Prophète, dont ils croyaient être les instruments. Dans une telle guerre, il ne pouvait y avoir aucun doute dans leur esprit quant à savoir à qui reviendrait finalement la victoire. Avec un zèle toujours croissant, ils revinrent à la charge, stimulés dans leur glorieuse croisade par les chants religieux et les paroles enflammées de leur chef Othman, qui leur disait que leur cause était pour laquelle il était difficile de vivre et de se battre, mais encore plus de mourir. si cela devait être la volonté de Dieu.

Ainsi dirigés et encouragés, les Peuls ont acquis une expérience du combat et de l'usage des armes. Les hordes de bergers furent progressivement transformées en une armée disciplinée de guerriers, et de la défaite ils passèrent à la victoire.

C'est ainsi qu'Othman et son armée toujours victorieuse surgirent de Gober pour leur irrésistible carrière, remplissant les déserts sauvages du paganisme centrafricain de leur cri de « Nul mais le Dieu Unique », jusqu'à ce que l'ensemble du Soudan occidental et central, du lac Tchad à l'Atlantique, reconnaissent plus ou moins temporairement la suprématie politique des Peuls. Pourtant, ce n'était pas un simple pouvoir temporel qu'Othman et son peuple cherchaient à établir : leur pays était une conquête pour Dieu. Ils n'agissaient qu'en tant qu'agents. Avant eux, le fétichisme et tous ses rites dégradants disparurent. Les indigènes ne s'inclinaient plus devant des ceps et des pierres, mais devant Allah, le Dieu Unique. Une fois de plus, comme aux beaux jours de Songhay et de Bornu, des écoles et des mosquées surgirent dans tout le pays, et la Grandeur, la Compassion et la Miséricorde universelle du Souverain de l'Univers furent enseignées aux indigènes libérés du fléau immonde. de l'idolâtrie dans sa pire forme.

Dans ce travail visant à libérer les fidèles de leur esclavage des maîtres païens et à apporter une nouvelle lumière par la force aux indigènes barbares et sans poigne, les Peuls ne se sont pas arrêtés jusqu'à ce que, de chaque village du Soudan central, on entende à l'aube grise de le matin tropique, la voix stentorienne du nègre Mueddin, annonçant que la prière valait mieux que le sommeil, faisant sortir des maisons faiblement éclairées les musulmans dévots pour humilier leurs visages dans la poussière et reconnaître leur foi totale en Allah et leur dépendance envers Allah.

Le bien-être matériel du peuple n'était pas moins soigné. « Les lois du Coran étaient à son époque (d'Othman) strictement appliquées, non seulement parmi les Fillahtah (Fulah), mais aussi parmi les nègres et les Arabes ; et tout le pays, lorsqu'il n'était pas en état de guerre, était si bien réglementé, qu'il était courant qu'une femme puisse voyager avec un cercueil d'or sur la tête d'un bout à l'autre des domaines Fillahtah. Ainsi écrivait Clapperton quelques années après la mort d'Othman, témoin oculaire de la merveilleuse révolution opérée par les Peuls.

Malheureusement, la ferveur religieuse du remarquable chef se transforma rapidement en manie religieuse et se termina par sa mort en 1817.

A la mort d'Othman, l'immense empire qu'il avait bâti fut partagé entre ses fils Bello et Abd Allahi. Au premier fut cédé Sokoto et tout l'est et le sud, tandis qu'au second tombèrent les provinces occidentales le long du Niger, avec Gandu pour capitale. Les pays à l'ouest du Niger, dont Massina, sont devenus indépendants sous Ahmed Lebbo, l'un des lieutenants d'Othman, qui a conquis cette région juste avant la mort d'Othman.

# CHAPITRE XXV.
## *NOUVELLES ENTREPRISES ET NOUVELLES THÉORIES.*

Comme nous l'avons vu, la deuxième expédition de Park n'a été fructueuse que par un désastre et par l'héritage d'expériences qui aident les autres à réussir.

Le journal qu'Isaaco a rapporté du Niger n'a rien ajouté à notre connaissance du fleuve, et le récit d'Amadi Fatuma l'a si peu complété quant aux résultats du voyage sur le fleuve jusqu'à Bussa, que dans la carte jointe au journal publié et notice biographique en 1816, le point le plus éloigné de Park est placé à seulement environ quatre-vingts milles à l'ESE de Tombouctou, au lieu de près de 700 milles en ligne droite au SE.

Il y eut cependant un géographe, plus clairvoyant que les autres, qui, bien qu'à l'époque ignoré, trouva la véritable solution au problème de la fin du fleuve Niger. C'était M. Richard, un Allemand, qui publiait ses opinions sur le sujet dans les « Éphémérides géographiques » dès 1808. Celles-ci, brièvement exposées, étaient les suivantes. Le Niger, après avoir atteint Wangara, prend une direction vers le sud, et étant rejoint par d'autres fleuves de cette partie de l'Afrique, il fait de là un grand détour vers le sud-ouest, poursuivant son cours jusqu'à ce qu'il se rapproche de l'extrémité nord-est du fleuve. Golfe de Guinée, où il se divise et se déverse par différents canaux dans l'Atlantique, après avoir formé un immense delta, dont le Rio del Rey constitue la branche orientale, et le Rio Formosa ou Bénin la branche occidentale.

Il n'y a jamais eu de meilleur exemple de découverte mentale d'un fait géographique. L'hypothèse de Richard est une description graphique de la géographie réelle du Niger moyen et inférieur. Bien entendu, cela ne devait pas être reconnu par le monde, devant les yeux duquel les montagnes Kong se sont toujours dressées comme une barrière infranchissable traversant la ligne de drainage suggérée. Tant que ceux-ci n'auraient pas été enlevés, détournés ou brisés, aucun géographe n'était disposé à admettre que le Niger puisse éventuellement se déverser dans le golfe de Guinée.

Mungo Park avait laissé derrière lui une théorie selon laquelle le Niger et le Congo ne faisaient qu'un. Ce que l'on savait de son dernier voyage n'a en rien contribué à désabuser les hommes de cette idée ; au contraire, elle s'est répandue plus largement que jamais.

Pour régler une fois pour toutes cette question importante, le gouvernement, sans se laisser décourager par la fin désastreuse de la dernière expédition, résolut d'en organiser une autre à une échelle encore plus grande, et malgré le sort désastreux qui était arrivé à Park et à ses compagnons, il ne manquait pas beaucoup d'esprits ardents pour risquer tous les dangers d'une pareille entreprise.

Pour assurer le succès, l'expédition fut divisée en deux parties : l'une pour suivre de plus ou moins près la route de Park et descendre le Niger ; l'autre pour remonter le Congo, peut-être pour se retrouver à mi-chemin, si le sort était propice.

Le capitaine Tuckey était le chef de la section Congo ; Il était accompagné d'un botaniste, d'un géologue, d'un naturaliste, d'un anatomiste comparé, d'un gentleman volontaire et d'une cinquantaine d'hommes d'équipage.


Le groupe quitta l'Angleterre le 16 février 1816 et atteignit l'embouchure du Congo en cinq mois et demi. L'impression qu'ils eurent en entrant dans la rivière fut celle de la déception, la rivière apparaissant comme une rivière de seconde classe au lieu du gigantesque ruisseau auquel on leur avait appris à s'attendre.

En vain aussi cherchèrent-ils les traces des grands royaumes décrits par les premiers explorateurs portugais, ou des églises et des villes fondées par les Européens aux premiers jours de l'entreprise nationale et chrétienne portugaise. Pour la plupart, ils n'étaient accueillis que par les profondeurs sombres des mangroves impaludées, le calme profond et la végétation impénétrable de la forêt tropicale, bien qu'ici et là dans les clairières se trouvaient des villages misérables, habités par des indigènes oisifs et de bonne humeur, avec un appétit décidé pour les esprits ardents − apparemment le seul héritage durablement laissé par les Européens.

En remontant le fleuve, ils atteignirent enfin les premières cataractes du Congo, qui, au lieu de se révéler être un autre Niagara, apparut à leurs yeux jaunis « un ruisseau comparable bouillonnant sur son lit pierreux » − une description, il va sans dire, non confirmé par les expéditions ultérieures.

Incapables d'avancer plus loin dans leurs bateaux, Tuckey et ses compagnons poursuivirent l'exploration par terre, et malgré les difficultés extrêmes qu'ils durent rencontrer pour se frayer un chemin à travers des forêts sans chemin sans guide, ils surmontèrent la première partie des chutes et atteignirent un point où la rivière s'élargissait et ne présentait aucune difficulté à la navigation. Malheureusement, la vieille histoire de la maladie commença. Trois des principaux hommes durent successivement regagner le navire ; et finalement Tuckey et son compagnon Smith, le botaniste, abandonnèrent leurs projets, voyant leurs progrès ultérieurs désespérés face à tant de difficultés et à leur propre état d'impuissance sous l'influence paralysante de la maladie. Ils atteignirent le navire et trouvèrent leurs trois compagnons morts. Smith était la prochaine victime. Finalement, accablé par la dépression et l'anxiété mentale, le capitaine Tuckey mourut également. On ne nous dit pas combien de marins ont succombé.

Pendant ce temps, l'autre partie de l'expédition n'eut pas plus de chance.

Le 14 décembre, ce groupe, composé de 100 hommes et 200 animaux, sous le commandement du major Peddie, débarqua à l'embouchure du Rio Nunez, presque à mi-chemin entre la Gambie et la Sierra Leone. L'intention du major Peddie était de franchir la partie étroite entre l'Océan et le Niger. Mais à peine avait-il débarqué que le démon déchu de la maladie, qui dans son repaire immonde surveille et protège la belle étendue de l'Afrique intérieure, pose sur lui sa main invisible et, avant que la marche ne soit commencée, il trouve une tombe dans le terre qu'il était venu explorer.

Sous la direction du capitaine Campbell, l'expédition ne connut qu'une succession de désastres. Les ânes périrent rapidement sous les mains d'hommes peu habitués à s'en occuper. La nourriture ne pouvait être obtenue qu'avec la plus grande difficulté et à des prix ruineux.

Arrivés près des frontières du pays peul, ils furent détenus pendant quatre mois en raison des soupçons nourris à leur égard par le roi et son peuple.

Tout ce qu'ils avaient commencé à fondre à un rythme alarmant. Bientôt, il ne resta plus aucune bête de somme, et lorsque, voyant leur avance désespérée, ils se tournèrent vers la mer, leur retraite se transforma en une histoire continue de pillage. Kumner, le naturaliste, mourut *en route* et Campbell n'atteignit Kakunda que pour ajouter son nom à la liste des victimes de l'exploration africaine. Le coup final fut donné au malheur de cette entreprise évidemment mal conduite par la mort du lieutenant Stoker, un jeune officier de marine qui en prenait le commandement et s'apprêtait à faire une nouvelle tentative de pénétration dans le pays.

De toute évidence, l'exploration africaine n'était pas une mince affaire, exigeant la rédaction de testaments et la mise en place des affaires terrestres pour que ceux qui mettent la main à l'œuvre. Et pourtant, curieusement, il n'y a eu aucune halte, ni aucune pénurie de volontaires. Quand l'un mourait, un autre était prêt à prendre sa place.

"Chaque pas où se tenait son camarade

À l'instant où il est tombé.

Dans cet esprit, le capitaine Gray, un survivant du groupe de Peddie, tenta de suivre la trace de Park, mais ne parvint pas plus loin que Bondou, d'où, après avoir été détenu pendant près d'un an, il réussit à regagner la côte.

Mais ce que toutes ces diverses tentatives désastreuses n'ont pas réussi à réaliser, est en train d'être accompli une fois de plus par un géographe au foyer, James M'Queen. Les circonstances dans lesquelles il a été attiré par le sujet sont en harmonie avec le caractère romantique de l'histoire africaine. Une copie du récit de la première expédition de Park a trouvé son chemin entre les mains de M'Queen alors qu'il résidait sur l'île de Grenade, aux Antilles. Parmi les nègres dont il avait la charge se trouvaient plusieurs Mandingues des bords du Niger. Un nègre Haoussa avec lequel il est entré en contact avait en fait traversé le Niger à la rame.

Déjà imprégnée de goûts géographiques prononcés, l'imagination de M'Queen fut aussitôt captive du mystère du Grand Fleuve. Avec tout l'enthousiasme d'un tempérament ardent, il se consacra à la solution de la question aussi minutieusement que Park lui-même, quoique d'une manière très différente. Tandis que, les uns après les autres, les explorateurs travaillaient et luttaient, tombaient malades et mouraient, sans grand résultat pour la science, il entreprit de recueillir des informations auprès de tous les nègres et hommes libres qu'il rencontrait et qui étaient venus ou même avaient mis les pieds en Afrique de l'Ouest. Plus particulièrement, il étudia tous les matériaux disponibles fournis par les Arabes qui avaient voyagé et fait du commerce au Soudan, ou par les Européens et les indigènes qui, avides de commerce ou de découvertes, avaient pénétré vers l'intérieur depuis la côte ouest.

Avec un génie et une industrie extraordinaires, une clairvoyance et un jugement admirables, il mit sous leur véritable jour et reconstitua les divers éléments ainsi rassemblés relatifs au cours du Niger, jusqu'à ce qu'il parvienne à tracer lui-même les grandes caractéristiques géographiques du fleuve. toute la région qu'il traverse. Dès 1816, le premier aperçu de ses vues fut donné au monde dans un petit traité, dans lequel il soulignait, comme Richard avant lui, que le Niger entra certainement dans l'océan dans la baie du Bénin. Le traité resta cependant ignoré – du moins dans le monde entier ; mais sans se décourager, M'Queen poursuivit ses recherches pendant cinq ans encore et, en 1821, publia un livre, « Contenant un récit particulier du cours et de la terminaison du grand fleuve Niger dans l'océan Atlantique ».

Dans cet ouvrage intéressant, M'Queen passe en revue toutes les différentes théories concernant le Niger. Il démolit l'opinion de Rennell selon laquelle il aurait disparu dans certains déserts centraux de sable, ou s'évaporerait dans une série de marécages sous la chaleur brûlante d'un soleil tropical. L'idée selon laquelle il coule vers l'est et rejoint le Nil a connu un sort similaire devant son armée de faits. La barrière de Kong qui faisait obstacle a été fendue avec la force d'un Titan et conçue pour séparer au lieu de joindre le Congo et le Niger.

Mais l'écrivain n'était pas seulement destructeur. Il pouvait aussi construire. Avec les armes mêmes avec lesquelles il a renversé les théories du passé, il a entrepris de construire sa propre théorie. Rassemblant faits sur faits, recueillis auprès de toutes les sources disponibles, il traça le cours du Niger vers le sud. Bussa, parti de Tombouctou, a été transporté plusieurs centaines de kilomètres plus au sud. Du royaume de Bornu et des États adjacents, il rassembla les différents cours d'eau et les fit couler dans un canal commun : le Gir ou Nil du Soudan ; mais au lieu de le diriger vers le vrai Nil, comme c'était autrefois le cas lorsqu'on croyait qu'il s'agissait du Niger lui-même, il lui donna un cours vers l'ouest, au sud des États Haoussa et du Nyffé (Nupé), jusqu'à sa jonction avec le Kwora ou Main. Niger. Ici, les écrivains et commerçants arabes lui ont fait défaut, tout en le laissant sans aucun doute quant à la destination finale des eaux du Soudan central.

Pour le licenciement, il a cependant dû rechercher des informations du côté atlantique. Tout indiquait que le Golfe du Bénin était le seul lieu possible de déversement d'un fleuve aussi immense. Ici a été trouvée une étendue inconnue de plaine et de marécages de mangroves fétides, percées de ruisseaux anastomosés à de nombreuses branches. Du Calabar au Bénin, les pirogues pouvaient passer dans toutes les directions par ces criques, et l'on savait qu'elles s'étendaient loin dans l'intérieur. Bien que soumise au flux et au reflux de la marée, il n'y avait aucun doute quant au volume d'eau douce qui se déplaçait vers la mer, entraînant des îles flottantes sur ses flots décolorés.

Soutenu par un ensemble convaincant de faits comme ceux-ci, M'Queen ne pouvait arriver à aucune autre conclusion que celle-ci : « dans les Baies du Bénin et du Biafra se trouve donc le grand débouché du Niger, emportant dans son fleuve majestueux toutes les eaux. de l'Afrique centrale du 10° de longitude ouest au 28° de longitude est, et du tropique du Cancer jusqu'aux côtes du Bénin.

Jamais un morceau de géographie de fauteuil n'a été plus admirablement élaboré. Dans ses grandes lignes, c'était parfaitement exact. Pour M'Queen, c'était autant une certitude que s'il l'avait réellement exploré et cartographié sur place.

Imprégné de cette foi, il a souligné l'importance du Niger pour le commerce de l'Angleterre et l'avenir de l'Afrique. Avec Fernando Po et le Niger entre les mains de ses compatriotes, il voyait la Grande-Bretagne maîtresse du sort du continent. Bussa devait être la clé intérieure de la situation. « Par conséquent », dit-il, « que l'étendard britannique soit fermement implanté sur ce point dominant, et qu'aucune puissance sur terre ne puisse le déchirer… Solidement implanté en Afrique centrale, le drapeau britannique deviendrait le point de ralliement de tout cela. est honorable, utile, bénéfique, juste et bon. Sous sa puissante ombre, les nations chercheraient la sécurité, le confort et le repos. La Grande-Bretagne trouverait des alliés en abondance. Ils afflueraient vers sa colonie, si elle avait le pouvoir et les moyens de les protéger. Les ressources de l'Afrique et les énergies de l'Afrique, dans le cadre d'une politique sage et vigoureuse, peuvent être utilisées pour soumettre et contrôler l'Afrique. Que la Grande-Bretagne forme seulement un tel règlement et lui donne l'appui, le soutien et la protection que la sagesse et l'énergie des conseils britanniques peuvent donner, et que la puissance et les ressources de l'empire britannique peuvent si bien maintenir, ainsi que l'Afrique centrale pour les âges futurs. restera une dépendance reconnaissante et obéissante de cet empire. Celle-ci deviendra le centre de toutes les richesses et le foyer de toute l'industrie de la première. Ainsi le Niger, comme le Gange, reconnaîtrait la Grande-Bretagne comme son protecteur, notre roi comme son seigneur... Une ville construite là sous les ailes protectrices de la Grande- Bretagne, et étendue, enrichie et embellie par l'industrie, le savoir-faire, et l'esprit de ses fils, deviendrait bientôt la capitale de l'Afrique. Cinquante millions de personnes, voire un plus grand nombre, en dépendraient.

Ce sont des paroles courageuses, en vérité, sur ce qui n'était après tout qu'une « découverte mentale », et prises seules, elles ne pourraient qu'évoquer un sourire, si nous ne savions pas qu'elles sont celles d'un homme d'un génie et d'une puissance de perspicacité hors du commun. . En regardant en arrière soixante-dix ans après avoir écrit, nous pouvons voir à quel point il était véritablement prophétique dans la plupart de ses écrits, et qu'il n'était pas plus un patriote flagrant qu'un rêveur géographique. Son génie pour regarder vers l'avenir était aussi grand que pour regarder autour de lui. Prenez, par exemple, son avertissement sur le danger d'une avance française du Sénégal vers le Niger, et ses conséquences considérables, si elles sont mises en œuvre, sur notre position commerciale et politique en Afrique centrale et occidentale. C'est lui qui avait prévu, près de soixante-dix ans avant sa réalisation, la nécessité d'une société agréée pour tirer pleinement parti de notre position (alors potentielle) sur le Niger, et des résultats qui en résulteraient sans une telle méthode de développement des ressources de cette région. Cependant, nous traiterons de ces questions à leur place. Il suffit pour l'instant de montrer à quel point M'Queen s'était parfaitement rendu maître des problèmes géographiques alors posés au public, ainsi que de la situation politique et commerciale qui allait suivre l'ouverture du Niger aux relations européennes. Ce n'est qu'aujourd'hui, après plus d'un demi-siècle de mauvaise gestion flagrante et irréparable en Afrique de l'Ouest, que nous prenons conscience de la sagesse de ses vues et que nous nous efforçons, dans une certaine mesure, de les mettre en pratique.

# CHAPITRE XXVI.
## *LA FIN DU NIGER.*

Malheureusement pour le géographe au foyer, si habile qu'il puisse exposer les découvertes faites dans son étude, son triomphe ne peut survenir qu'après qu'elles ont été démontrées par un voyage réel, et même alors le mérite qui lui revient est petit. Le cas de M'Queen en est un exemple. Nous n'avons aucune preuve que sa théorie concernant la fin du Niger ait produit une impression particulière sur l'opinion générale de l'époque. Malheureusement pour lui aussi, ses opinions furent publiées immédiatement après plusieurs tentatives désastreuses de la côte Ouest pour régler la question qu'il avait si habilement résolue, de sorte que le gouvernement et le peuple étaient disposés à se battre loin de la région fatale.

Pourtant, à chaque échec successif, l'attrait du fleuve mystérieux semblait devenir toujours plus grand, et une détermination obstinée se manifestait pour percer la ceinture mortelle qui encerclait les pays de l'intérieur. Conquis et repoussé dans une direction, il ne restait plus qu'à en essayer une autre, et une fois de plus, on songea à la route des caravanes arabes de Tripoli au Soudan. Comme on l'a montré ailleurs, des tentatives dans ce sens avaient déjà été faites par d'autres voyageurs, et toutes avaient également échoué. Parmi eux, seul Horneman avait pénétré au-delà de la frontière nord du désert, pour ensuite disparaître à jamais. Dans tous les autres cas, ces expéditions avaient échoué au début à cause de fièvres fatales et d'obstructions orientales. À quoi donc devait s'attendre le voyageur qui, surmontant ces dangers initiaux, se trouvait face à face avec les terreurs du grand Sahara, où la nature dans ses aspects les plus féroces, il régnait en maître, et l'homme n'était représenté que par des tribus sauvages et errantes, aussi sauvages que leur environnement.

Néanmoins, les hommes étaient prêts et impatients d'essayer cette route, comme d'autres avant eux pour braver les dangers de la côte ouest.

## CAPITAINE CLAPPERTON.

En 1820, la Grande-Bretagne occupait une position exceptionnellement favorable dans les conseils de la cour de Tripoli, tandis qu'en même temps le Basha, grâce à ses fusils, exerçait une influence très marquée sur toutes les tribus arabes, berbères et tibbous situées entre son pays et les régions lointaines du Soudan. Ainsi, quiconque partait sous la protection du Basha avait une bonne garantie de succès, pourvu qu'il puisse résister aux assauts possibles de la maladie et aux terribles privations inhérentes aux marches dans le désert.

Encouragé par cet état de choses favorable, le gouvernement britannique résolut de faire une nouvelle tentative pour explorer par la route arabe les régions qu'il n'avait pas réussi à atteindre depuis l'Atlantique.

Le lieutenant Clapperton, comme Park, un frontalier écossais, le Dr. Oudney et le major Denham furent sélectionnés pour cette tâche et le 18 novembre 1821, ils débarquèrent à Tripoli. Peu de temps fut perdu pour faire leurs préparatifs et partir pour Murzuk dans le Fezzan, où ils devaient prendre leurs dernières dispositions avant de se plonger dans le redoutable Sahara. Ici, bien que reçus assez gentiment par le sultan, ils furent menacés du système des retards orientaux qui s'était avéré fatal aux voyageurs précédents. Cependant, ils n'étaient pas des hommes à tolérer, et le major Denham retourna aussitôt à Tripoli pour porter plainte devant le Basha. Aussitôt, il partit pour l'Angleterre sans recevoir que des promesses. Cela suffisait pour jeter le Basha et sa cour dans la consternation, et navire après navire fut envoyé pour ramener le voyageur indigné. Ils réussirent à le rattraper à Marseille et le décidèrent à revenir. A son arrivée à Tripoli, il fut informé que déjà son escorte l'attendait à Sokna, aux confins du désert tripolitain.

Murzuk fut rentré triomphalement le 30 octobre 1822. Clapperton et Oudney furent trouvés très réduits par les fièvres, qui étaient ici si répandues que même parmi les indigènes, une personne d'apparence saine était rare. Pour s'éloigner de cet endroit dangereusement insalubre, Bu Khalum, le chef de la caravane, s'est déployé avec une énergie des plus peu orientales et des plus louables, même si la tâche de rassembler les différents éléments d'une compagnie telle que la sienne n'était pas une mince affaire.

Une fois prêt, le groupe se composait de quatre Européens et de dix serviteurs, d'une escorte arabe de 210 personnes, rassemblées parmi les tribus les plus obéissantes sous la domination de Tripoli, et d'un certain nombre de marchands et d'esclaves affranchis, qui montèrent la liste. à environ 300.

C'était le 29 novembre que tout le groupe était prêt à prendre la route. Les Européens n'étaient pas dans une situation très prometteuse. Ils étaient tous plus ou moins atteints de fièvre, et Oudney et Hillman, un charpentier, étaient dans un état particulièrement désespéré, compte tenu de ce qui les attendait. Néanmoins chacun était impatient et déterminé à continuer, espérant toujours en l'avenir, comme c'est le cas des enthousiastes.

Presque avec la disparition des murs, des mosquées et des dattiers de Murzuk derrière eux, le désert se dressait devant eux, sinistre et terrible. Le deuxième jour, ils les virent au milieu de déserts sauvages de sables brûlants et gonflés, où l'on ne vit aucun être vivant, ni aucun autre son entendu que le balayage mélancolique du vent sur les étendues de sable sans fin. Pendant quelques jours cependant, les points d'eau ne furent pas rares, tandis que çà et là de petites oasis donnaient un soulagement temporaire au paysage monotone et fournissaient une maigre subsistance aux habitants Tibbu ou Berbères, qui préféraient affronter la terreur du désert plutôt que vivent sous la dure domination des maîtres arabes. Avec l'avancée continue vers le sud, les puits devinrent de plus en plus rares, et cela devint un sujet de félicitation lorsque la marche de la journée se termina à côté d'un. Avec les puits partaient les dattiers et les oasis cultivées, la bête rôdeuse et l'indigène errant ; seule une grande étendue jaune déroulait perpétuellement son immensité et sa monotonie sous la voûte d'airain d'un ciel sans nuages.

La caravane passa maintenant dans ce royaume de désolation et de mort, son itinéraire étant marqué par des squelettes d'êtres humains, révélateurs sinistres des dangers à venir et des horreurs de la traite négrière. Au cours d'une seule marche, jusqu'à 107 squelettes de ce type ont été dénombrés au bord de la route, et 100 ont été découverts autour d'un puits. À certains endroits, les chiffres dépassaient le calcul. Pendant des jours entiers, il n'y avait plus que désert – des monticules bosselés, des étendues stériles douloureuses parsemées de pierres et des côtes de roche brisées, sinistres, décharnées et terribles. Le vent soufflait comme les souffles d'une fournaise, et du ciel sans nuages, le soleil déversait ses rayons brûlants dans un flot douloureux. Sous l'influence de la chaleur, de la soif et de la fatigue, aucun mot ne fut prononcé – même les chameaux ne poussèrent aucun gémissement, comme s'ils étaient conscients de la pire alternative que de ne pas avancer. Parfois, les sabots des chevaux craquaient les os des êtres humains qui avaient péri en marche. La nuit n'apportait qu'un soulagement aux difficultés de la route. Puis vinrent l'obscurité claire et apaisante éclairée par une myriade d'étoiles, les brises fraîches et rafraîchissantes et le moelleux lit de sable, si indescriptiblement bienvenu pour les voyageurs fatigués, desséchés et aveuglés.

Ainsi l'année s'écoula et l'année 1823 fut inaugurée, apportant la promesse d'un succès à l'entreprise. Les explorateurs avaient maintenant atteint un pays Tibbu peu peuplé, où, également menacé par la sécheresse, la famine, les tempêtes de sable et les raids meurtriers et les pillages des tribus berbères et des caravanes de passage, les hommes parvenaient d'une manière ou d'une autre à s'arracher du sein de silex, presque aride. de la terre mère, les moyens de garder le corps et l'âme ensemble.

En quittant Bilma, chef-lieu de ce district, il fallut traverser une autre étendue désertique, ce qui nécessitait de longues et pénibles marches, sous les épreuves desquelles jusqu'à vingt chameaux s'effondraient épuisés en un seul jour. Cette redoutable région fut enfin traversée en toute sécurité, et le soulagement et la reconnaissance de tous furent infinis lorsque, vers la fin de janvier, l'approche de régions plus fertiles fut indiquée par l'apparition de touffes d'herbe, et plus loin de quelques quelques herbes éparses et rabougries. des arbres. Cette végétation misérable et sombre paraissait délicieuse et rafraîchissante aux voyageurs qui, depuis plus de deux mois, se trouvaient dans une terre de mort et de désolation. Les habitants de Tibbu, avec leurs troupeaux, réapparurent avec la végétation, et la viande fraîche et le lait de chamelle étaient disponibles en abondance.

La caravane n'avait cette fois pas atteint une simple oasis. Au fil de chaque journée de marche vers le sud, l'apparence du pays s'améliorait, jusqu'à ce que le groupe se retrouve dans de charmantes vallées ombragées par des arbres feuillus, festonnés de vignes rampantes de Coloquinthe, tandis que sous la canopée abritant le sol était illuminé de fleurs multicolores et brillamment colorées. . La vie animale ne manquait pas non plus pour donner de l'animation et de la variété à la scène. Des centaines d'oiseaux gazouillants voletaient d'arbre en arbre, sans se soucier des vautours et des milans qui tournaient gracieusement très haut dans les cieux. De loin, de timides gazelles observaient les nouveaux arrivants avec leurs beaux yeux grands ouverts, mais prêtes, si elles étaient alarmées, à bondir à tout moment vers leurs repaires forestiers. Le ciel lui-même reflétait les conditions plus douces de la nature et montrait un bleu plus brillant moucheté de nuages ; et les indigènes, avec leurs visages souriants et leur hospitalité, s'harmonisaient avec les conditions plus heureuses dans lesquelles ils vivaient, même si de temps en temps les actes impitoyables de la caravane arabe les faisaient fuir de terreur.

Il ne faisait aucun doute que le Soudan, pays connu par ouï-dire depuis plus de quatre siècles, mais qui avait jusqu'ici déjoué toutes les tentatives d'exploration, avait enfin été atteint. Le 4 février 1823, les yeux des voyageurs furent accueillis par un spectacle « si gratifiant et si inspirant qu'il serait difficile au langage de transmettre une idée de sa force. Le grand lac Tchad, brillant des rayons dorés du soleil dans sa force, apparut à moins d'un mille de l'endroit où nous nous trouvions. Mon cœur bondit à cette perspective, car je croyais que ce lac était la clé du grand objet de notre recherche (vraisemblablement le Niger), et je ne pouvais m'empêcher d'implorer silencieusement la protection continue du Ciel, qui nous avait permis de procéder ainsi. loin en santé et en force même pour l'accomplissement de notre tâche.

Neuf jours plus tard, la rivière Yeou coulait de l'ouest. Le nom que lui ont donné les Arabes a révélé les secrets de nombreuses idées fausses sur la géographie. Mais il fut bientôt évident qu'il ne s'agissait ni du vrai Nil ni du véritable Niger : car, d'une part, son cours aboutissait au Tchad ; et, d'autre part, sa taille et les rapports des indigènes montraient clairement qu'il ne drainait que les États Haoussa de l'Est.

Le 17 février fut une date capitale dans l'histoire de l'expédition, car ce jour-là ils atteignirent Kuka, la capitale du Bornu.

Leur entrée s'est faite en grand état, digne des traditions d'un puissant sultan semi-civilisé. Plusieurs milliers de cavaliers bien équipés et merveilleusement caparaçonnés attendaient les étrangers hors de la ville et, en les voyant, chargèrent comme avec l'intention d'anéantir la petite bande. Soudain, alors qu'ils étaient au grand galop, ils s'arrêtèrent face aux nouveaux arrivants, les étouffant presque sous des nuages de poussière et les mettant en danger à cause de la foule des chevaux et du fracas des lances.

Les nègres du sultan, comme on les appelait, étaient particulièrement remarquables, « vêtus de cottes de mailles composées de chaînes de fer, qui les couvraient de la gorge aux genoux, se divisant derrière et venant de chaque côté du cheval. Quelques-uns portaient des casques, ou plutôt des calottes, du même métal, avec des pièces de porcelaine suffisamment solides pour parer au choc d'une lance. Les têtes de leurs chevaux étaient également défendues par des plaques de fer, de laiton et d'argent.

Il serait difficile de donner la moindre idée des spectacles et des scènes étranges qui s'ouvraient maintenant à nos voyageurs au centre de l'ancien empire de Bornu. Aucun explorateur européen n'avait jamais rien vu de plus remarquable, du moins en Afrique. Depuis le sultan et ses courtisans en grande robe jusqu'aux gens de la campagne légèrement drapés, tous étaient également intéressants. La vie foisonnante sous toutes ses formes variées – arabes, berbères, peuls et nègres de vingt tribus différentes – formait un tableau d'un étrange attrait. Non moins intéressants étaient les coutumes curieuses, les industries, le mélange d'un degré considérable de civilisation et d'élévation religieuse avec les plus basses profondeurs de barbarie et de superstition dégradante. Celles-ci étaient d'autant plus marquées que lorsque les voyageurs anglais aperçurent Bornu et sa cour remarquable, elle sortait à peine d'une éclipse momentanée de sa gloire nationale. Peu de temps auparavant, elle s'était débarrassée de la domination temporaire des Peuls, auxquels elle avait succombé lors de leur premier élan irrésistible.

L'accueil de Clapperton et de Denham fut extrêmement prometteur, et une brillante carrière de découvertes s'ouvrait apparemment à eux.

Les choses prirent cependant un aspect pire lorsque des divergences d'opinion surgirent parmi les Arabes de la caravane. Ils avaient été envoyés pour escorter les voyageurs, il est vrai, mais ils n'étaient pas placés directement sous leur commandement. Ne rien faire d'autre que veiller à la sécurité des Européens était aussi étranger à leur conception du devoir que l'idée de voyager jusqu'à Bornu sans tirer profit du voyage. La plupart d'entre eux n'étant pas marchands, et par conséquent non approvisionnés en marchandises à troquer, ne pouvaient compter que sur leurs armes pour se racheter de leur peine. Un raid d'esclaves fut donc décidé, malgré l'opposition et les remontrances de Bu Khalum et des Européens. Comme les Arabes ne voulaient pas être détournés de leur projet, le chef accepta à contrecœur de les accompagner, et Denham, se trouvant impuissant, résolut de rejoindre le parti également afin d'étendre sa connaissance de la région.

Les montagnes de Mandara, au sud du Bornu, furent choisies comme endroit le plus approprié pour la chasse aux esclaves, et c'est là que les pillards se dirigèrent, accompagnés d'un contingent considérable de l'armée du Bornu.

Partis de Kuka à la mi-avril, ils atteignirent Mandara vers la fin du mois, sans aucune mésaventure. Ici, ils se sont retrouvés entourés de paysages montagneux dont la beauté et la richesse ne pouvaient guère être dépassées. De tous côtés, d'interminables chaînes de collines se fermaient à la vue dans une magnificence sauvage et une grandeur pittoresque. Ici aussi, la nature se délectait de ses formes les plus luxuriantes parmi des arbres géants presque masqués sous la richesse des plantes grimpantes qui s'enroulaient autour des troncs et des branches, ou pendaient en festons gracieux se balançant en réponse à la brise qui passait. Partout on voyait des villages indigènes perchés aériennement, comme des nids d'aigles, très haut sur les rochers et les sommets des montagnes, ou nichés dans les vallées, cachés comme le repaire des cerfs sauvages au fond de la forêt. Tel était le beau quartier dans lequel les Arabes étaient venus apporter la mort, la ruine et l'esclavage. Mais pour une fois, ils avaient mal calculé leurs pouvoirs ou dépendaient trop de la coopération du contingent Bornu. Lors de la première attaque, les envahisseurs repoussèrent les indigènes devant eux, mais ils furent bientôt dépassés en nombre. Bu Khalum a été grièvement blessé avec le chef des Bornouais, et Denham a été blessé au visage. Battus de toutes parts, la seule sécurité des survivants résidait dans la fuite.

Une scène effrayante s'ensuivit. Denham a traversé une série d'évasions des plus merveilleuses, mais finalement, désarmé et désarmé, il a été saisi et dépouillé, recevant plusieurs blessures causées par des coups de lance dans le processus. Ne voyant devant lui qu'une mort cruelle, il résolut de faire un effort supplémentaire pour s'échapper, et mettant cette pensée en action, il se glissa sous un cheval et partit vers les bois, poursuivi par deux Fulah. Arrivé à l'abri des arbres, l'espoir renaît en voyant un ravin s'ouvrir devant lui et lui offrir une nouvelle chance de vivre. Alors qu'il était sur le point de descendre la falaise dans le ruisseau, une vipère leva la tête pour frapper. Il recula, frappé d'horreur, et tomba tête baissée dans le ravin, sa chute heureusement rendue inoffensive par une profonde mare d'eau, où, retrouvant sa présence d'esprit, trois coups de bras l'envoyèrent du côté opposé et le placèrent dans une position relative. sécurité parmi la végétation dense.

Peu de temps après, il rencontra les restes du parti vaincu, et six jours plus tard, ils rentrèrent à Kuka, après avoir enduré de grandes difficultés.

Au cours des mois suivants, peu d'importance a été accordée à l'élucidation de la géographie de la région du Tchad. Une expédition vers l'ouest jusqu'à Manga fut accomplie avec des résultats moins désastreux que celle vers les montagnes Mandara ; puis la saison des pluies s'installa, menaçant pour un temps de mettre fin aux jours des voyageurs européens par les fièvres qui l'accompagnaient. Avec le retour de la saison sèche, ils ont retrouvé leur santé et leur détermination à enrichir leurs découvertes.

Le 14 décembre, Clapperton et Oudney partent visiter Kano et les États Haoussa en compagnie d'une caravane commerciale.

Deux jours plus tard, un certain M. Toole arriva à Kuka avec des provisions fraîches pour l'expédition, à un moment où elles étaient indispensables.

Au début de l'année 1824, Denham et Toole partirent pour le district de Logun dans le but de visiter la rivière Shari. Le projet a été réalisé en toute sécurité et ils ont trouvé une rivière majestueuse de 400 mètres de large, coulant du sud et du sud-ouest vers le Tchad.

La difficulté d'obtenir des informations géographiques exactes auprès des indigènes était bien illustrée dans leur cas, puisqu'ils confondaient avec le Shari un grand fleuve (le Bénoué) dont ils entendaient parler comme coulant *du* sud et du sud-ouest de Mandara, alors qu'en en réalité, cette dernière coule *vers* l'ouest. Il est cependant extrêmement probable qu'une sorte de lien existe entre eux pendant la saison des pluies.

A Logun, M. Toole est décédé.

Pendant ce temps, Clapperton et Oudney se dirigeaient vers Kano et donnaient forme aux récits confus et contradictoires sur lesquels les géographes s'étaient disputés depuis deux siècles. Malheureusement au cours de ce voyage, Oudney, qui n'avait jamais joui d'une bonne santé depuis le jour de son départ de Tripoli, s'aggrava peu à peu et mourut le 12 janvier 1824. Livré à lui-même, Clapperton passa à Kano, qu'il trouva être une ville de 30 000 à 40 000 habitants, et surtout importante en tant que centre commercial et industriel, célèbre comme telle depuis les temps les plus reculés.

**VUE À SOKOTO.**

Le 16 mars, il arriva à Sokoto, la capitale du nouvel empire peul, et y fut chaleureusement accueilli par Bello, fils et successeur du fondateur. De Sokoto, il espérait se rendre à Yauri et à Nupé, pour éclaircir autant que possible la question du cours du Niger. Au début, tout paraissait favorable à ses projets, mais peu à peu ses espoirs s'évanouirent, à mesure que tout le monde s'efforça de le dissuader d'entreprendre le voyage.

Finalement, le sultan lui-même retira sa promesse de protection, sous prétexte d'un danger excessif pour son hôte. Face à un veto aussi catégorique, il était inutile d'essayer d'aller de l'avant, même si pendant plusieurs semaines fatigantes, Clapperton attendit dans l'espoir que quelque chose se présenterait qui lui ouvrirait la voie. Aucun changement positif ne se produisit cependant, et finalement il prit congé du sultan Bello et retourna à Bornu.

Le 3 septembre, une caravane ayant été rassemblée, le voyage de retour commença.

Au cours des quatre mois suivants, le Sahara fut repassé en toute sécurité et Tripoli y rentra le 26 janvier, les voyageurs ayant été absents pendant près de trois ans pour leur pénible entreprise.

Cette expédition doit être considérée comme l'expédition africaine la plus réussie jusqu'à cette époque, réussie aussi bien par ses résultats scientifiques que par l'étendue du pays exploré pour la première fois. Elle réglait une fois pour toutes la question de savoir dans quelle direction il fallait chercher l'embouchure du Niger. Certes, il ne coulait pas vers l'est et ne se terminait pas dans un désert ou un lac connu. Pourtant, curieusement, à en juger par les cartes des voyageurs, ils étaient encore loin derrière M'Queen dans leur connaissance de la géographie générale du grand affluent oriental du Niger. En raison d'un malentendu de la part de Clapperton quant à la direction de la Bénué, la rivière Shari était représentée comme drainant ses eaux de l'ouest plutôt que du sud et de l'est. Mais le résultat le plus précieux de l'expédition fut peut-être que, pour la première fois, une forme et une cohérence furent données à la géographie des écrivains et des commerçants arabes, et des informations précises recueillies sur les royaumes remarquables formant le Soudan central.

---

# CHAPITRE XXVII.
## *LA FIN DU NIGER—(Suite).*

Parmi les nombreux résultats précieux découlant de l'expédition de Clapperton et Denham, le plus important n'est pas le grand encouragement qu'elle a donné à de nouvelles entreprises. Avec les succès de ces deux explorateurs, le vent du mal semblait s'être inversé, et ils avaient montré que la mort ou l'échec ne rencontraient pas nécessairement quiconque avait la témérité de chercher à percer les secrets de l'Éthiopie.

Clapperton, en outre, avait rapporté de Sokoto les messages les plus amicaux de Bello, le sultan, exprimant son désir d'avoir des relations directes avec les Britanniques et soulignant la meilleure manière d'établir ces relations par le biais du Niger et de l'Ouest. Côte à laquelle, affirmait-il, s'étendaient ses domaines. Pour profiter de cette situation plus prometteuse, le gouvernement britannique organisa une autre expédition, une fois de plus dans le but de régler la question controversée de la terminaison du Niger, et en même temps d'ouvrir la voie aux riches provinces de Sokoto, Bornu. , etc.

Clapperton fut de nouveau choisi comme chef, et à lui étaient associés le capitaine Pearce et le chirurgien Morrison.

Le golfe du Bénin a été choisi comme point d'atterrissage, car ils espéraient y trouver l'entrée du fleuve et le suivre jusqu'à Bussa. A leur arrivée, il fut pourtant jugé opportun de ne pas perdre de temps et de santé parmi les interminables criques et les mangroves mortelles connues pour distinguer le probable delta du Niger. On savait que les caravanes Haoussa avaient l'habitude de descendre chaque année par voie terrestre jusqu'à la côte de Badagry, un point situé à quelques kilomètres à l'ouest de ce qui est aujourd'hui connu sous le nom de Lagos. Avec beaucoup de sagesse et de bon sens, Clapperton et ses compagnons choisirent donc de pénétrer dans le Niger par cette route et, après avoir terminé leurs affaires avec Sokoto, de descendre le fleuve en canoë.

Le 7 décembre 1825, le groupe quitta la côte. Cependant, à peine étaient-ils hors de portée de voix des rouleaux de l'Atlantique, qu'il semblait que le sort qui était arrivé à tant d'entreprises antérieures était sur le point d'atteindre également celui de Clapperton. A force de dormir imprudemment en plein air, ils furent tous pris de fièvre. Inconsternés et insoumis, ils continuèrent néanmoins leur route, titubant du mieux qu'ils pouvaient. Mais il y avait des limites à leur résistance à la maladie. Morrison céda le premier et se retournant pour revenir sur la côte, il mourut en route. Le capitaine Pearce fut la victime suivante, et lui, comme le soldat qui tombe au combat face à l'ennemi, tomba sur la route, luttant jusqu'au bout.

Bien que désormais privé de ses deux amis, Clapperton n'était pas encore absolument seul. Il avait avec lui un domestique anglais nommé Richard Lander, qui, avec un esprit digne d'un tel maître, affronta tous les périls et toutes les difficultés de la route. Heureusement, cependant, à la fin du mois, la ceinture côtière meurtrière était franchie en toute sécurité et des terres plus saines s'offraient à eux. Ils entrèrent dans le pays peuplé de Yoruba, avec sa population grouillante, ses champs bien cultivés, ses villes énormes et son air général de prospérité. Ils passèrent à travers le Yoruba en une procession semi-triomphale, sans plus de problèmes à affronter que le souci du roi de garder les hommes blancs dans sa propre capitale, ou les ruses de sirène de la veuve Zuma, qui, avec ses charmes colossaux, cherchait pour les courtiser du chemin du danger et du labeur vers les repaires fleuris de l'amour et de la facilité. Cependant, insoucieux des faveurs royales et des charmes nourris (la veuve étant grosse et âgée de vingt ans), Clapperton tint bon, tout comme Lander, qui était aussi peu susceptible de se laisser séduire par le côté de son maître que son maître par le chemin de l'Empire. devoir.

Clapperton avait espéré atteindre le Niger à Nupé, mais la nouvelle de la guerre et des effusions de sang dans cette région l'a amené à dévier de sa route prévue et à heurter le grand fleuve un peu plus haut. Comme le destin l'a voulu, il atteint le Niger à l'endroit même où Park avait terminé à la fois son voyage et sa carrière. L'accueil réservé à Clapperton semblait démentir l'histoire d'Amadi Fatuma quant aux circonstances de la mort de Park, mais une petite enquête prouva sans aucun doute la véracité de ses principaux détails. Les indigènes l'avaient attaqué en se trompant sur sa nationalité, et chacun parlait avec regret de cette malheureuse catastrophe. L'endroit où le bateau et l'équipage ont été perdus a été signalé.

À cet endroit, la rivière est divisée en trois canaux, dont aucun ne dépasse vingt mètres de largeur lorsque l'eau est basse. La branche gauche est la seule sûre pour les canots, les deux autres étant brisées par des rochers en de dangereux tourbillons et rapides. Bussa elle-même se dresse sur une île d'environ trois milles de long sur un mille et demi de large.


De Bussa, Clapperton traversa Nupé et traversa les États Haussa jusqu'à Kano. De là, il rejoignit Bello à Sokoto. Mais il est arrivé à un moment malheureux. La guerre civile et la rébellion sévissaient de toutes parts, et il semblait que le grand empire peul était sur le point de s'effondrer aussi vite qu'il avait été construit. Bello était donc en état d'écouter toutes sortes d'insinuations sur les causes qui avaient amené les Européens dans son pays et sur les conséquences qui devaient en résulter. En conséquence, l'accueil de Clapperton fut tout sauf amical, et sous les inquiétudes résultant de son traitement et des fièvres dont il fut atteint, il succomba enfin le 13 avril 1827.

Des membres de l'expédition, il ne restait plus que Richard Lander, qui s'était attaché à Clapperton avec une fidélité si remarquable. Trois possibilités s'offraient à lui : retourner en Angleterre par le désert et Tripoli, revenir par le chemin par lequel il était venu, ou troisièmement, tenter de réaliser l'intention de son défunt maître de remonter le Niger jusqu'à son embouchure. Lander était un homme d'une intelligence et d'un caractère hors du commun, malgré sa position subordonnée dans la vie, et comme si le manteau de Clapperton lui était tombé dessus, il a choisi de faire ce qu'il pouvait pour achever le travail inachevé.

Dans ce but, il revint à Kano depuis Sokoto, et de là partit vers le sud pour atteindre le Niger, croyant que le grand fleuve dans cette direction était l'objet de sa recherche, alors qu'en réalité c'en était un autre.

Mais en cela, il échoua. Il avait presque atteint la grande ville de Yakoba, lorsque sa progression fut arrêtée, et il fut contraint de retourner à Kano. De là, il revint comme il était passé par Yoruba jusqu'à Badagry, qu'il atteignit le 21 novembre 1827.

L'issue malheureuse de la deuxième expédition de Clapperton a quelque peu refroidi les entreprises africaines pour le moment. Notre connaissance du cours et de l'arrivée du Niger restait exactement là où elle était auparavant, même s'il devenait de plus en plus clair que de Bussa, il coulait vers le sud jusqu'au Bénin. Pourtant le fleuve semblait subir un charme fatal à qui le braverait et chercherait à lever le voile.

Le gouvernement commençait à perdre espoir ou à conclure que le caractère mortel du climat rendait la découverte de l'embouchure du Niger n'avoir qu'une importance géographique. Mais même s'ils hésitaient et se sentaient disposés à abandonner la tâche, de nombreux volontaires étaient encore nombreux et désireux de faire une nouvelle tentative.

Quels que soient les dangers, l'Afrique avait un étrange pouvoir de fascination qui attirait irrésistiblement les hommes sous son influence ; non seulement ceux qui n'avaient jamais mis le pied sur ses côtes mortelles, et qui par conséquent ne pouvaient pas pleinement comprendre tout ce que signifiait voyager en Afrique, mais des hommes qui avaient vu leurs compagnons mourir à leurs côtés sur la route, frappés par la maladie ou par les armes de l'armée. sauvage, et qui savait lui-même ce que c'était que d'être aux portes de la mort. C'est une sorte d'influence hypnotique que celle du voyage en Afrique, obligeant irrésistiblement celui qui a été une fois sous son charme à revenir encore et encore, même si ce sera finalement sa mort.

Lander ne fait pas exception à la règle. Il partit pour l'Afrique sans rien savoir, et probablement sans se soucier moins des objets de l'expédition de son maître. Mais il était du genre à tomber sous le charme fatal ; et avec la mort de son maître, il se sentit consacré au travail d'exploration. Dans cet esprit, il retourna en Angleterre avec le journal de Clapperton, pour ensuite s'offrir un effort supplémentaire pour achever la tâche que la mort de l'écrivain avait laissée inachevée. Le gouvernement ne pouvait pas vraiment refuser une telle offre, même si les conditions promises montraient qu'il avait peu de confiance dans une issue favorable.

**RICHARD LANDER.**

Mais Lander n'était plus le serviteur. Les voyages en Afrique l'avaient ennobli et placé au rang de ses chevaliers errants. Il ne connaissait aucun motif sordide, ne demandait aucun salaire ou autre rémunération. Le succès devrait être sa seule récompense. Son enthousiasme infecta son frère John d'un esprit similaire et le poussa à jeter sa fortune avec lui.

Le 22 mars 1830, les vaillants hommes débarquèrent à Badagry. Ils suivirent pratiquement le même itinéraire que l'expédition de Clapperton à Eyeo, à partir de laquelle ils furent obligés de suivre une route détournée vers le nord jusqu'au Niger à Bussa, qu'ils atteignirent en trois mois depuis la côte.

Après avoir rendu visite au roi de Yauri à une certaine distance en amont du fleuve, les préparatifs commencèrent pour le voyage vers l'océan. On obtint difficilement deux canots, mais enfin, le 20 septembre, tout était prêt pour le départ. Avant de quitter le territoire, les Landers « ont humblement remercié le Tout-Puissant pour les délivrances passées et ont prié avec ferveur pour qu'il soit toujours avec nous et couronne notre entreprise de succès ». S'étant ainsi placés sous la protection divine, le mot fut donné de repartir, et les canots glissèrent vers leur destination incertaine.

La première partie du voyage se déroulait à travers une vallée étroite délimitée par des collines métamorphiques, à travers lesquelles le fleuve serpentait en larges tronçons courbes, parfois interrompus par des îles habitées, qui s'élevaient précipitamment des eaux sombres et donnaient de la variété à la scène. . Des arbres majestueux bordaient les berges et donnaient leur charme particulier au paysage panoramique, tandis que le village et les champs cultivés parlaient d'habitants industrieux. De ces derniers, ils n'avaient rien à craindre ; au contraire, les voyageurs étaient partout reçus avec hospitalité et renvoyés avec des prières pour leur sécurité et de la nourriture pour leurs besoins. Un danger plus immédiat résidait dans les nombreux rochers qui dressaient leur crête au-dessus de l'eau, ou, plus traîtreusement, se cachaient en dessous, exigeant une vigilance constante.


Bientôt cette section rocheuse fut dépassée, et le quartier de Nupé entra.

Ici, la rivière, émergeant des collines métamorphiques, tourne vers l'est et s'élargit, coulant à travers une large vallée dont les flancs escarpés forment les escarpements d'un plateau bas de grès. Cette section est peu habitée et peu boisée, en raison du fait que pendant que le fleuve est en crue, les grandes plaines qui forment le fond de la vallée sont submergées et le fleuve prend l'aspect d'un lac.

Soixante milles plus bas se trouve une chaîne de montagnes pittoresque, maintenant appelée Rennell's, peu après le passage de la ville d'Egga. De là, la large vallée commence à se rétrécir et la rivière à serpenter en courbes abruptes à travers les basses gorges de grès, jusqu'à ce que, tournant brusquement vers le sud, elle entre dans une étendue semblable à un lac, où les Landers découvrirent qu'un grand affluent de l'est , qu'ils conjecturaient être le Tchadda ou le Benué, rejoignit le courant principal. C'était le fleuve que Clapperton avait confondu avec le Shari, bien que M'Queen ait établi sa véritable relation avec le système du Niger.

Immédiatement après le point de jonction, le Niger quitte le plateau de grès et traverse une série de montagnes pittoresques et audacieuses par une gorge étroite, gardée de chaque côté par des sommets isolés et des montagnes au sommet d'une table, qui fronce les sourcils au-dessus des eaux dans une robustesse provocante et aride. . Comme pour arrêter toute entrée ou sortie, de petites îles et des rochers cachés s'élèvent au milieu du cours d'eau, autour desquels les courants rapides de la rivière contractée balaient et tourbillonnent avec colère.

Cette porte naturelle passée, la rivière s'étend à nouveau dans des étendues majestueuses, insolant tout son sein sous le soleil des tropiques, sans rocher ni île. Les montagnes tombent en douces ondulations, et celles-ci se transforment à nouveau en une étendue plate et sans limites, mais peu élevée au-dessus du niveau de la rivière. À chaque kilomètre parcouru, la végétation devient de plus en plus luxuriante, de plus en plus prodigue, jusqu'à ce que la forêt primitive s'offre au voyageur dans toute sa hauteur, sa profondeur et sa solennité. Jamais auparavant les frères Lander n'avaient vu de tels arbres, une telle profusion d'arbustes, un tel enchevêtrement de lianes variées.

Ici et là, des villages, joliment ornés de palmiers penchés, regardaient confortablement depuis leurs coins de verdure dans la sombre forêt protectrice. Près des maisons se tenaient ou se prélassaient des groupes d'indigènes légèrement vêtus, passant leurs heures de paresse dans une oisiveté rêveuse, comme convenaient les seigneurs de la création. Des enfants, nus comme au premier jour, gambadaient dans la rivière comme des grenouilles ; et les femmes, toujours au travail, s'occupaient des soins domestiques. En certains endroits, on avait combattu la luxuriance de la nature et de petites clairières avaient été aménagées dans la forêt pour la culture de l'igname, des haricots ou de la canne à sucre.

Le Niger lui-même n'était pas le moins invitant sur la scène. Maintenant, il s'étendait devant les voyageurs comme un lac magnifique, entouré d'arbres festonnés et scintillant brillamment sous les rayons du soleil des tropiques. De nouveau, loin devant, la charpente forestière s'ouvrait et montrait le cours sinueux de la rivière argentée, bordée de bancs de sable jaune. Des canoës ont été vus glisser rapidement vers le bas du courant, ou, avec une pagaie plus laborieuse, ils ont été forcés de remonter à contre-courant. Sur les rives laissées par les eaux qui tombaient, les crocodiles disposaient leur longueur repoussante comme des bûches de bois pourries, tandis que dans les bassins plus profonds les hippopotames reniflaient de défi. La sauvagine en grand nombre effleurait la surface de l'eau, pêchait dans les bas-fonds ou se reposait sur *la terre ferme* .


La scène était arcadienne et fascinante vue depuis la rivière. Une connaissance plus étroite n'a pas renforcé son attrait. Les voyageurs faisaient désormais partie d'un peuple bien différent de ceux qui se trouvaient au-dessus du confluent du Niger et de la Bénoué (Tchadda). Il n'y avait ici que des sauvages païens, plongés dans la plus basse barbarie et gouvernés par la plus grossière superstition. Le meurtre et le pillage allaient en parfaite harmonie avec le fétichisme et le cannibalisme, et l'hospitalité était inconnue. Ce n'est que par la force que Lander put amener ses hommes à s'aventurer dans cette région dangereuse. Que leurs craintes n'étaient pas de simples chimères fut rapidement prouvé dès la première occasion de débarquement, et plus tard encore, ils n'échappèrent qu'à une destruction totale, pour tomber en semi-captivité aux mains d'un groupe d'hommes dans de grandes pirogues qui se trouvaient en amont du fleuve, prêts à faire du commerce avec les forts, et pour attaquer et piller les faibles.

Les voyageurs se retrouvèrent alors parmi des gens venus du bord de la mer et qui non seulement en avaient entendu parler, mais qui avaient effectivement fait du commerce avec les Européens. Ce ne furent donc pas d'humeur découragée qu'ils se soumirent à leur sort et poursuivirent leur chemin, captifs des Ibo.

Bientôt, il fut clair que le delta du fleuve était atteint. D'un volume d'eau unifié, il commença à se diviser en de nombreuses branches, s'étendant dans toutes les directions. Au sommet du delta, la terre était sèche et recouverte de palmeraies et de cotonniers à soie. Peu à peu, cependant, celles-ci ont disparu et, à mesure que les terres arides ont cédé la place à des marécages hybrides, la mangrove a affirmé sa propriété. La nature présentait alors un aspect aussi repoussant que celui que l'on peut rencontrer dans n'importe quelle autre région de la face du globe : ce qui était un marécage à marée basse ressemblait à une forêt submergée lorsque la marée était montante, et à cette époque et à tous les autres moments. , puant les vapeurs pestilentielles de la boue visqueuse suintant d'entre les racines ressemblant à des poulpes de la mangrove.

## AKASSA.

En traversant cette région immonde, les voyageurs n'avaient guère de raisons de s'étonner que personne n'ait jamais osé explorer les ruisseaux labyrinthiques et les bras de rivières qui pénétraient dans la mangrove dans toutes les directions, mais semblaient ne mener nulle part en particulier.

Le 24 novembre 1830, le tonnerre sourd des rouleaux de l'Atlantique déferlant sur le rivage parut comme une musique la plus douce aux oreilles des voyageurs, grognant un accueil bourru mais chaleureux, et bientôt la mer elle-même s'ouvrit devant eux, ses brises fraîches et saines les attisant avec de délicieux toucher, son étendue brillante et illimitée, belle comme un aperçu du ciel.

Le mystère du Niger était enfin résolu et les portes du fleuve s'ouvraient grandes sur le monde pour ne plus jamais se fermer.

# CHAPITRE XXVIII.
## *REMPLIR LES DÉTAILS.*

Pendant que Clapperton et Lander menaient ainsi les travaux de Park à bonne fin et prouvaient l'exactitude de la géographie du bassin du Niger établie par M'Queen, d'autres travaillaient dans cette région que les travaux et la mort de leur grand pionnier avaient rendue classique. sol. Le major Laing, au cours d'une mission gouvernementale, s'était rendu de la Sierra Leone à Falaba, dans le pays de Sulima, et avait constaté que le Niger prenait sa source dans les hautes terres de Kurauka, à environ 70 milles au sud-ouest de Falaba, et non à plus de 150 milles à l'est de la Sierra Leone. Il lui était impossible d'atteindre le fleuve lui-même, mais il n'en subissait pas moins l'influence irrésistible de sa fascination.

Plus que jamais, Tombouctou et le Niger étaient devenus des noms à évoquer et à infecter les hommes avec une sorte d'abnégation imprudente qu'aucune expérience passée, aucune prudence ou bon sens ne pouvait dissiper. Comme dans le cas de Lander et d'autres de ses prédécesseurs, ayant goûté au doux-amer de l'exploration africaine, le major Laing ne pouvait avoir de repos tant qu'il n'aurait pas cueilli à nouveau le fruit magique. En conséquence, après un intervalle de trois ans, il repartit, déterminé à réaliser ses rêves les plus chers.

Tombouctou et le Haut Niger étaient les buts de son voyage. Comme Denham et Clapperton, il a pris Tripoli comme point de départ. De là, il passa vers le sud-ouest jusqu'à Ghadamis et l'oasis de Twat. Entre cette dernière et Tombouctou s'étendent les étendues sauvages du Sahara, jamais foulées par l'homme sans un risque extrême de rencontre avec des nomades épris de pillage et d'effusion de sang, et de mort par soif ou par privation. Même ces facteurs d'un voyage en Afrique exerçaient leur attrait sauvage pour les hommes du tempérament de Laing, ajoutant une *sauce piquante*, pour ainsi dire, à la marche par ailleurs monotone et à la routine quotidienne d'inquiétude et de privations. Pour ceux-là aussi, l'immensité menaçante du Sahara – la désolation effrayante qui marque chacun de ses traits – et le soleil flamboyant et les cieux sinistres qui le surplombent, ont des éléments qui les frappent avec les sentiments de crainte les plus profonds et laissent une empreinte indélébile. dans leur esprit.

Pendant seize jours après avoir quitté Twat, Laing éprouva toutes ces sensations sous leur forme la plus frappante ; et pour que ses expériences de voyage dans le désert soient complètes, il fut attaqué de nuit par un groupe de maraudeurs touaregs, et laissé pour mort, avec pas moins de vingt-quatre blessures. Cependant, grâce à l'élixir secret des esprits héroïques et à la solidité de sa constitution, il se rétablit miraculeusement et, sans se décourager, continua sa route vers Tombouctou, où il fut atteint le 18 août 1826.

Laing fut le premier Européen à pénétrer dans cette ville historique qui, pendant quatre siècles, fut l'aimant des rois, des marchands et des savants. Il est arrivé à une heure malheureuse. Peu de temps avant que les premières vagues de la marée imminente de l'influence peul ne soient entrées dans la région du Haut Niger. Tombouctou avait déjà ressenti son étrange pouvoir, tout en étant mécontent de la position politique usurpée par les ministres de la nouvelle renaissance.

Pendant un mois, Laing fut autorisé à rester tranquille. Puis il reçut l'ordre de quitter la ville des Fidèles. Il n'y eut aucune résistance au mandat et il mourut le 22 septembre, pour être ensuite sauvagement assassiné deux jours plus tard par les gens qui avaient entrepris de l'escorter à travers le désert. Avec lui périrent malheureusement les archives de ses observations et de ses enquêtes.

Deux ans plus tard, Caillé, un Français quelque peu analphabète, mais persévérant et intrépide, entre dans la ville d'où Laing avait été chassé. Des années auparavant, ce jeune explorateur, dans sa lointaine patrie française, avait entendu les échos de l'entreprise africaine. Enflammé par l'histoire romantique, il avait vu à travers les cartes vierges du continent combien il y avait à faire et quelle renommée il y avait à acquérir pour celui qui pouvait laisser sa marque sur ces feuilles encore vierges. Être un voyageur africain devient désormais l'objet de sa vie. Pendant des années, il a rêvé de ce travail et s'y est préparé. Mais c'était une chose de rêver, une chose même d'atteindre le seuil de nouvelles terres, et une autre de les pénétrer, comme il le découvrit bientôt. À maintes reprises, ses espoirs, alors qu'ils étaient presque sur le point de se réaliser, furent brutalement anéantis ; mais invaincu, il attendit son heure et son opportunité, bien que sans moyens privés et conscient que les oreilles des riches et des puissants étaient sourdes à ses projets et à ses représentations.

Mais pendant que Caillé rêve et pétitionne, il travaille aussi. En tant que fonctionnaire subalterne du gouvernement de la Sierra Leone, il a pu, grâce à l'économie et à l'industrie, économiser la somme de 80 £. Pour lui, cette mince somme apparaissait comme le « sésame ouvert » de la gloire et de la fortune. C'était l'instrument par lequel il devait ouvrir la coquille de l'huître et récupérer la perle inestimable qu'elle contenait.

Le 19 avril 1827, Caillé quitte Kakundy, sur la rivière Nunez, et à mi-chemin entre la Sierra Leone et la Gambie, en compagnie d'une petite caravane de Mandingues. En voyageant vers l'est, il traversa le pays du Fouta Jallon, à travers lequel coulaient vers le nord les affluents supérieurs du Sénégal et vers l'est ceux du Niger. Cette dernière rivière arrivait à Kurusa, dans le district de Kankan, et on y trouvait même un beau ruisseau de huit à dix pieds de profondeur.

Après avoir traversé le Niger, il continua vers l'est jusqu'au pays de Wasulu, une région bien cultivée et densément peuplée. De là, il voyagea vers le nord-est, jusqu'à ce qu'il atteigne enfin de nouveau les rives du Niger, à une courte distance à l'ouest de Jenné. Il fut le premier Européen à entrer dans cette ville, même si Park l'avait vue lors de son dernier voyage.

De Jenné, Caillé descendit le Niger sur un navire de construction grossière et de dimensions considérables jusqu'à Kabara, le port de Tombouctou, d'où il se rendit à cheval jusqu'à la ville elle-même.

L'aspect de Tombouctou ne répondait en rien aux ardentes attentes du voyageur. Au lieu de la ville riche et puissante, touchée par le glamour de l'Orient brillant, à laquelle on lui avait appris à s'attendre, il n'y avait devant lui qu'un ensemble de misérables bâtiments en terre cuite, parmi lesquels s'élevaient plusieurs mosquées, qui ne paraissaient imposantes qu'en comparaison avec le des huttes grossières autour d'eux. Au nord-est et au sud s'étendait l'immensité du grand désert comme une vaste plaine de sables brûlants et repoussants, sur laquelle couvait le silence de la mort, sauf là où les chiens parias ou les vautours répugnants se régalaient de charognes ou d'abats jetés hors de la ville. . C'est là que le Commerce avait établi son empire centrafricain et rassemblé les veines et les artères commerciales qui se ramifiaient plus ou moins dans toute l'Afrique du Nord-Est. Ici aussi, au milieu de ces mornes déserts, le savoir musulman avait élu domicile ; et ici, la religion de l'Islam avait trouvé un centre permanent à partir duquel rayonner son influence dans les profondeurs les plus barbares de l'Afrique noire.

Vu ainsi par rapport à son environnement, à sa position et à ses fonctions, les huttes de terre battue et les mosquées grossièrement construites qui le composent acquièrent une teinte de sublime et frappent l'imagination plus encore que les merveilles prodigieuses d'un Londres ou d'un Paris.

Pendant quinze jours, Caillé, en sécurité dans son déguisement, resta à Tombouctou, après quoi il partit avec une caravane pour traverser le désert jusqu'au Maroc. Dans aucune autre partie du Sahara, le désert n'apparaît sous un aspect aussi effrayant. La caravane dut parcourir un territoire avec toute la rapidité possible pendant dix jours, sans qu'une goutte d'eau ne puisse être obtenue. Les privations endurées étaient indescriptibles, hommes et animaux étant réduits à l'extrême extrême avant que l'eau ne soit atteinte et leurs tortures apaisées. Plus au nord, des expériences similaires les attendaient, jusqu'à ce que la caravane arrive à la rivière Dra. De là, la marche s'effectue avec un confort relatif par le Tafilet et l'Atlas jusqu'à Fès et Tanger, où Caillé arrive le 18 août 1828.

# TOMBOUCTOU.

Avec la descente du Niger par Lander de Bussa jusqu'à la mer, le cours de l'entreprise nigérienne reçut un nouveau développement et un nouvel élan. Les récits élogieux rapportés par ses explorateurs sur les terres riches et les puissants royaumes civilisés à travers lesquels il coulait trouvèrent des auditeurs enthousiastes en Angleterre ; et maintenant qu'une entrée avait été trouvée par laquelle on pouvait atteindre le cœur de ces régions prometteuses, ces auditeurs ne tardèrent pas à agir et à tester de manière pratique la valeur commerciale de la grande voie navigable.

Dans ce nouveau mouvement, Macgregor Laird, de Liverpool, était l'esprit dirigeant. Sous ses instructions, deux bateaux à vapeur furent spécialement construits pour ces travaux. Laird lui-même prit le commandement, et avec lui étaient associés Lander et le lieutenant Allen de la marine, avec le Dr Briggs et M. Oldfield comme assistants médicaux.

A peine le groupe était-il entré dans le bras Nun de la rivière, en août 1832, que la malaria commença ses ravages, causant la mort d'un capitaine et de deux matelots. La première tâche de l'expédition fut de trouver un canal navigable approprié parmi les nombreux bras, ruisseaux et marigots déroutants qui étendaient un réseau labyrinthique sur le delta, dont les mangroves étaient « peu attrayantes lorsqu'on les apercevait, repoussantes lorsqu'on s'en approche, dangereuses lorsqu'on les examine et horribles et répugnants quand leurs qualités et leurs habitants étaient connus. Ici, l'air empestait l'essence des odeurs empoisonnées – humides, moites et mortelles ; et les nuits étaient rendues hideuses par les attaques incessantes de nuées de moustiques et de phlébotomes.

## VUE SUR LE NIGER AU-DESSUS DE LOKOJA.

Pendant six semaines, Laird fut engagé dans son exploration du delta, à la suite de quoi dix-huit hommes succombèrent à la fièvre. Pendant un certain temps, l'expédition menaça de se terminer par la mort de tout le groupe, presque aucun n'échappant aux terribles effets du paludisme. Mais Laird et ses compagnons n'étaient pas des hommes faciles à décourager ou à vaincre, et ils finirent par s'éloigner de la zone mortelle et atteignirent la rivière indivise et les régions supérieures plus saines. C'était comme une évasion d'un purgatoire répugnant vers un paradis terrestre, lorsque le groupe naviguait dans les étendues ouvertes du noble ruisseau, barré par la forêt tropicale et balayé par des brises rafraîchissantes. Cependant, du point de vue commercial, la perspective s'est avérée quelque peu insatisfaisante et ne correspondait pas aux espoirs brillants avec lesquels le parti avait quitté l'Angleterre. On ne songeait cependant pas à céder au premier sentiment de déception, et, croyant que les choses s'amélioreraient une fois au-delà de la zone barbare, ils continuèrent leur route vers le fleuve. Malheureusement, ils avaient choisi la mauvaise période de l'année pour faire l'ascension. Déjà la rivière baissait. Plus d'une fois, le plus gros des deux vapeurs s'échoua sur des bancs de sable, et dut finalement être désarmé jusqu'à ce que la montée des eaux reprenne. Les tentatives pour atteindre Rabba échouèrent, bien que Laird remonta la Benué sur une certaine distance en bateau.

La saison suivante, Oldfield et Lander ont eu plus de succès. Le Benué fut remonté jusqu'à une distance de 104 milles avant d'être obligé de revenir faute de ravitaillement. Sur le Main Niger, ils ont également eu plus de chance que l'année précédente. Rabba fut atteint en toute sécurité et contenait une population d'un peu moins de 40 000 habitants, étant à cette époque la capitale de Nupé.

Au-delà de Rabba, il fut impossible d'avancer et il fut jugé opportun de retourner sur la côte, de recruter et de se préparer à une nouvelle tentative d'établissement d'un commerce sur le fleuve.

Cette nouvelle aventure s'est toutefois soldée par un désastre. Sur le chemin du retour, Lander a été abattu et n'a été maintenu en vie que jusqu'à ce que

Fernando Po soit atteint. Avec lui se termina momentanément l'entreprise de Macgregor Laird. Bien que menée avec une persévérance et un abnégation splendides, ses résultats furent malheureusement négatifs, tandis que sur les quarante-neuf Européens qui s'y étaient engagés, neuf seulement survécurent aux fièvres.

Pendant plusieurs années, rien n'a été fait pour mettre en valeur ce qui était trop bien nommé « la tombe de l'homme blanc ». En 1840, cependant, le gouverneur Beecroft remonta la rivière jusqu'à moins de trente milles de Bussa et revint sans trop de pertes en vies humaines, bien qu'il n'ajoute que peu à notre connaissance de la géographie de la région.

Pendant ce temps, les philanthropes étaient tout aussi intéressés par l'ouverture du bassin du Niger à l'influence européenne que le monde commercial. L'expédition de Laird, bien qu'ayant pour objectif principal le commerce, « espérait également contribuer à supprimer la traite des esclaves, à introduire une véritable religion, une véritable civilisation et des influences humanisantes parmi les indigènes dont la barbarie n'avait jusqu'alors été qu'exacerbée par les liens européens ».

Ces objectifs désintéressés furent encore soulignés en 1841, lorsque le gouvernement, toujours intrépide devant le caractère fatal des travaux, envoya trois bateaux à vapeur dans le but de conclure des traités avec les chefs nigériens pour la suppression de la traite des esclaves. Une ferme modèle devait être établie au confluent de la Bénué et de la rivière principale, pour enseigner aux indigènes de meilleures méthodes d'agriculture, et d'une manière générale, les bases devaient être posées du grand Empire britannique dont M'Queen avait rêvé. Ainsi, dans une certaine mesure, une expiation devait être faite pour les péchés des générations précédentes. Tout ce que la science et la prévoyance pouvaient suggérer ont été faits pour faire de cette expédition un succès, mais malheureusement aucun moyen n'a encore été trouvé pour conjurer les attaques insidieuses du paludisme ou contrecarrer les effets des germes de la fièvre une fois qu'ils ont pris pied dans le système. . Le résultat fut la mort et le désastre. Aucun point plus élevé qu'Egga n'a été atteint, et cela uniquement par un seul bateau à vapeur. Sur cent quarante-cinq hommes, quarante-huit moururent dans les deux mois où les navires restèrent dans le fleuve.

Le projet de rentabiliser le Niger, face à une mortalité aussi effroyable et à des conditions climatiques aussi meurtrières, semblait désormais totalement désespéré. Depuis le major Houghton jusqu'en bas, la mort par violence, par privation ou par maladie avait été le sort de tous ceux qui avaient tenté de l'ouvrir à l'influence européenne. Aucune autre rivière n'a eu une histoire aussi romantique d'abnégation héroïque - aucune telle liste de martyrs -

aucune telle histoire d'héroïsme et de sang précieux apparemment inutilement jeté.


Était-ce vraiment en vain ? Ni l'Européen ni l'indigène ne tireraient-ils aucun bénéfice de l'exploration de cette bande argentée à travers les magnifiques hauts plateaux de la côte ouest, les plaines densément peuplées de Sego et de Massina, les déserts à moitié désertiques dépeuplés de Songhay et de Gandu, les profondeurs forestières d'Igara et Ado et les mangroves autour de la Baie du Bénin. Park, Clapperton, Lander et tous les autres explorateurs du bassin du Niger seraient-ils restés dans les mémoires dans les âges futurs uniquement pour les vertus héroïques dont ils avaient fait preuve, et non comme les pionniers d'une nouvelle ère d'espoir pour les Africains - les fondateurs de une grande entreprise nationale, pleine de promesses à la fois pour la Grande-Bretagne et pour l'Afrique ?

L'idée d'une telle fin ne devait pas être envisagée sans réticence, mais elle semblait pourtant inévitable. L'opposition sauvage et les difficultés physiques ordinaires pourraient avec le temps être surmontées, mais qui pourrait lutter contre la maladie qui se cachait de manière invisible dans les profondeurs fétides des forêts de mangroves et remplissait l'air de ses germes venimeux ? Qui pourrait éviter le fléau incurable de son souffle mortel ?

De telles questions avaient déjà été posées, lorsque l'échec de l'expédition de Tuckey arrêta pendant un certain temps l'exploration du Niger, jusqu'à ce que Clapperton et Denham, attaquant la région par l'arrière, aient redonné espoir au découragé. Curieusement, la récurrence de la même crise a entraîné une guérison similaire.

En 1849, une expédition partit de Tripoli, sous les auspices du gouvernement cette fois, commandée par Richardson et les Drs. Barth et Overweg.

Les frontières du Bornu furent atteintes en toute sécurité, et ici le parti se divisa pour ne plus jamais se revoir. Richardson et Overweg suivirent le chemin de Toole et Oudney, et seul Barth resta pour mener à bien les objectifs de l'expédition. Il a accompli dignement sa tâche. Jamais auparavant une moisson aussi riche de faits géographiques, historiques, ethnographiques et philologiques n'avait été rassemblée dans le domaine de la recherche africaine.

Du Kanem à Tombouctou, de Tripoli à Adamawa, il a mis les terres en contribution. Il serait vain, dans l'espace restreint de ces pages, de le suivre dans ses merveilleux voyages. On peut cependant noter qu'en voyageant vers le sud-ouest depuis Kuka dans le Bornu jusqu'à la province peule d'Adamawa, il atteignit le 18 juin 1851 la rivière Benué, à sa jonction avec le Faro, et 415 milles géographiques en ligne directe. de sa confluence avec le

Niger. Depuis qu'il avait quitté l'Europe, il n'avait jamais vu un fleuve aussi grand et aussi imposant. Même à ce point éloigné, la Bénoué, ou « Mère des Eaux », a une largeur d'un demi-mille et coule avec un courant rapide vers l'ouest. On disait qu'il s'élevait à neuf jours de voyage vers le sud-est, tandis que le Faro venait d'une montagne distante de sept jours de voyage.

Après sa découverte de la Bénué, si loin à l'est du Niger, vient en deuxième position son exploration du grand méandre du Niger lui-même.

En partant de Bornu, il traversa Sokoto et Gandu vers l'ouest jusqu'au Niger à Say, à une certaine distance au-dessus du point où le Gulbi-n-Gindi de Sokoto rejoint le fleuve principal.

De Say, il se dirigea vers le nord-est, traversa le grand virage, parmi les tribus touarègues sauvages, et les montagnes romantiques de Hombori, jusqu'à Tombouctou. De là, il retourna une fois de plus vers les États Haussa, plus sûrs, le long des rives du fleuve, sur lesquels aucun œil européen, sauf celui de Park, ne s'était jamais arrêté auparavant. Il se trouvait ici au centre de l'empire Songhay autrefois merveilleux, dont les seules reliques laissées après les coups destructeurs des Maures, des Touaregs et des Peuls étaient quelques villages misérables, dont les habitants menaient une existence misérable, également écrasés par la sécheresse. et les ravages des maraudeurs humains.

L'un des résultats de la découverte par Barth de la Bénué si près du lac Tchad fut l'envoi d'une autre expédition, pour déterminer si possible la navigabilité du fleuve, un point que les tentatives précédentes n'avaient pas réussi à régler de manière satisfaisante.

Macgregor Laird fut encore une fois l'esprit dirigeant de cette nouvelle entreprise, et tout ce que l'expérience passée pouvait suggérer fut mis à profit pour assurer un voyage réussi. Le Dr Baikie, RN, et DJ May, RN, y sont allés en tant qu'arpenteurs et dirigeants, plusieurs autres messieurs étant associés à eux. Ce fut à certains égards la plus réussie des expéditions d'arpentage du gouvernement, car elle non seulement explora et arpenta la Bénué sur une distance de 340 milles, mais revint sans aucune perte particulière de vie.

Ce voyage met pratiquement un terme à la participation de notre gouvernement aux travaux de désenclavement du Niger. Dès lors, il se contenta d'envoyer de temps en temps une canonnière dans le fleuve pour une mission punitive, mais aucune tentative particulière ne fut faite pour éclairer davantage le monde sur sa géographie et ses ressources. Désormais, tous ces travaux furent laissés à l'entreprise privée, le gouvernement restant à l'écart, disposé à ne ni encourager ni décourager, mais clairement convaincu que rien d'important ne pouvait être fait d'un fleuve partiellement navigable, coulant à travers un pays apparemment sans grandes capacités commerciales, et avec un climat qui rendait la colonisation hors de question, et même une résidence, aussi courte soit-elle, presque impossible à l'Européen moyen.

# CHAPITRE XXIX.
## *L'AVANCE FRANÇAISE AU NIGER.*

Avec le retrait pratique de notre gouvernement de l'entreprise nigérienne, le magnifique rêve de M'Queen d'un empire britannique au cœur de l'Afrique semble s'être évanoui à jamais. Une nouvelle école de politiciens est apparue dans nos conseils nationaux, qui avaient si peu lu les secrets de la grandeur de notre pays, que leur cri était de cesser toute expansion étrangère, de mettre fin aux responsabilités coloniales.

L'influence du mouvement rétrograde commença bientôt à se faire sentir sur le sort de l'Afrique de l'Ouest. Déjà son développement naturel avait été retardé par un climat mortel, la rareté des produits de valeur, la barbarie et la paresse de ses habitants. À cela s'ajoutaient désormais la négligence et la mauvaise gestion du gouvernement. Les administrateurs et les gouverneurs devaient restreindre leurs opérations aux limites les plus étroites. Les marchands se voyaient soit interdire l'accès à l'intérieur, soit être informés qu'ils avanceraient à leurs propres risques et sans espoir de soutien du gouvernement. L'entreprise géographique partageait le fléau général. Le travail d'exploration d'une région devenue classique grâce aux voyages et aux vies martyres de tant de fils parmi les plus dignes de Grande-Bretagne a été interrompu.

Il va sans dire qu'une telle politique a conduit à des résultats honteux. L'influence britannique se limitait à la région côtière, où elle menait une existence politique et commerciale misérable au milieu de ses marécages mortels ; nos gouverneurs se virent confier la tâche de vieille femme consistant à administrer des lois ridiculement inadaptées, ou à palabrer sur des disputes insignifiantes avec des chefs de tribus encore plus insignifiants ; nos marchands, grâce aux conditions dans lesquelles ils étaient placés, se sont dégradés en négociants de gin, de rhum, de tabac, de poudre à canon et de fusils, ce que l'Europe avait de mieux à donner en échange des huiles, de l'or et de l'ivoire de l'Afrique. Mais tandis que nous dégénérions ainsi en un avortement invertébré du génie colonial britannique, en bon occupant de marécages gluants et de jungles fébriles, un rival continental se préparait à prendre notre place et à récolter la récompense de nos anciens travaux.

Presque en même temps que nous mettions fin à nos travaux sur le Bas Niger, les Français commencèrent à s'intéresser au Sénégal et à jeter des regards ardents sur Bambara et le Haut Niger. Eux aussi se mirent à rêver d'un empire centrafricain – comme l'avait fait autrefois M'Queen – et à voir au loin dans le futur leur drapeau suprême, depuis la côte méditerranéenne d'Alger jusqu'aux rives de l'Atlantique. La clé de la situation qu'ils voyaient clairement se trouvait au Niger. Une fois établis là-bas, avec les ouvertures nécessaires vers l'ouest, ils auraient le commandement de tout le Soudan occidental, et peut-être aussi de la région centrale.

Avec une prévoyance patiente, ils commencèrent à envoyer des explorateurs le long de la ligne de conquête proposée, emportant avec eux des traités tout faits, des drapeaux français et des cartes vierges. L'influence française s'était déjà fait sentir loin en amont du fleuve, et des forts avaient été établis dès les premiers jours de leur domination. Ceux de ces derniers tombés en ruines ou désertés furent à nouveau occupés et réparés, et de nouveaux postes avancés furent repoussés plus loin au cœur du pays.

Bientôt, ils s'étaient solidement établis aussi haut que le Sénégal, là où Park, lors de sa première expédition, l'avait traversé pour se rendre à Kaarta. C'était la limite de la navigabilité du fleuve pendant la saison des pluies. Mais aucune considération des difficultés naturelles ne limitait leur rêve de pouvoir.

En 1863, deux officiers, E. Mage et le Dr Quintin, prospectèrent un chemin vers le Niger à travers les hauts plateaux situés entre les deux fleuves. Les armes françaises ne tardèrent pas à suivre là où les explorateurs français menaient, et des préparatifs rapides furent faits pour achever la base d'opérations pour l'avancée finale vers leur terre promise.

Pendant ce temps, nos représentants sur la côte, mijotés dans leur ceinture misérable et frappée par la maladie, n'étaient pas aveugles aux progrès réalisés par nos voisins entreprenants, ni ignorants de leurs vastes desseins de conquête et de monopole commercial, ainsi que des conséquences probables sur les politiques et les intérêts de l'Angleterre. position commerciale dans ces régions. En vain, ils attirèrent l'attention du gouvernement local sur la situation et demandèrent le pouvoir d'agir avant qu'il ne soit trop tard. Ils n'étaient que des voix criant dans le désert, auxquelles on prêtait aussi peu d'attention que le bédouin prête au mirage du désert. De plus, il était demandé aux autorités côtières de laisser les Français aller où bon leur semble et de ne leur mettre aucun obstacle.

Les Français ne tardèrent pas à profiter du champ ainsi laissé libre. En 1880, leur ligne de forts sur le Sénégal était achevée et tout était prêt pour leur prochain mouvement. Pour cette entreprise, le capitaine Gallieni fut nommé chef, et à la tête d'une petite armée de troupes entraînées et d'un train considérable d'ânes, de conducteurs indigènes, de domestiques indigènes, etc., il commença en 1880 sa mission de planter le drapeau français sur le Haut Niger, où, de par notre position géographique et notre priorité d'exploration, l'Union Jack seule aurait dû flotter.

Jusqu'au confluent du Bakhoy et du Bafing, la marche de Gallieni ne fut accompagnée de rien de pire que la quantité habituelle d'inquiétudes et de troubles inhérents au passage d'une petite armée à travers un pays barbare ou semi-barbare. Au-delà, cependant, s'étendait le pays inoccupé et partiellement exploré entre le Sénégal et le Niger. C'est ici que commencèrent les épreuves et les soins particuliers de l'expédition. La nourriture était souvent obtenue avec difficulté. Leur avancée était naturellement considérée avec méfiance par les indigènes, et il fallait beaucoup de soin et de tact pour éviter les frictions. Cependant, malgré tous les obstacles, ils poussèrent progressivement vers le sud vers leur but, laissant les drapeaux français entre les mains des chefs et emportant avec eux des traités plaçant ces derniers et leur peuple sous la protection de la France.

Avant d'atteindre le Niger, l'expédition faillit être détruite par une attaque déterminée lancée contre lui par un peuple appelé Beleris. Les Beleris furent cependant repoussés avec succès et, deux jours plus tard, on atteignit Bammaku sur le Niger, où déjà le drapeau tricolore flottait, une section avancée du parti ayant réussi à conclure le traité coutumier. Par quels moyens le traité a été obtenu, on ne nous le dit pas, mais nous apprenons que l'accueil de Gallieni fut froid et inhospitalier.

Il ne restait plus qu'à se rendre à Sego, voir le suzerain des chefs et des rois du haut Niger et conclure un traité avec lui. Dans ce but, Gallieni traversa le Niger et longea la rive sud du fleuve. A son arrivée dans les environs de la capitale, il fut arrêté et sommé de rester où il était jusqu'à ce que ses affaires soient réglées. De nombreuses semaines et mois difficiles ont été passés pour tenter d'amener Amadu, le sultan de Sego, à signer un traité plaçant son pays sous protectorat français. Finalement, la signature nécessaire fut obtenue et, à partir de ce moment, la domination française, sur le papier, fut suprême depuis les sources du Niger jusqu'à Tombouctou.

La France, cependant, n'était nullement encline à se contenter d'une simple reconnaissance mentale de son autorité. Avec une énergie et une persévérance splendides, elle poussa ses forts dans la vallée du Bakhoy, la ligne de partage des eaux des deux rivières ; et finalement s'est construit une habitation durable sur le Niger lui-même. En même temps, un chemin de fer fut commencé, ayant pour objet de relier le point navigable le plus élevé du Sénégal avec Bammaku. En même temps, une canonnière fut transportée par sections et assemblée sur le fleuve, comme symbole supplémentaire de l'autorité française et comme instrument puissant pour étendre son influence.

Pour s'assurer davantage des résultats possibles du réveil du gouvernement britannique, la France entreprit d'isoler le fleuve Gambie par un cordon de traités, laissant la voie navigable britannique, mais rendant tout le reste français. Pour renforcer encore sa position, tous les pays situés près des affluents supérieurs et des sources du Niger furent placés sous protection française, et presque toute la côte, depuis la Gambie jusqu'à la Sierra Leone, fut prise de possession. Et pendant tout cela, notre gouvernement a dormi paisiblement, ayant donné l'ordre de ne pas être réveillé ; ou bien il ne se réveillait qu'en clignant des yeux, ravi d'être débarrassé de toute cette affaire gênante.

Soixante ans avant que M'Queen écrivait : « La France est déjà établie sur le Sénégal et contrôle ce fleuve, et si l'inertie et l'insouciance de la Grande-Bretagne permettent à cette rivale puissante, entreprenante et ambitieuse de s'avancer devant nous et de se fixer solidement sur le Niger, il est alors évident qu'avec un tel règlement en plus de son contrôle du Sénégal, la France commandera toute l'Afrique du Nord. Les conséquences ne peuvent manquer d'être fatales aux meilleurs intérêts de ce pays et, par des moyens plus sûrs que la guerre et la conquête, elles tendent en fin de compte à ruiner notre meilleur établissement colonial tropical.

Ce que M'Queen craignait était désormais réalisé quant à l'aspect politique de l'action des Français dans les royaumes du Niger. Reste à savoir quelle sera l'issue commerciale de leur rêve africain.

# CHAPITRE XXX.
## *LA COMPAGNIE ROYALE DU NIGER.*

Cela a toujours été une bonne chose pour l'entreprise commerciale britannique que ses agents n'aient jamais eu à compter sur leur gouvernement pour ouvrir de nouvelles routes commerciales et leur garantir des territoires inexploités. Nos marchands n'ont eu besoin que d'avoir les mains libres pour tracer leur propre chemin et que les fruits de leur travail ne leur soient pas enlevés par l'action politique d'autres nationalités. Ce qui a été accompli dans ces conditions, laisse dire la moitié de nos colonies.

La règle ci-dessus, bien que générale, n'a pas été invariablement appliquée, comme en témoigne le cas de l'Afrique de l'Ouest, déjà décrit, où, à la suite des restrictions et de l'ingérence du gouvernement, la récolte de la main-d'œuvre britannique est passée entre les mains des Français, et les entreprises commerciales a été écrasée et dégradée avec les régions dans lesquelles elle a été pratiquée.

Heureusement pour notre position en Afrique centrale et occidentale, le bassin du Niger n'a jamais été soumis à ces influences dévastatrices. Lorsque notre gouvernement s'est retiré de cette région, il s'est complètement retiré, sinon il y aurait eu encore un autre chapitre de mauvaise administration lamentable et de trahison flagrante de la confiance d'une nation à ajouter aux annales de l'histoire de l'Afrique de l'Ouest.

Le Niger était ainsi laissé libre de bénéficier des opérations de l'entreprise privée.

Pendant quelques années après l'expédition de Baikie, rien ne fut fait pour établir un commerce sur le fleuve. Non pas que la tâche ait été abandonnée comme étant désespérée. Au contraire, de nouveaux projets germaient et prenaient progressivement forme, préparatoires à de nouvelles tentatives dans des conditions plus prometteuses.

À cette époque, les gens commençaient à mieux comprendre la nature de la vie tropicale et savaient mieux comment combattre les influences insidieuses et dangereuses de la chaleur et de l'humidité excessives, ainsi que les germes de maladies qu'elles alimentaient. En substituant la quinine à la lancette dans le traitement de la fièvre, cette maladie jusqu'alors mortelle avait été privée de la moitié de ses terreurs.

Une fois de plus, Macgregor Laird — un nom qui doit être mis entre parenthèses avec ceux de Park, M'Queen et Lander — était le leader du nouveau mouvement. Inébranlable par les pertes et les échecs passés — au contraire, montré par leur enseignement sur la manière de remporter la victoire – il entra de nouveau au Niger en 1852 – cette fois pour ne pas en sortir avant d'avoir jeté les bases permanentes de l'influence commerciale britannique.

Dans cette nouvelle entreprise, le pionnier ne se limita pas à de simples voyages sur le fleuve et à des escales dans les principaux centres de commercialisation. Il établit des stations en divers points, sous la forme de carcasses mobiles amarrées dans la rivière, qui avaient le double avantage de pouvoir être déplacées physiquement et d'assurer une certaine sécurité contre les attaques ennemies. Dans le même temps, profitant de l'expérience passée du caractère mortel du climat, le nombre d'agents européens fut réduit au minimum et des indigènes instruits de la côte furent remplacés.

L'huile de palme, l'ivoire et les graines de Benni étaient les seuls produits exportés ; les articles en coton, les métaux de toutes sortes, les perles et le sel étaient les principaux articles donnés en échange. Plus près de la côte, le gin, le rhum, la poudre à canon et les armes à feu étaient très demandés, conséquence de l'époque honteuse du commerce des esclaves. Un commerce rentable fut bientôt établi et, quelques années plus tard, Macgregor Laird dut rivaliser avec de nouvelles entreprises qui cherchaient à partager les bénéfices.

Mais si les Européens se multiplièrent ainsi, leur situation resta extrêmement précaire. Les tribus cannibales du delta ne tardèrent pas à reconnaître que leur monopole du commerce du haut fleuve était en train d'être complètement aboli, et elles cherchèrent à lui barrer la route par des attaques incessantes contre les bateaux à vapeur et les gares des différents commerçants. Ceux-ci ayant des intérêts contradictoires ne pouvaient pas s'unir pour une action commune contre l'ennemi commun. De temps en temps, une canonnière effectuait une visite punitive précipitée, mais ne produisait aucune impression permanente sur les habitants réfractaires.

Le résultat de cette action divisée de la part des commerçants, ainsi que de la puissance et de la truculence croissantes des tribus indigènes, fut extrêmement désastreux pour Macgregor Laird, qui fut finalement contraint de se retirer de la rivière.

Parallèlement aux dangers croissants pour les différentes maisons engagées dans le commerce du Niger, de nouveaux troubles commencèrent à surgir devant elles, retardant le développement commercial approprié et sain de la région et menaçant tous d'une ruine commune. Au début, le champ à exploiter était si vaste que les commerçants n'entrent que peu en conflit. Peu à peu, cependant, avec l'arrivée de nouvelles entreprises et l'implantation de nouvelles gares, ils commencèrent à empiéter les uns sur les autres. Le résultat s'est vite vu dans la vive concurrence qui s'en est suivie. Le prix des produits indigènes commença à monter, jusqu'à menacer de dépasser sa valeur. Pour maintenir le commerce rentable, les agents étaient contraints de devenir de plus en plus sans scrupules quant à la nature des articles importés, de plus en plus indépendamment des prétentions de leurs concurrents commerciaux. Chacun cherchait à chasser l'autre, et les indigènes, ne tardant pas à comprendre les avantages qu'ils en tireraient, firent de leur mieux pour encourager le conflit. Dans de telles conditions, tout progrès légitime était rendu impossible. À tout moment, les habitants étaient en mesure de dire : « Tu n'iras pas plus loin, jusqu'ici, ou ils pouvaient expulser les marchands s'ils le jugeaient opportun. Une entreprise exigeant des dépenses considérables était hors de question alors que les fruits devaient probablement être récoltés uniquement par les rivaux. Le commerce, autrefois limité aux articles utiles, dégénéra rapidement, au point d'inclure en grande partie des esprits vils et des armes de destruction. Peu à peu, les conditions de concurrence rendaient impossible un commerce sain, et les indigènes, au lieu d'être améliorés spirituellement et matériellement par les relations européennes, étaient poussés dans les profondeurs de la barbarie. Un état de choses que notre prophète M'Queen avait prédit dans ces paroles mémorables : « Si cette politique erronée est poursuivie, alors jusqu'à la dernière période de temps, les parties centrales et méridionales de ce vaste continent sont condamnées à rester dans le même état déplorable. de l'ignorance, de la dégradation et de la misère qui ont été leur lot pendant trois cents ans.

C'était une consommation de leurs travaux que les marchands ne pouvaient envisager avec sérénité. Nous n'avons aucune raison de douter qu'ils étaient des hommes honorables. Certes, ils allaient au Niger pour gagner de l'argent, mais ils ne songeaient pas à s'enrichir sur la ruine et la dégradation des gens avec lesquels ils commerçaient. Ils étaient devenus les victimes des circonstances dans lesquelles leur entreprise était exercée, qui les poussaient irrésistiblement et même involontairement dans la situation déplorable dans laquelle ils se trouvaient enfin. D'une certaine manière, ils étaient plus à plaindre qu'à blâmer, car ils avaient imaginé un Frankenstein qui menaçait de les ruiner. Pour tous, il était clair que tant que durerait une concurrence ouverte et non réglementée, le caractère du commerce ne pourrait pas être modifié - il devrait même aller de mal en pis - leurs profits devenaient de moins en moins nombreux et leur position dans le pays de plus en plus précaire. , soumise aux caprices, aux inimitiés, aux extorsions et aux restrictions des tribus barbares, armées par les commerçants eux-mêmes de fusils qui, à l'occasion, étaient tournés contre les vendeurs.

Un tournant dans l'histoire commerciale du Niger avait été atteint, et tout dépendait désormais de la ligne suivie, si le prochain départ serait pour le bien ou pour le malheur de tous.

Heureusement, la bonne personne se présentait à ce moment critique, où la nécessité d'un changement était évidente pour tous. Des hommes d'affaires lucides et clairvoyants exerçaient ce métier, les pairs parmi les marchands britanniques partout où ils étaient engagés ; mais il fallait quelque chose de plus chez celui qui devait sortir ses camarades de la situation difficile dans laquelle ils s'étaient placés. Il fallait quelqu'un qui, doté d'instincts et de connaissances commerciales, puisse combiner le *savoir-faire* et la connaissance du monde du diplomate. Tel était Sir George T. Goldie – puis M. G. Goldie Taubman – un nom qui, comme celui de Macgregor Laird, devra toujours figurer dans la galaxie des grands noms associés aux annales de l'entreprise nigérienne.

Au moment où Sir George Goldie rejoignit la Compagnie d'Afrique centrale de Londres, les seules autres maisons sur le fleuve étaient MM. Miller & Co., de Glasgow, la Compagnie d'Afrique de l'Ouest de Manchester et M. James Pinnock de Liverpool. Le commerce se poursuivait jusqu'à Egga au nord, même si, sur le plan commercial, la Bénué restait encore une rivière fermée. Une visite au siège des opérations suffisait pour faire prendre conscience à Sir George de la situation exacte et de la nécessité absolue d'un changement, si l'on voulait continuer un commerce légitime et en même temps rentable. Les autres sociétés étaient déjà impressionnées par la même opinion, et le résultat d'un petit rapprochement des têtes fut la fusion de toutes les sociétés dans la United African Company en 1879.

Les heureux résultats de cette politique se manifestèrent bientôt par une amélioration des bénéfices. Les frais de gestion ont été considérablement réduits. Là où autrefois il y avait des carcasses flottantes, des stations permanentes furent construites à terre et, en même temps, leur nombre fut augmenté. La Compagnie se trouva ainsi dans une situation entièrement nouvelle avec les indigènes, avec lesquels ils pouvaient désormais être traités sur un pied d'égalité. Le commerce s'est développé à pas de géant et était sur le point de devenir une importance nationale.

Naturellement, une telle prospérité ne pouvait se poursuivre sans attirer l'attention envieuse des autres nations, et plus spécialement des Français, qui, après avoir réussi bien au-delà de leurs espérances les plus folles, à récolter la récolte semée par les Anglais dans le bassin du Haut Niger, espéraient un peu de sagesse manipulation pour pouvoir faire de même le long du cours inférieur du fleuve, et ainsi réaliser leur rêve d'un empire africain quasi exclusif s'étendant du Bénin à la Méditerranée.

Sous le patronage plus ou moins ouvert de Gambetta — certainement incité et encouragé par lui — les premiers tâteurs furent lancés dans la création de deux associations commerciales — la Compagnie Française de l'Afrique Equatoriale de Paris, au capital de 160 000 £. ; et la Compagnie du Sénégal et de la Côte Occidentale d'Afrique de Marseille, au capital souscrit de 600 000 £.

Heureusement pour les entreprises britanniques dans le bassin du Niger, nos intérêts étaient surveillés par les yeux des Argus, sans quoi le cours des événements aurait pris une tournure différente, le commerce français entraînant partout avec lui le drapeau et le système administratif français, jusqu'à l'étouffement éventuel de tout commerce de capitaux. les notres.

La United African Company, jusqu'alors privée, fut aussitôt ouverte au public et le capital porté à un million de sterling. Ainsi dotée du « nerf de la guerre », la Compagnie entreprit de livrer bataille aux intrus étrangers et les balaya rapidement de toute la région. Néanmoins, les Français réussirent à causer un mal incalculable au cours de leur brève carrière peu glorieuse, au cours de laquelle le commerce du gin prospéra et l'anarchie se répandit davantage parmi les tribus sauvages, comme d'habitude toujours prêtes à tirer pleinement parti de la division et de l'inimitié entre eux. les commerçants européens.

Avec l'anéantissement des compagnies françaises, nos marchands régnèrent à nouveau en maître et tout danger immédiat d'agression politique et commerciale française fut complètement écarté.

Cependant, l'établissement que les premiers avaient réussi, même temporairement, à établir, avait montré la position précaire de l'emprise de la Compagnie britannique sur le pays, sans soutien du gouvernement. Ils étaient toujours ouverts à de nouvelles tentatives d'agression et risquaient toujours de se voir arracher les fruits de leur travail et de leur entreprise. Dans de telles conditions, il ne pouvait y avoir de véritables tentatives visant à développer les ressources du pays ou à introduire de nouvelles institutions civilisatrices parmi les indigènes. Pour atteindre ces objectifs, il était parfaitement clair que deux choses étaient nécessaires : premièrement, que le bassin du Niger en aval de Tombouctou devait être » a déclaré les Britanniques, comme garantie contre toute nouvelle intrusion étrangère ; et deuxièmement, qu'une charte royale soit obtenue, sous l'autorité de laquelle la Compagnie serait habilitée à poursuivre son œuvre de développement et de progrès.

La nécessité de cette dernière étape avait déjà été prévue par M'Queen bien avant que le Bas Niger ait été exploré, sauf dans l'esprit de M'Queen lui-même. Avec une perspicacité véritablement prophétique, il souligna que si jamais la mission de la Grande-Bretagne au Niger devait être accomplie, elle ne pourrait se faire qu'au moyen d'une société à charte. Tout en désapprouvant une durée prolongée du privilège, il soutient que sa durée ne devrait pas être trop réduite, sinon cette circonstance tendrait à décourager le commerçant et l'empêcherait de disposer d'emblée de l'argent ou de se lancer dans le commerce avec cet argent. vigueur qui seule pouvait la rendre productive et réussie.

En réponse à l'argument contre le privilège exclusif, il montre que ce privilège exclusif concerne un commerce encore à former et que les conditions commerciales d'un pays civilisé et d'un pays non civilisé sont totalement différentes. Dans cette dernière « tout est à faire. Un commerce régulier doit être créé. La société est presque entièrement à former. La sécurité et la civilisation, la loi, l'ordre et la religion restent encore à introduire. L'unité d'action et de conception devient donc absolument nécessaire pour accomplir tous ces objectifs souhaitables – des intérêts contradictoires au sein d'une population aussi disparate doivent et retarderont indéfiniment cette réalisation. Une charte est clairement et indispensablement nécessaire pour mener les affaires commerciales à un résultat prospère – pour réguler l'approvisionnement, explorer le pays et découvrir les marchés appropriés, pour négocier en tant que puissance irrésistible et stable avec les princes indigènes, pour acheter des terres, protéger le commerce, punir les agressions, élever progressivement un empire en Afrique comme cela a été fait en Inde, contre lequel aucune puissance indigène ne pourra relever la tête. Alors et pas avant, le commerce pourra être ouvert... Sans de telles réglementations pendant un certain temps, il y a de trop bonnes raisons de craindre que nos liens avec l'Afrique ne soient jamais plus que les visites passagères de marchands isolés, etc. etc. Dans ces mots et d'autres remarquables, M'Queen esquisse graphiquement l'histoire des soixante années de relations britanniques avec le Niger après l'époque à laquelle il écrivait. Ce n'est qu'après un si long laps de temps, et à travers une longue série d'erreurs et de brutales confrontations avec les faits, que nos yeux se sont ouverts sur la nécessité de suivre son avis.

Mais même alors, la Compagnie Nationale Africaine aurait pu demander en vain au gouvernement de mettre le Niger à l'abri des agressions étrangères, ou de le mettre sur la seule base possible pour exploiter et développer un pays sauvage, ravagé par un climat mortel. mais pour la prise de conscience soudaine de l'Europe face aux vastes possibilités latentes du continent africain. Une magnifique bulle apparut, éblouissant tous les regards par ses teintes irisées et enflammant tous les esprits par sa promesse de richesse et de pouvoir. Le commerce européen devait être régénéré, la pression sur la population devait être soulagée, les nations devaient gagner en puissance et en importance. El Dorado et Seconde Inde étaient des termes trop faibles pour exprimer les possibilités de l'avenir à l'heure où l'on discutait de l'Afrique.

Sous la lueur électrique de ce nouvel engouement, les déserts fleurirent comme un Eden, les marécages devinrent de véritables arcadies, les étendues sauvages furent repeuplées et la paix et la demande de produits européens se révélèrent être les caractéristiques dominantes des indigènes. Il en résulta une ruée vers l'Afrique, dans laquelle les principales nations de l'Europe se rendirent ridicules par la hâte indécente avec laquelle elles se précipitèrent pour hisser leurs drapeaux respectifs. Notre propre gouvernement fut le dernier à ressentir les influences croissantes, puis il ne se réveilla que sous la pression de l'opinion publique, et après beaucoup de choses, ce qui aurait dû être le nôtre fut perdu.

Sans la Compagnie nationale africaine, le Niger serait probablement devenu la proie de la France ou de l'Allemagne, mais avec une prévoyance admirable, ils avaient renforcé leur position et assuré leurs droits par des traités avec toutes les tribus indigènes depuis l'embouchure du Niger jusqu'à la Bénoué. Grâce à des pressions persistantes auprès du ministère des Affaires étrangères, ces traités furent reconnus par le gouvernement et un protectorat proclamé sur la région fut ainsi acquis.

Vint ensuite la Conférence de Berlin à l'hiver 1884, au cours de laquelle la libre navigation du Niger fut établie, mais l'administration du fleuve de Tombouctou jusqu'à la mer fut laissée aux Britanniques.

C'était beaucoup ; mais il reste encore beaucoup à faire. Le Niger et la Bénué, au-dessus de leur confluent, étaient encore exposés à une agression politique et commerciale, qui pourrait être fatale aux meilleurs intérêts de ce pays ainsi qu'à la Compagnie qui avait déjà tant fait.

Grâce aux efforts persistants d'un certain Herr Flegel, les Allemands ne tardèrent pas à s'en rendre compte. Cet infatigable commerçant et explorateur a débuté sa carrière comme employé dans une maison de commerce à Lagos. Rempli de l'ambition d'explorer et d'étendre l'influence allemande, il parvint à remonter le Niger à bord de bateaux à vapeur et de navires de commerce britanniques, espionnant la terre partout où il allait, et toujours dans l'optique de savoir comment le pain britannique qu'il mangeait pourrait être utilisé pour le compte de l'Allemagne. . Avec beaucoup d'audace et d'industrie, et aidé par des fonds allemands, il ajouta beaucoup lors de voyages ultérieurs à notre connaissance de certaines parties du Niger et de la Bénoué.

Le résultat de ses enquêtes et explorations fut de renvoyer la Société coloniale allemande dans l'espoir d'établir son influence nationale dans les régions au-delà du protectorat britannique.

Heureusement, la Compagnie Nationale Africaine était, comme d'habitude, bien éveillée et prit bientôt conscience du nouveau danger qui la menaçait. Immédiatement, ils se préparèrent à prévenir toute action de la part des Allemands. Déjà, dans la tâche qu'ils s'étaient imposée de garantir les droits de la Grande-Bretagne sur le Niger, ils avaient épuisé tous les bénéfices de leur commerce, mais ils ne songeaient pas à reculer devant leur travail. Avoir les Allemands au Niger signifierait la ruine irréparable du commerce légitime et l'inondation de tout le pays avec le flot de gin, semblable à un styx, qui coulerait inévitablement en un flot dévastateur venant de Hambourg. A ce moment suprême, il devenait nécessaire de sécuriser une fois pour toutes le bassin du Niger au profit de la Grande-Bretagne. La Compagnie fit l'honneur à l'auteur de ces lignes de l'inviter à assumer cette tâche. En conséquence, en février 1885, je me retrouvais à nouveau en route vers les tropiques, tandis que mes amis, pour la plupart, m'imaginaient encore en train de recruter en Méditerranée grâce aux effets de ma récente expédition en pays Masaï.

# CHAPITRE XXXI.
## *LA COMPAGNIE ROYAL NIGER—(suite).*

Le 16 mars 1885, nous entrâmes à l'embouchure nonne du fleuve Niger.

De gros nuages de plomb pendaient au-dessus d'eux, d'où tombait une pluie battante constante, et des éclairs éclataient à intervalles rapides. De temps en temps, le tonnerre grondait assourdissant autour de nous, ou, plus lointainement, se mêlait au rugissement monotone et impressionnant des brisants de l'Atlantique. Une atmosphère fumante jetait sur la scène son linceul déprimant, évoquant des germes de fièvre et toutes sortes de maux de foie et d'estomac. De tous côtés s'étendait une étendue d'eau décolorée, reflétant les teintes plombées au-dessus de nous et se jetant dans la mangrove voilée de brume qui encerclait l'horizon.

Alors que nous nous trouvions sur le pont du SS *Apobo* , sous un auvent dégoulinant, nous ne pouvions qu'être infectés par la mélancolie de la scène, et aurions sans doute pu nous écrier dans l'héroïsme romain : « Nous qui venons mourir, nous te saluons », mais cela nous avons dû préparer nos casiers et préparer l'atterrissage.

Encore quelques kilomètres à parcourir dans cette « tombe de l'homme blanc », et nos pensées furent détournées de la mélancolie de notre perspective immédiate par un élément nouveau et plus intéressant. Là, devant nous, sur la gauche, là où le ruisseau et la mangrove se rencontraient, un objet semblable à un léviathien s'étendait loin dans l'eau et lavait ses cent membres dans les profondeurs placides. C'était la jetée de fer d'Akassa, alors principal centre commercial et dépôt de la Compagnie Nationale Africaine.

Bientôt nous pûmes distinguer la plage parsemée des vestiges des navires et des barges d'autrefois, et des bateaux et canots encore en usage. Plus haut se trouvaient des piles de magasins et de fûts d'huile de palme, tandis que derrière s'élevaient une série d'entrepôts spacieux construits en tôle ondulée. Plus au large se trouvaient les quartiers des agents de la Compagnie, le tout confortablement installé dans les bras de la forêt de mangroves, qui de loin semblait fascinante, mais qui, en y regardant de plus près, se révélait être un bourbier fébrile.

Telle était l'Akassa, où palpitait avec une énergie éternelle le courant mouvementé de la vie commerciale britannique.

Avec notre arrivée dans la rivière, mes jours d'aisance étaient terminés et une action rapide et un travail sévère sont devenus l'ordre du jour. Personne ne savait où se trouvait Flegel ni où il pourrait se présenter. Avec sa connaissance minutieuse du fleuve, il était un rival à ne pas mépriser. Il ne me fallait donc pas perdre de temps, et en conséquence, après avoir rassemblé les provisions nécessaires, je partis pour mon voyage sur la vedette à vapeur *Français* deux jours après avoir atteint Akassa.

Pendant la première heure, nous avons remonté le ruisseau qui se rétrécissait rapidement jusqu'à ce que nous nous trouvions confrontés à une dense barrière de mangrove. Pendant un instant, nous semblâmes aller follement vers le naufrage et le désastre, quand tout à coup le mur de végétation présenta une ouverture étroite et nous fûmes engloutis dans ses profondeurs feuillues. Serait-ce le Niger, le puissant fleuve qui drainait un quart de continent, un ruisseau de seulement trente mètres de large et cinq de profondeur, coulant paresseusement vers la mer ? Ce ruisseau était formé de l'eau du Niger, mais ce n'était pas le Niger.

Notre route s'étendait désormais vers cette voie navigable sinueuse et insignifiante. Il y avait d'abord la mangrove et rien d'autre simulant l'apparence d'une terre ferme, tour à tour exposée sous forme de boue pestilentielle ou recouverte d'eau, selon l'état de la marée. Au bout d'un certain temps, la terre apparut au niveau des marées les plus hautes : la végétation des marais commença à présenter une croissance moins vigoureuse et se mêla à d'autres arbres et buissons. Chaque kilomètre rendait la transformation plus marquée. La terre s'élevait de plus en plus haut ; les mangroves sont devenues plus rabougries et moins nombreuses ; les plantes terrestres prirent leur place et grandissaient en taille, en beauté et en majesté, jusqu'à ce que la forêt tropicale idéale étende ses profondeurs romantiques sous nos yeux admiratifs.

Par coïncidence, d'autres évolutions du panorama avaient lieu. La rivière rassembla ses diverses branches et augmenta en largeur et en profondeur, jusqu'à ce que, dans sa pleine unité majestueuse, elle fasse briller son large sein sous l'éclat des tropiques - un magnifique ruisseau d'un mille à un mille et demi de large.

Avec le regroupement des différentes branches et l'amélioration des conditions physiques, des traces d'occupation humaine ont commencé à se manifester.

Pendant les huit premières heures, aucune trace d'homme n'avait été perceptible. Puis apparut un barrage de pêche désert, puis une vieille plantation, peu à peu une nouvelle clairière, et aussitôt après une pirogue poussée par deux femmes, qu'on vit ramper lentement sous les berges de la rivière.

Enfin, vers le coucher du soleil, quelques villages furent aperçus, et désormais l'homme proclama sa domination sur le pays, donnant à la scène une animation, avec de temps en temps un effet pittoresque.

Alors que nous poursuivions notre route, nos yeux furent accueillis par la vue de beaucoup de choses dont Lander et ses successeurs avaient seulement rêvé comme étant possibles. Le commerce avait déjà posé une main prosaïque sur la grande route des Contes et des Voyages – le fleuve sacré de la romance, dont les « sables dorés », par l'alchimie de son toucher, sont maintenant transmués en un fret doré d'huile de palme.

Les vagues déferlantes, les bouffées de vapeur et le bruit des machines brisent le calme impressionnant de la forêt et remplissent l'air tropical de leurs échos impies, chassant l'hippopotame de son bassin préféré, le crocodile du banc de sable jaune. Au milieu de tels sons, le cri aigu du perroquet et le bavardage indigné du singe frappent l'oreille avec un étrange sentiment d'incongruité.

Ici et là, la façade sans grâce d'une station commerciale, avec ses murs en tôle ondulée blanchis à la chaux et son toit de conception européenne, brille sans rougir depuis sa niche verdoyante de palmiers et de cotonniers à soie. De là sort le commerçant factuel – non plus dans le désarroi pittoresque du « voyou de l'huile de palme », mais resplendissant dans la gloire éblouissante d'une chemise bien empesée et d'un pantalon de canard blanc comme neige – qui descend en flânant jusqu'au débarcadère à travers une jardin illuminé de tournesols et promenades ombragées par une canopée de vignes traînantes et d'autres plantes grimpantes.

**MAISON DES COMMERÇANTS, ABUTSHI.**

Les indigènes autour de la gare partagent les changements peu romantiques. Ils portent toujours avec eux un air de barbarie sansculottique pittoresque, mais des éléments discordants ont été surajoutés. Le nègre a dégénéré en cette créature hybride qu'est le « nègre », vous dit « bonjour » en vous demandant une pipe de tabac ou une pincée de gin, ou en attirant votre attention sur son chapeau de tennis – la dernière mode, et presque. sa seule robe.

La seule circonstance qui permet de conserver un air de romantisme à son égard est le fait que nous savons qu'il aime toujours son prochain au point de devenir parfois littéralement une seule chair avec lui.

Partout il y a des preuves que le commerçant est en possession. Le missionnaire l'a accompagné, passionné par la cause du Christ et de l'humanité. Il n'est pas rare que les douces sonorités de la cloche de l'église résonnent dans l'obscurité de la forêt. Ils appellent, hélas ! pour ceux qui n'entendent pas, mais sans doute pour l'oreille avide de la foi, ces sons doucement solennels se transforment en une prophétie du bien à venir destiné à résonner un jour dans chaque profondeur de forêt et dans chaque vaste désert de jungle.

En attendant, quel que soit l'avenir du christianisme dans ces terres, une chose nous apparaît tout à fait claire à mesure que nous poursuivons notre remontée du fleuve, à savoir que ce n'est pas la seule force religieuse qui pénètre dans la masse détrempée du paganisme nigérien. L'Islam, avec une entreprise missionnaire infatigable, est entré sur le terrain et a jeté le gant à l'ancienne religion pour la possession des indigènes. Malheureusement, jusqu'à présent, comparé à la marée montante du mahométanisme, le progrès de la foi chrétienne est pratiquement au point mort. A mi-chemin entre le Delta et Lokoja, les avant-postes musulmans pionniers exercent une influence marquée et croissante chaque année sur les idées et les habitudes des indigènes. À mesure que nous nous rapprochons du Soudan, cette influence devient de plus en plus perceptible, jusqu'à ce que, avant d'atteindre les confins du Gandu, nous ayons complètement laissé derrière nous la trinité sympathique - le fétichisme, le cannibalisme et la bouteille de gin - et retrouvons dans une certaine mesure le barbare non lavé d'autrefois. habillé et sain d'esprit, instinctif d'activité religieuse et d'enthousiasme, et merveilleusement avancé dans les arts et les industries. Ici, il est clair que nous ne sommes en présence d'aucun vernis assumé, d'aucune simple formalité, d'aucune influence étrangère susceptible de soutenir un peuple sauvage vers l'apparence de choses supérieures, mais face à face avec une force qui a profondément enraciné ses vies. des habitants et les a complètement transformés.

En approchant de Lokoja, nous avons dit adieu aux plaines puantes et à la région forestière dense, et sommes entrés dans une section pittoresque de hautes montagnes au sommet et aux sommets, ravissant l'œil par leur forme variée et leur aspect accidenté - ici sévères et menaçants avec des précipices nus ; là, se prélassant sous le soleil des tropiques sur des pentes souriantes, embellies et ombragées par des groupes d'arbres ; à d'autres endroits, ils s'élèvent et s'élèvent en pics fantastiques. Mais si agréable soit-elle pour nous, passagers et spectateurs, cette partie du voyage était tout sauf agréable pour notre patron, dont toutes les pensées étaient absorbées par les rochers cachés dans le lit de la rivière et les courants violents qui tourbillonnaient autour d'eux.

La traversée, cependant, fut accomplie en toute sécurité dans la soirée du 25, et nous jetâmes l'ancre devant Lokoja au moment même où les dernières lueurs du soleil disparaissaient des sommets des collines et cédaient la place aux nuances sépia du soir.

En poursuivant notre voyage, il nous fallait maintenant procéder avec plus de circonspection. Nous avions atteint les confins sud du Gandu, la moitié occidentale du grand empire Fillani (Fulah). A cette époque, Maliké, émir de Nupé, détenait un monopole complet du commerce entre la Compagnie et le reste du Gandu. Nous ne savions que trop bien qu'il résisterait vigoureusement à toute tentative visant à briser ce monopole et que, par conséquent, s'il flairait l'objet de notre expédition auprès de son seigneur suzerain à Gandu, nous pourrions dire adieu à tout espoir d'avancer à l'intérieur des terres. Comme notre présence ne pouvait lui être cachée, nous avons jugé bon de lui envoyer une lettre simplement pour lui faire savoir que nous passions.

Le 28, nous avons quitté Lokoja et avons continué notre route vers Rabba, au travail maintenant avec sérieux, faisant du chargement dans la petite cale de la chaloupe, où nous avons failli être rôtis vifs. Dans diverses gares, des porteurs étaient expédiés secrètement et arrimés dans des barges, tout étant préparé pour une marche surprise dès notre arrivée.

Le 8 avril, nous atteignîmes Rabba, d'où devait commencer notre marche terrestre. Maliké attendait encore notre visite à Bida, alors que nous débarquions effectivement à cent milles à l'ouest avec cent vingt hommes, deux commerçants noirs instruits, un interprète arabe et deux Européens en plus de moi. Tous nos plans étaient si bien arrêtés que nous partîmes le lendemain, laissant les chefs et les chefs abasourdis et perplexes, ne sachant que faire sans instructions de la capitale.

Nos premiers sentiments de joie en laissant Rabba derrière nous furent rapidement atténués lorsqu'un de mes compagnons européens eut la jambe cassée et dut être rapidement ramené à la chaloupe. Bientôt, un flot de troubles et d'inquiétudes s'abattit sur nous. Les chefs des différents districts commencèrent à nous mettre tous les obstacles possibles, nous refusant guides, porteurs et nourriture. Les hommes, peu habitués aux plats maigres et au rythme régulier d'une marche en caravane, se sont mutinés et ont essayé de nous forcer à rebrousser chemin. Ils ont menacé de nous assassiner et nous ont présenté à plusieurs reprises leurs fusils en guise d'intimidation. Un homme a essayé de me poignarder et n'a été arrêté qu'après une lutte acharnée, sous le regard passif des porteurs. Pourtant, c'était pour nous une question de vie ou de mort que nous poursuivions malgré toute opposition :

quelques jours pourraient signifier la ruine de l'expédition, en donnant au messager de l'émir le temps de venir avec nous. Cette pensée nous a poussé à redoubler d'efforts. Nous nous battions comme des hommes aux abois, quoique nous n'étions que deux contre cent vingt ; et heureusement, grâce à une stratégie et une diplomatie machiavéliques, avec un certain nombre de coups de revolver déterminés, nous sommes sortis triomphants de la bataille, en sécurité, hors des griffes de Maliké, et parfaitement maîtres de la situation.

**CABANE HAUSSA.**

Il n'entre pas dans le cadre de ce chapitre de raconter comment nous avons continué notre route à travers Nupé jusqu'à Kontakora, et de là en passant par Yauri, le Niger et Gulbi-n-Gindi jusqu'à Jega, Sokoto et Wurnu, où le sultan de Sokoto avait établi sa cour.

Nous voilà dans une région aux intérêts variés, ayant atteint le centre religieux, politique et commercial du Soudan occidental et central. Nous pouvions à peine en croire nos sens et réaliser que nous étions au cœur de l'Afrique, parmi un peuple communément appelé nègres. Il nous semblait plutôt que, épuisés par les kilomètres fastidieux et le jogging monotone de nos chevaux, nous nous étions endormis et nous imaginions en rêve dans quelque partie de l'Afrique mauresque. Un soleil de plomb s'abattait avec un effet terrible sur une terre desséchée, où apparaissaient çà et là des oasis vertes d'acacias, de baobabs et de palmiers *doums* , où se blottissaient des villages et des villes à demi cachés par l'ombre reconnaissante des feuillages.

De tous côtés, à mesure que nous avancions, nous nous rappelions les coutumes musulmanes, l'ampleur orientale des vêtements, voire la somptuosité des couleurs. Tout portait l'empreinte des idées maures et de la civilisation nord-africaine. Aux premiers matins couverts de rosée, dans les chaleurs étouffantes de midi, à la fin des journées tropicales, nous pouvions entendre l'appel sacré à la prière. Au bord du chemin, loin de la mosquée et de la ville, on voyait des endroits délimités par des pierres qui, avec une éloquence silencieuse, invitaient le voyageur poussiéreux et endoloris à arrêter sa marche fatiguée et à se sevrer un instant de ses affaires mondaines.

Les types d'hommes, les modes vestimentaires étaient des plus variés.

Particulièrement intéressants étaient ces mystérieux personnages, les Fillani, ou Fulah, dont un grand nombre nous croisait de temps en temps. Simples bergers, mi-nomades d'habitude, semi-serfs en poste au début de ce siècle, guerriers et propagandistes mahométans quelques années plus tard, ils sont aujourd'hui les dirigeants d'une centaine de races entre l'Atlantique et le Bornou. D'apparence pittoresque, avec leurs vêtements volumineux, leurs turbans massifs et leurs visages voilés *de litham* , ils caracolaient sur des chevaux magnifiquement caparaçonnés avec l'allure digne du Maure.

**PORTRAIT DU FRÈRE DU SULTAN DE SOKOTO.**

Les Haoussa, la plus intelligente et la plus travailleuse des races noires, étaient plus nombreux.

Très différents de ce peuple intéressant étaient les visiteurs touaregs des terres du plateau d'Asben, qui passaient devant nous vêtus de robes artistiquement en lambeaux, avec des yeux qui semblaient briller dans l'ombre de leur débarbouillette et de leur turban surplombant, avec la plus féroce des passions humaines.

Le 24 mai, le but de notre expédition fut atteint, et le but de notre mission fut atteint peu de jours après. Nous ne perdîmes alors pas de temps pour nous rendre à Gandu, où un succès similaire rencontra nos efforts ; puis avec des traités écrits en arabe, scellés des sceaux des deux sultans et signés par leurs wazirs respectifs, plaçant pratiquement leurs deux empires sous un protectorat britannique et accordant tous les privilèges commerciaux à la National African Company, nous avons commencé, sans aucun doute. petite exaltation, notre retour à la maison.

Le seul événement désagréable qui marqua notre voyage vers la côte fut le vol de mes journaux et de mes effets personnels, même si, heureusement, les précieux traités restèrent en sécurité. Rabba fut dûment atteint et de là nous continuâmes notre route vers le bas de la rivière en canoë jusqu'à Lokoja. En chemin, l'expédition allemande, qui avait entre-temps été mise sur pied en vue de devancer les autres nations dans les régions que nous venions de quitter, fut rencontrée remontant le fleuve, sans se rendre compte que pas un mètre de terrain de Tombouctou à Akassa , ou du Bornu au Yoruba, avaient été laissés pour planter le drapeau de la Patrie.

Sept mois après avoir quitté Liverpool, j'étais de retour chez moi, mon travail accompli avec succès dans un délai beaucoup plus court qu'au début j'avais osé l'espérer.

L'année suivante, notre gouvernement, désormais conscient des erreurs du passé et reconnaissant les prétentions incontestables et la magnifique entreprise patriotique de la Compagnie Nationale Africaine, lui accorda une Charte Royale et le droit au titre de Compagnie Royale du Niger, qu'elle porte aujourd'hui. .

Le très honorable Lord Aberdare en fut le premier gouverneur, et Sir George Goldie — au génie diplomatique et au travail inlassable duquel ce pays ainsi que la Société doivent tant — en fut le vice-président. Autour d'eux se rassemblèrent en tant que conseillers et conseillers beaucoup de ceux qui avaient été parmi les pionniers du commerce et de l'influence britanniques sur le Niger, et qui avaient contribué à préparer le terrain pour la magnifique entreprise nationale qu'ils ont vécu pour voir inaugurée. Parmi eux se trouvent MM. Miller, M. Edgar et M. Croft, dont les noms ne peuvent que trouver une place honorable dans les annales de la Compagnie.

De la carrière pleine de promesses dans laquelle la Compagnie est ainsi entrée, il est inutile de parler longuement. La nouvelle administration donne déjà de bons résultats. Le trafic du gin a été pris en charge, supprimé partout où cela était possible et limité ailleurs par des droits énormes. Les armes et la poudre à canon ne sont plus vendues en gros aux indigènes sauvages. Les ressources du pays sont testées et développées comme jamais auparavant, et avec les résultats les plus gratifiants.

## VILLAGE HAUSSA.

Pour conclure ce récit de l'exploration du Niger, nous ne pouvons faire mieux que de citer les paroles prophétiques de M'Queen, toujours applicables, bien que plus tard qu'elles n'auraient pu l'être dans leur accomplissement proche. C'est lui qui, le premier, démontra de manière concluante le cours et la fin du grand fleuve. C'était le premier avertissement de la certitude de l'avance française ; c'est la vision claire qui prévoyait la nécessité d'une société à charte. Qu'il parle donc pour l'avenir, prédisant ce qui est à venir, comme il a prédit ce qui est maintenant passé, dans les derniers mots de son étude commerciale de la région.

«J'ai ainsi, bien que faiblement, je l'avoue, par rapport à l'ampleur du sujet abordé, atteint l'objectif que j'avais en vue, à savoir attirer l'attention du gouvernement britannique et la puissance et les énergies de notre peuple. , à un honneur de premier rang, et en même temps s'efforçait de réveiller les ressources et l'entreprise de nos marchands pour qu'ils se livrent à un commerce de première grandeur. Grâce au Niger et à ses affluents, il est bien évident que tout le commerce de l'Afrique centrale peut devenir le nôtre exclusivement et définitivement.... Soutenir et mettre à exécution les mesures nécessaires pour accomplir cette entreprise est digne de la ministère de la Grande-Bretagne, et digne du premier pays du monde. Il conférera un honneur immortel à notre terre natale, une gloire durable au nom et au règne de George IV, apportera des avantages immenses et permanents à la Grande-Bretagne et accordera des bénédictions et des avantages incalculables à l'Afrique. L'agriculture, l'industrie et le commerce, le savoir et la religion se répandront rapidement et largement dans un pays regorgeant des productions les plus riches, que ce soit à la surface de la terre ou au-dessous de celle-ci, mais à l'heure actuelle, c'est un pays envahi par la servitude la plus abjecte et sombré dans l'ignorance, la superstition et la barbarie les plus profondes. Tout obstacle disparaîtra avant des efforts judicieux et patients. La gloire de notre Créateur, le bien de l'humanité, la prospérité de notre pays, l'intérêt du présent et le bien-être des générations futures – la gloire, l'honneur, l'intérêt nous appellent et nous indiquent ensemble le chemin sûr pour atteindre l'objectif important. Que le noble drapeau de l'Union flotte et soit planté au bord du fleuve du puissant Niger, et les blessures les plus profondes de l'Afrique seront guéries.

L'AFRIQUE D'EDRISI 1154

Carte catalane du monde, 1375.

The linked image cannot be displayed. The file may have been moved, renamed, or deleted. Verify that the link points to the correct file and location.

The linked image cannot be displayed. The file may have been moved, renamed, or deleted. Verify that the link points to the correct file and location.

# NOTES DE BAS DE PAGE :

[1] Les Voyages de Barth, vol. ii. et iv., annexes V. et IX.

[2] Les Voyages de Barth, vol. iv. p. 415.

[3] Les Voyages de Barth, vol. iv., Annexe IX., p. 624.

[4] Une vision géographique et commerciale de l'Afrique du Nord et centrale.

[5] Ce qui suit est la version de la duchesse de Devonshire de l'incident ci-dessus :—

« Le vent fort rugissait, la pluie tombait vite,

L'homme blanc céda au souffle ;

Il l'a assis sous un arbre,

Car il était fatigué, triste et faible,

Et ah, pas de femme, pas de soins maternels

Pour lui, préparez du lait ou du maïs.

### REFRAIN.

L'homme blanc partagera notre pitié ;

Hélas, pas de soins de femme ou de mère

Pour lui, préparez du lait ou du maïs.

La tempête est terminée, la tempête est passée,

Et la voix de la miséricorde a fait taire l'explosion,

Le vent se fait entendre dans des murmures bas,

L'homme blanc au loin doit partir,

Mais toujours dans son cœur doit supporter

Souvenir des soins du nègre.

### REFRAIN.

Va, homme blanc, va, mais avec toi, ours

Le souhait du nègre, la prière du nègre,

Souvenir des soins du nègre.